»Mein Fall ist, in Kürze, dieser: Es ist mir völlig die Fähigkeit abhanden gekommen, über irgend etwas zusammenhängend zu denken und zu sprechen.« Hugo von Hofmannsthals *Chandos-Brief* (1902) ist der poetologische Schlüsseltext der deutschsprachigen Moderne. In einem fiktiven Brief läßt Hugo von Hofmannsthal Lord Chandos den »gänzlichen Verzicht auf literarische Betätigung« begründen. Die abstrakten Worte und Urteile entziehen sich ihm, sie zerfallen »im Munde wie modrige Pilze«. Symptomatisch verzeichnet dieser Text, was sich als »Sprachskepsis« und »Bewußtseinskrise« zwischen der Jahrhundertwende und dem Ersten Weltkrieg in den Künsten und der Philosophie artikuliert hat. Hugo von Hofmannsthal hat den *Chandos-Brief* als Teil seiner »erfundenen Gespräche und Briefe« angesehen, zu denen auch *Über Charaktere im Roman und im Drama* und das *Gespräch über Gedichte* gehören.

insel taschenbuch 2659
Hugo von Hofmannsthal
Brief des Lord Chandos

HUGO VON HOFMANNSTHAL
BRIEF DES LORD CHANDOS

Poetologische Schriften,
Reden und erfundene Gespräche

Ausgewählt und
mit einem Nachwort versehen von
Hansgeorg Schmidt-Bergmann
Insel Verlag

insel taschenbuch 2659
Erste Auflage 2000
© Insel Verlag Frankfurt am Main und Leipzig 2000
Alle Rechte vorbehalten,
insbesondere das der Übersetzung, des öffentlichen Vortrags
sowie der Übertragung durch Rundfunk und Fernsehen,
auch einzelner Teile.
Kein Teil des Werkes darf in irgendeiner Form
(durch Fotografie, Mikrofilm oder andere Verfahren)
ohne schriftliche Genehmigung des Verlages reproduziert
oder unter Verwendung elektronischer Systeme
verarbeitet, vervielfältigt oder verbreitet werden.
Vertrieb durch den Suhrkamp Taschenbuch Verlag
Umschlag nach Entwürfen von Willy Fleckhaus
Satz: Hümmer GmbH, Waldbüttelbrunn
Druck: Nomos Verlagsgesellschaft, Baden-Baden
Printed in Germany

1 2 3 4 5 6 – 05 04 03 02 01 00

INHALT

Erster Weltkrieg und Zwischenkriegszeit
(1914-1929)

FIN DE SIÈCLE

ZUR PHYSIOLOGIE
DER MODERNEN LIEBE

»Physiologie de l'amour moderne.
Fragments posthumes d'un ouvrage de Claude Larcher,
recueillis et publiés par Paul Bourget,
son exécuteur testamentaire.«

Paul Bourgets künstlerische Entwickelung ist kein Weitergehen von Problem zu Problem, sondern ein Tieferwerden im Erfassen eines Phänomens: des doppelten Willens im Menschen. Fassen wir jedes menschliche Wissen als Erkenntnis des Zusammenhangs der Dinge, so ist auch jeder beliebige Angriffspunkt der Analyse ein Knotenpunkt aller Fäden: man kann nicht eine Saite berühren, ohne daß alle mitklingen, jede einzelne Willensäußerung des Individuums steht in geheimnisvoll-unlöslicher Verbindung mit allen Willensäußerungen desselben. Das ist die moderne Vertiefung des alten Künstlerworts: ex ungue leonem. Die kaum merkliche gleichartige Atmosphäre, in welcher sich alle Figuren eines Romanes bewegen, die ätherfeinen geistigen Schwingungen, welche sich aus dem Auge des Schauenden, des Autors, in das Geschaute, die dargestellten Seelenzustände, hinüberziehen und die auch das vollkommenste, naturalistisch vollendetste Kunstwerk vom wirklichen Leben unterscheiden müssen, an dem wir diese Schwingungen, eben weil sie aus unserem eigenen Auge kommen, nicht wahrnehmen: das nennen wir die Seele des Buches, und diese Individualität, die des Autors, können wir auch allein daraus erkennen, die der dargestellten Personen nur insofern, als der Dichter ein mehr oder minder unwahrscheinlich losgerissenes Werk seiner Individualität in sie gelegt hat. Dies ist der Grund (neben den von Hermann Bahr in seiner Abhandlung über die »neue Psychologie«[1] angeführten technischen Vorteilen), weshalb die modernen, analytischen Novellisten sich mit Vorliebe in ihren Romanen der Ichform bedienen. Mit dieser einen Silbe sagen sie uns, daß wir einen handelnden, leidenden, werdenden, räsonierenden oder verfaulenden Mikrokosmos vor uns haben, der für uns ein paar Stunden lang den Mittelpunkt des Makrokosmos vorstellt, dem zu Gefallen andere Menschen – die Statisten – nach Bedürfnis auf die Welt kommen, schwatzen, fluchen, sterben oder gemein sein werden, während die Staffage – Sonne, Sterne, Milieu, Religion, Liebe, soziale Frage – die Ehre haben wird, ihm als Thema für Gespräche, Gefühle oder Nerveneindrücke zu dienen. Von den »Confessiones« des heiligen Augustinus zu denen Rousseaus und vom »Werther« zur »Kreutzersonate« waren das die Bücher, die am meisten von sich reden und über sich denken machten. Die Seele ist unerschöpflich, weil sie zugleich Beobachter und Objekt ist; das ist ein Thema, das man nicht ausschreiben und nicht aussprechen, weil nicht ausdenken kann.

Die »Physiologie« ist, wie »Werthers Leiden«, eine Auflösungsgeschichte, ihr Held, Claude Larcher aus den »Mensonges«, wie Werther eine Halbnatur mit Dilettantenkräften und überkünstlerischer Sensibilität, die Form die denkbar vernünftigste für den Ichroman, keine Korrespondenz mit dem »Freund« qui tient le crachoir des sentiments, kein Tagebuch in der linken Lade eines kleinen Rokokoschreibtisches, einfach ein Buch für den Druck bestimmt, Todeskampf im Dreiviertelprofil, der stille Lebenswunsch des Hamlet journaliste.

Claude Larcher schreibt mit der Hamletseele, der geist-

1 »Moderne Dichtung« 1890, 9. u. 10. Heft

funkelnden, zynischen, schillernden, sentimentalen, »oberen« Seele; und stirbt an der »unteren«, der Tierseele, dem kranken Willen des Körpers, der seine eigene Angst und Eifersucht, seine eigene Eitelkeit und Erinnerung hat: nur der Tod ist beiden gemeinsam. Das ist die grauenhafte Allegorie des Mittelalters von dem Königssohn, der blutleer dahinfriert, bis ihm die Ärzte Blut aus dem Leib eines starken Knechts in die Adern leiten; und wie er dann weiterlebt und das Bauernblut ihm die Königsgedanken mit Tierinstinkten durchtränkt; und wie er endlich stirbt an der Wunde, die zur selben Stunde eine Dirne dem Knecht in den Hals gebissen – – –

Fühlen, wie die eine Hälfte unseres Ich die andere mitleidlos niederzerrt, den ganzen Haß zweier Individuen, die sich nicht verstehen, in sich tragen, das führt bei der krankhaften Hellsichtigkeit des Neuropathen schließlich zur Erkenntnis eines Kampfes aller gegen alle: keine Verständigung möglich zwischen Menschen, kein Gespräch, kein Zusammenhang zwischen heute und gestern; Worte lügen, Gefühle lügen, auch das Selbstbewußtsein lügt. Dieser Kampf des Willens endigt jenseit von Gut und Böse, von Genuß und Qual: denn sind Genuß und Qual nicht sinnlose Worte, wenn das heißeste, wahnsinnige Begehren zugleich wütender Haß, wollüstiger Zerstörungstrieb und die sublimste Pose der Eitelkeit die der ekelhaften Selbstzerfleischung ist? Man erkennt solche Dinge, und man stirbt nicht daran. Die Ärzte beruhigen uns damit, daß wir nur nervenleidend sind, und vergleichen unser Gefühl mit dem Alpdruck, den ja auch eine lächerlich geringfügige Ursache hervorbringt; als ob es besonders angenehm wäre, jahrelang mit der Empfindung spazierenzugehen, daß wir mit dem Kopf nach abwärts aus einem Luftballon hängen, an den uns nur ein dünner Faden bindet.

Sie raten uns auch, »jede Aufregung zu meiden« und »über unseren Zustand nicht nachzudenken«. Nun, Claude Larcher hat sich die letztere so zu Herzen genommen, que – croyant, en effet, devoir à ses désillusions de se livrer à l'alcool –, il ne sortit plus de deux ou trois bars anglais où il s'intoxicait de cocktails. – – – Und bei alledem der seltsame Hochmut, sich nicht gestehen zu wollen, daß es der Körper ist, an dem die Seele leidet; diese Scheu vor dem »Materialismus«! Welche Welle atavistischer Christlichkeit schlägt da durch die blaguierende Zynik, durch die dekadente Koketterie dieser »confessions de souffrance«? »L'âme seule agit sur l'âme«! Das ist eine Lüge, schlimmer als das: es ist eine Plattheit.

Wenn wir am Körper sterben können, so danken wir auch dem Körper, den Sinnen, die Grundlage aller Poesie, von der ersten Ahnung, den Spuren des Frühlings in unserer Lyrik, bis zum bebenden Ahnen der Verwesung im Grab. Es zittert viel freies Christentum mit Klostersehnsucht durch Paul Bourgets letzte Bücher. Mir ist Tolstois demütig-proletarische Christlichkeit lieber. Sie ist überzeugender.

Es gibt vielleicht noch einen anderen Heilsweg aus der »mourance« heraus als den hinter die Klostermauern: die Reflexion vernichtet, Naivetät erhält, selbst Naivetät des Lasters; Naivetät, ingénuité, simplicitas, die Einfachheit, Einheit der Seele im Gegensatz zur Zweiseelenkrankheit, also Selbsterziehung zum ganzen Menschen, zum Individuum Nietzsches. Das sagt der Moralist Bourget nicht, obwohl in seinen Aphorismen viel Nietzsche steckt – wohl unbewußt, weils eben in der Luft liegt –, aber der Künstler Bourget sagt es um so deutlicher. Drei ganzen Menschen begegnet Claude auf seiner Leidensfahrt: Die erste Geschichte ist rührend gewöhnlich: Ein Mann, der am Krebs leidet und den Doktor bittet, ihm die Wahrheit zu sagen, damit er seine Angelegenheiten in Ordnung bringen könne. »Sie haben einen Monat Zeit; ich habe es ihm gesagt«, erzählt der Arzt, »das ist das härteste in unserem Beruf. Er drückte die Hände vors Gesicht und weinte stumm große Tränen, die auf das Tischtuch niederfielen. Dann dankte er mir und bat mich, es seiner Frau zu verheimlichen... Als sie eintrat, plauderte er lächelnd mit mir. – Es ist doch etwas Schönes, ein Charakter.«

Der zweite ist ein Gewohnheitsspieler, mit dem großen Zug der gewaltigen Leidenschaft auf den unbeweglichen Zügen; »er wird sich früher oder später erschießen, mit derselben Ruhe, mit der er jetzt 10 000 Frank dubliert, – aber er wird gelebt haben.«

Der dritte ist Raymond Casal, der vollendetste Gentleman unter den Gestalten Bourgets, der viveur im großen Stil, der echte homme à femmes... Il comprenait, en regardant ces hommes, qu'il y a dans toute passion vraiment complète une poésie, un je ne sais quoi de tragique et de grandiose... et je l'enviai à l'idée que je ne lui ressemblerai jamais.

Es gibt auch eine Idee, eine Verpflichtung, die das Leben so ganz ausfüllen kann: Das Recht auf die Pflicht wird ebensosehr verkannt, als es das Recht auf Arbeit so lange wurde. Das Recht auf Arbeit gehört in die Soziologie und hat seine Märtyrer auf den Barrikaden gehabt; für das Recht auf die Pflicht kämpft man in sich selbst und stirbt an Leberleiden oder Rückenmarksschwindsucht, das heißt an den Folgen des ungesunden Milieus und des verfehlten Berufes.

Viele Leute, denen man zu nahe treten würde, wenn man ihnen für gewöhnlich ernste Lektüre zumuten wollte, werden trotzdem dieses ernste Buch lesen. Ich sehe schon auf dem gelben Umschlag das 72me mille prangen. Ob das etwas beweist?

Vielleicht, nachdem Bourget schon einmal die supercherie gehabt, das Buch unter einem falschen Namen herauszugeben, vielleicht begeht er auch noch die zweite, in Nachahmung von Molières »Critique de l'École des Femmes« eine »Physiologie des admirateurs de Claude Larcher« zu schreiben. Vielleicht werden dabei – geistreiche Schriftsteller kokettieren ja gern mit ein wenig Selbstironie – die Käufer von siebzig Zweiundsiebzigstel nicht allzu gut wegkommen. Es weht ein so aristokratisches Parfum nach cercle und mirliton, bookmakers und Marquisen in dem Buch; es ist eine so verzeihliche Schwäche, gern in Gesellschaft von Raymond Casal, François Coppée, Maurice Barrès und anderer Sterne der literarischen gomme zu rauchen, zu blaguieren und zu lieben, man speist und küßt dort so raffiniert geistreich – das dürfte die great attraction für die ersten Siebzigtausend sein. Unter den zweitausend übrigen dürften neben den Herrn Kollegen, die diese Schatzkammer psychologischer Detailbeobachtung mit dem wohlwollenden Lächeln innerlichen Ärgers über den Reichtum derselben kritisierend durchstöbern, auch ein paar Dilettanten – im alten hübschen Sinn dilettanti – sein, die darin nichts suchen als eine Seele, qui aiment à sentir sentir, wie der arme Claude so hübsch sagt. Wenn man heute, nachdem die Epidemie des Historismus so ziemlich vorüber ist, die großen epochemachenden Bücher der Bewegung durchblättert – etwa Taines »Histoire de la littérature en Angleterre« oder Carlyles »Cromwell« –, was durchströmt sie anders als diese Sehnsucht, hinauszuflüchten aus der verknöcherten Schablonenleidenschaft der Gegenwart, Menschen, versunkene Geschlechter, lieben und fluchen zu hören, rauschendes, lebendes Blut zu fühlen: à sentir sentir. Björnson wollte einen Dramenzyklus, die »Überspannung menschlicher Kräfte«, schreiben. Den Priester, der Wunder tun soll, an die er selbst nicht mehr glaubt, hat er ausgeführt. Den Zyklus aber werden vielleicht kommende Jahrzehnte fertigschreiben; die Aufgabe ist Gemeingut, wie alles wahrhaft Zeitgemäße, das heißt Unzeitgemäße. Zolas »L'Œuvre«, Bahrs »Gute Schule«, Albertis »Alte und Junge« und Bourgets »Claude Larcher« sind Variationen des zweiten Typus, des Künstlers, der über die Kraft hinaus will. Johannes Rosmer ist der dritte Typus, der Reformator.

Daß das Leitmotiv in der »Physiologie« so bescheiden auftritt, daß nicht so viel von Kunst gesprochen oder besser über Kunst abgehandelt wird wie in den deutschen Büchern, sondern den meisten Raum psychologische Paradoxe, Theaterklatsch, Analyse des modernsten Gesellschaftstones mit seinen Anglizismen und dekadenten Neubildungen einnehmen, beweist mir, daß der Realismus Bourgets vollständiger sieht.

Man denkt manchmal über allerlei Tiefstes, aber während es einem durch die Seele zuckt, steht man ganz ruhig vor der Affiche eines café chantant oder sieht zu, wie eine hübsche Frau dem Wagen entsteigt, große Gedanken, die eigentlichen Lebensgedanken der »oberen Seele« stimmen die »untere« *nicht* weihevoll, und wir können ganz gut einer abgebrochenen Gedankenreihe Nietzsches nachspüren und zugleich einen blöden crevé um sein englisches smoking beneiden. Darum begegnen uns bei Paul Bourget so viel Teetische von Leuckars, Toiletten von Doucet und Statuetten aus dem allerletzten Salon.

Hermann Bahr ist der lebendigste unter uns allen. Keine Prophetennatur, keine Flamme und auch kein Schwert. Er predigt nicht. Er zersetzt nicht. Er reformiert nicht. – Er kämpft nicht. Er hat sogar aufgehört zu suchen. – Er lebt sein Leben, wie man ein entdecktes, erworbenes, teuer erkauftes genießt; er trinkt es, langsam schlürfend, vollbewußt. Er setzt sich in Szene; *nicht* im großen und ganzen, wie die andern, nein, Tag für Tag, Stimmung für Stimmung, jeden Übergang, jede Nuance, jede Erfahrung, jedes Existenzatom. Wie die andern mit der Lebensverneinung, kokettiert er mit der Lebensbejahung. Er kann aus der Renaissance nicht herauskommen, nicht über eine Phase seines Entwicklungsprozesses hinweg. Es ist ein Unüberwundenes in ihm, etwas, wovon er sich nicht gesundschreiben kann: daß dieses Leben mit seinen starren Formen und Formeln, dies System gedankenlos ineinandergreifender Räder und Rädchen, diese selbstverständliche Aufeinanderfolge entseelter Erscheinungen eigentlich etwas Großes, etwas Wirkliches ist, ein unbegreiflich hohes Wunder: diese Erkenntnis des lebendigen Lebens, die eine Wiedergeburt ist aus dem Feuer und dem heiligen Geist, die hat Bahr erfahren – und seither hat er nichts erfahren. Seither ward ihm sein Leben Ereignis, Vorwurf zugleich und Instrument, und in tausend Formen hat das Instrument den Vorwurf variiert. Bahr in Wien, Bahr in Berlin, Bahr in Paris, Bahr bei Ibsen, Bahr im Louvre, lauter kleine lebenfunkelnde, gegenwartsfreudige Ichdramen... so entstand die »Kritik der Moderne«[1]. Diese

---

1 Hermann Bahr, »Zur Kritik der Moderne«. Gesammelte Aufsätze. Erste Reihe

Kritik ist Mitempfinden, stürmisches Erobern, frei und zugänglich für alles Lebendige, atemloses Mitjubeln bei fremden Siegen, klirrendes Mitkämpfen fremder Kämpfe, ein Blick in die ganze weite Welt voll reicher Formen, voll Gegenwartslust und Zukunftsarbeit. Und darum ist es ein so wohltuendes Buch, aufregend und befreiend zugleich; denn es ist die starke Bewegung der Zeit darin. Er sieht allerlei Besonderes, aber er sieht es nicht besonders, er will es nur entdecken, für sich und die Welt, alles entdecken: die alte herrliche Burgtheaterkunst und die neue unfertige Kunst, die er mehr fühlt als kennt; und die phantastisch-lokalgefärbte Künstlerkneipe Au Chat noir; und die hehre mystische Kunst des Puvis de Chavannes, dieses »Lied von ganz hohen fein gestrichenen zitternden Geigentönen, süß und schmerzlich zugleich, von den schwarzen Wogen einer klagenden Harfe getragen«, und noch tausend anderes, neue schwirrende Namen, neue Töne, neue Farben. »Choses vues« hat Victor Hugo auf sein Lebensausgangsbuch geschrieben, »Choses entrevues« könnte auf diesem erwartungsreichen Lebenseingangsbuch stehen.

Damals war Bahr ein Herold: auf seinen Wanderungen knüpfte er Kulturfäden aneinander, ließ sich in wechselnder Begeisterung von tausend Strömen treiben, war ungerecht, inkonsequent und anregend wie das Leben selber. Er hatte kein Vorurteil, keine Ansicht, kaum einen Stil. Die Dinge sprachen mit ihm ihre eigene Sprache. Er schreibt in Deutschland, über Deutschland in dem romantischen, schillernden, hüpfenden, ironischen Stil der »Reisebilder«, in Frankreich im rollenden Triumph Victor-Hugosquer Perioden und mit dem aufregenden Pomp der rhetorischen Nation.

Damals war Hermann Bahr noch sehr jung und der deutsche Naturalismus noch jünger, beide in froher Erwartung.

Bahr ist älter geworden: er hat seinen Geist, der doch eine so große Flamme werden sollte, in tausend eigensinnigen Funken versprühen lassen; er hat seinen Geist, der doch ein großer Lebensspiegel hätte werden können, in tausend blitzende Scherben zerschlagen. Und der deutsche Naturalismus ist heute noch ein Kind: aber aus einem demütigen, hoffenden Kind ist er ein krankes, fieberndes, ungeduldiges geworden.

Aber beide sind ja noch so jung, sehr, sehr jung – hoffentlich.

Die handelnden Menschen in Bahrs neuestem Buch »Mutter« sind, was er selbst, Künstler des gesteigerten Lebens, der raffinierten Empfindung, der potenzierten Sensation. »Mutter« ist modern und romantisch zugleich, indem es moderne Motive ins Romantische zuspitzt, verzerrt, hinüberbildet. Denn Romantik ist ja gar nichts Selbständiges, sie ist Krankheit der reinen Kunst, wie der Dilettantismus, das Anempfindungsvermögen, Krankheit des Empfindungsvermögens ist. Und die beiden, Romantik und Dilettantismus, sind immer zusammengegangen. Als das Altertum seine große romantische Periode hatte, als der Hellenismus der Diadochenzeit mit dem cäsarischen Universalismus Roms zu einem formlosen Meer von Kulturelementen zusammenrann, in jener Periode »religiösen und metaphysischen Irrsinns, wo alles zu allem wurde, wo man Mâjâ und Sophia, Mithra und Christus, Virâf und Jesaias, Belus, Zarva und Kronos in ein einziges System bodenloser Spekulation zusammenbraute«[1], da dilettierte man auch auf allen Gebieten, freute sich, die Resultate tausendjähriger Kulturarbeit in sich aufzunehmen, und spielte dasselbe gefährliche Spiel mit seiner Elastizität, wie wir es spielen; man

1 Max Müller, »Essays zur vergleichenden Religionsgeschichte«

kokettierte mit der romantischen Räuberwelt Halb- und Ganzasiens wie nur je dies west-östliche Jahrhundert der »Orientales« und des »Childe Harold«; der kosmopolitische Kaiser Hadrian betreibt keinen minder raffinierten Exotismus wie der kosmopolitische Physiolog Stendhal; Bibelotstil und Meiningerei machen aus jeder Villa in Puteoli ein ebenso verwirrendes Disparitätenkabinett, wie es das »Haus eines Künstlers im neunzehnten Jahrhundert« ist[1], und Varro ist ein ebenso vornehm parteiloser Religionskritiker wie Ernest Renan.

»Mutter« führt aus dem Dilettantismus an der Kunst vorbei in die Romantik.

Man kann sich kein Milieu erschaffen, wie man sich keine Heimat machen kann; man kann keine fremden, angefühlten Empfindungen künstlerisch gestalten. Der Dilettantismus will beides. Er hat sich im archaistischen Roman an der Wiederbeseelung des Ausgelebten versucht, im Baudelairismus an der Darstellung des Angelebten. In »Mutter« spielen die Milieus seltsam und zerstörend durcheinander. Die Gestalt der »Mutter« selbst und was sie unmittelbar umgibt, weist auf *ein* Land, Frankreich, auf *eine* Stadt, Paris, beinahe auf *eine* Person, die Sarah Bernhardt. So atmet und vibriert die Zentrale des Weltnervensystems, so komponiert Berlioz, so malt Rochegrosse. Diese Virtuosität der Nervenerregung, dieses zuckende Arrangement der suprême sensation, das Interieur dieser Schauspielerin, ihr Altar, ihr Kostüm, ihr Sohn und ihre Rolle, diese Frédégonde, vorweggenommener Sardou, dies erzählte Szenenbild: »Denk dir den Thron von verloschener Malvenfarbe – und nun ich in diesem Purpur, hoch ausgestreckt, steil und starr wie eine Säule, und unten das heulende Getümmel meiner jauchzen-

1 Goncourt

den Krieger und zwischendurch die schlanken Tänzerinnen in bacchantischen Sprüngen – und über allem immer ich, steil und starr zum Himmel hinauf, und mein Blick duckt alle Wildheit, und mein Purpur verschlingt alle Farben ... Weißt du, es muß eine Mischung von Brutalität und Raffinement werden – so wüst und jähe, so...!« Das ist Paris.

Dann, diesem paquet de nerfs gegenüber, die Geliebte des Sohnes, Terka, mit breiten plumpen Zügen; ihr Boudoir teure, schreiende Tapezierereleganz, voll Zigarettendunst und Patschuli, am Schaukelstuhl eine Reitpeitsche. Das ist Berlin, die Parvenügroßstadt; diese Einrichtung kommt aus den grellen Riesenläden der Leipziger Straße, diese Atmosphäre hat Conrad Alberti gemalt, diese Reitpeitsche hat in ein paar Gardeoffiziersskandalen eine Rolle gespielt.

Es gibt beinahe noch ein drittes Milieu in dem Stück. Es liegt freilich in der Vorfabel und spielt nur in seinen Nachwirkungen herein. Das ist Rumänien, die interessante, exotische Halbzivilisation. Da ist der totgelebte Mann der Mutter her, ein Modegenosse des Prinzen Sergius Panin, der illyrischen Gesellschaft der »Rois en exil« und des buckligen Staatsanwalts Pantasie Tschuku. Das ist auch eine Slaveninvasion und auch ein Zeichen der Zeit.

Die Menschen aus diesen zweieinhalb Welten sprechen ein seltsames Gemisch von Sprachen: bald die schmiegende, vibrierende Sprache Bahrs, bald ein wolkenlyrisches Pathos, gewolltes falsches Theaterpathos, für die Schauspielerin außer der Bühne übercharakteristisch, darum uncharakteristisch, dann wieder Berliner und Wiener Lokalismen von beängstigender Plattheit. Zugegeben, wir haben keinen allgemeingültigen Gesprächston, weil wir keine Gesellschaft und kein Gespräch, wie wir keinen Stil und keine Kultur haben: aber es gibt richtigere Näherungswerte an die Umgangssprache.

So versündigt sich der Dilettantismus gegen unanfechtbare Forderungen naturalistischer Kunsttheorie.

Der dargestellte Vorgang, eine Synthese von brutaler Realität und lyrischem Raffinement, ist fast ein Symbol der heutigen Kunstaufgabe überhaupt. So hat Bahr selbst das Problem gefaßt: aus Zolaismus und Romantik, aus der Epik der Straße und der Lyrik des Traumes soll die große, die neue, die mystische Einheit werden.

An diesem großen Kunstproblem führt die »Mutter« vorbei, sie streift es nur. Bahr scheitert in der »Mutter« am Zuvielwollen, wie Claude im »Œuvre«. Mit allen Mitteln des lebendigen Vorganges, der episch-detailliertesten Charakteristik, mit Bild, Ton, Wortschattierung, Stimmungsmalerei ringt er nach einer überkünstlerischen unmöglichen Deutlichkeit der Sensation, nach einem Letzten, Feinsten und Stärksten des Eindrucks, den die Absicht nie erzwingt. An diesem Nichtweiter-, Nichttieferkönnen geht Claude zugrunde; in Bahr geht der naive Künstler unter, der romantische bleibt. Alle Kunstmittel der Romantik rollen sich klirrend, dissonierend, blendend auf, um dieses Letzte, Stärkste, Feinste, ewig Versagte zu erreichen. Es wird Nacht. Der Ton steigert sich zum gewollten Fieber, zum gemachten Krampf, zum Lallen, zum Gurgeln, zum Röcheln. Romantisch absichtliche Kontraste zersprengen die Einheit der Stimmung. Neben dem Altar hängt eine Watteauszene; neben die purpurne Frédégonde tritt der Clown mit seinen Zirkusmätzchen; die Motive, unnatürlich gesteigert, verzerren sich: die Romantik des Todes wird herbeigerufen, der Sohn stirbt vor dem Bild des Vaters, dessen Todesgeheimnis sich grauenvoll enthüllt; nichts bleibt uns geschenkt, nicht der Wind, der, am Fenster rüttelnd, die irren Reden des Sterbenden begleitet, nicht der unsicher über des Vaters Bild hinflackernde Schein der erlöschenden Lampe, nicht das

Ausklingen in ein Wahnsinnsgelächter. Da tritt der Dichter ganz aus dem Kunstwerk heraus, und indem er in dieser Szene des Grauens dem Clown, dem lebendigen Kontrast, das letzte Wort läßt, mit souveräner Ironie die selbstgeschaffene Stimmung zerstörend, ist er ganz Romantiker, ganz Individualist, ganz 1830. –

Wie Heine seine großen Schmerzen, so können wir dieser Romantik ihre leidenden Menschen nicht glauben. Und doch hat Heine gelitten, und doch ist in der »Mutter« ein Wort aus der qualvollsten und wahrsten Stimmung heraus geschrieben. Ich meine den Wunsch, den traurigen Wunsch: »Komm, Mama, erzähle. So, weißt du, ja, so etwas recht Gutes und Ruhiges! Weißt du, von ganz dummen Leuten – die sind glücklich; weit draußen, ganz am Ende... ja, sie wissen nichts und sind schlecht frisiert und haben keinen Geschmack, sondern häßliche, rote Hände, und wenn sie am Sonntag spazierengehen, dann lachen wir sie aus – aber die sind glücklich!« Das ist furchtbar wahr. Und doch, wie man einem Künstler ein wahres, reines, ganzes Kunstwerk glaubt, gleichviel welcher Form, welcher Schule, nur etwas Wirkliches, Lebendiges, *so* glaube ich Hermann Bahr seine »Mutter« nicht. Ob *daran* etwas liegt? Ihm selbst wohl kaum... Glaubt er denn an sein *Gestern* selber noch?!... Und an sein *Morgen* glauben ja auch wir.

»Sous l'œil des Barbares« *»Un homme libre«*
»Le jardin de Bérénice«

I

Es ist beinahe Unrecht, Herrn Maurice Barrès einen homme de lettres zu nennen, und noch weniger ziemt ihm der Name Romancier. Er hat nie einen Roman im landläufigen Sinne geschrieben, er gehört keiner literarischen Clique an; er ist um Schönheit der Form unbekümmert, er hat fast keinen Stil. Ihm ist es darum zu tun, seltene, widerspenstige und wichtige Gedanken klar und verständlich auszudrücken, wo andere mit Wortmusik und Wortmalerei Stimmungen suggerieren wollen; er bedient sich der Formel wie der Ziffer, der pedantischen Aufzählung wie des lateinischen Zitats. Er schreibt fast unmodern, fast unfranzösisch; aber seine seltsamen Bücher, die nicht reizen und nicht rühren und nicht spannen, haben ihn sehr berühmt gemacht. Seine seltsamen Bücher bilden *ein* Werk, enthalten ein System; sein Ruhm ist der Ruhm eines Philosophen.

Herr Maurice Barrès hat den ehrenwerten und achtbaren Versuch gemacht, in seine, eines modernen Franzosen, Existenz Klarheit, Einheit, philosophische Lebensauffassung zu bringen, eine Übereinstimmung zwischen äußerem und innerem Leben herbeizuführen. Der Darstellung dieses Versuches sind seine drei Bücher gewidmet. Was er getan hat, haben andere vor ihm getan, so die meisten Philosophen des Altertums, manche Heilige der christlichen Kirche, in gewissem Sinne auch der Verfasser des »Wilhelm Meister«. Immerhin bleibt sein Versuch wertvoll und ehrwürdig. Uns pflegt Glaube und Bildung, die den Glauben ersetzt, gleichmäßig zu fehlen. Ein Mittelpunkt fehlt, es fehlt die Form, der Stil. Das Leben ist uns ein Gewirre zusammenhangloser Erscheinungen; froh, eine tote Berufspflicht zu erfüllen, fragt keiner weiter. Erstarrte Formeln stehen bereit, durchs ganze Leben trägt uns der Strom des Überlieferten. Zufall nährt uns, Zufall lehrt uns; dankbar genießen wir, was Zufall bietet, entbehren klaglos, was Zufall entzieht. Wir denken die bequemen Gedanken der andern und fühlens nicht, daß unser bestes Selbst allmählich abstirbt. Wir leben ein totes Leben. Wir ersticken unser Ich. Man kann ganz glücklich sein in solchem Leben, aber man ist doch furchtbar elend. Man ist ein Schatten, belebt von fremdem Blut, ein fremder Sklave unter dem Auge der Herren, der Barbaren.

Diesen Zustand nannten die heiligen Väter das Leben ohne Gnade, ein dürres, kahles und taubes Dasein, einen lebendigen Tod. Solches Sein, unser aller Sein, schildert das erste Buch: »Sous l'œil des Barbares«. Es erschien 1888 und ging fast unbeachtet vorüber. Es war nichts als eine Vorbereitung, die erste Stufe eines Lehrgebäudes.

»Un homme libre« enthält die Methode. Es handelt von dem »einen Notwendigen«. Es ist ein regelrechtes Erbauungsbuch. Es ist verwandt mit der »Imitatio« des vierzehnten Jahrhunderts und den »Geistlichen Übungen« des Ignatius von Loyola. Nur, daß es sich nicht an gläubige Christen richtet, sondern an moderne Menschen.

Es ist die Systematik des heutigen Lebens, die Ethik der modernen Nerven. Es lehrt leben. Es hat die Form einer langen Gewissenserforschung, einer psychologischen Beichte. Gebete enthält es und Anrufungen, mit katholischen Formeln sind die Kapitel überschrieben, oratio, meditatio und colloquium gemahnen an eine Klosterregel. Und Klosterleben, das heilige, philosophische, christliche Leben, wonach unklare Nostalgie schon lange durch die Bücher fliegt, ist des neuen Lebens, des »freien Menschen«-Lebens Symbol. Es ist die Maske, die Nietzsche rät, auch wohl die Allegorie, wodurch sich Schwerverständliches offenbaren und einprägen soll. »Ich habe meine Methode im Rahmen einer Erdichtung entwickelt und gerechtfertigt. Ich hätte sie gern in irgendwelches Symbol geprägt, sie gerne auf ein paar Bogen gelehrten, dunklen und traurigen Inhalts ausgesprochen. Aber ich wollte nichts als nützen, und ich erwählte die kindlich einfachste Form der Bekenntnisse.«

Der einsame Mensch, dessen Monolog wir lesen, schaut in sich und will seine Seele erkennen, ganz erkennen vom kleinsten bis zum größten. Er will sie erkennen, bis er sie besitzt, um sich ein Leben der Herrlichkeit zu gründen, Herr seines Ich und Wissender seines Empfindens. Er prüft, sein eigener Arzt, den Leib in ruhigem Erwägen, zu erfahren, was ihm gut ist. Er prüft seine Seele, sein eigener Beichtiger. 1. Gedankensünden sind die schwersten, denn der Gedanke ist unser wahres Selbst. 2. Gefährlich sind die Sünden des Mundes, denn unsere Rede wirkt verderblich zurück auf unser Denken. Gefährlich ist es, seine Seele zu verleugnen, und verlangt ein unermeßliches Zartgefühl; denn nur, wenn die Seele sich selbst setzt und durchsetzt, bleibt sie rein. 3. Leichte Sünde ist die Sünde in Werken, wofern nur die Gedanken protestieren.

Beichtend und büßend ringt die Seele um die Gnade: die Gnade ist das Ausleben der Eigenart, der Besitz des Ich. Und »Traité de la Culture du Moi« ist des Werkes bester Name. Mittler werden angerufen, erleuchtete Geister, die Teile unseres Wesens ausdrücken, Stimmungen unserer Seele symbolisieren: Benjamin Constant, Fanatiker und Dilettant zugleich, Sainte-Beuve, der junge, hochmütige, empfindungsfeine der Joseph-Delorme-Zeit; ein anderes Mal etwa Nero, der gekrönte Schutzpatron des Dilettantismus, oder

Ignatius von Loyola oder Marie Bashkirtseff. Wertvollere Aufschlüsse gibt dem Ichsuchenden der verwandte Boden, die Geschichte, die Kunst der Heimat. Er durchstreift sein Lothringen und entdeckt unbekannte Gebiete seiner Seele. Was Lothringens mittelalterliche Überreste begonnen, vollendet Venedig, die verwandte Zivilisation. In Statuen und Legenden, Stimmungen und Bildern findet er Licht über sein Selbst, erschließt sich ihm sein inneres Reich. »Il faut que je respecte tout ce qui est en moi; il ne convient pas que rien avorte.« Unablässig steigert und schärft er seine Empfindungsfähigkeit: »mon âme mécanisée sera toute en ma main, prête à me fournir les plus rares émotions.« Jeder Stunde eine Sensation, jedem Nerv ein Schauder, das ist das Ziel des wissenden, des systematischen Lebens.

»Aujourd'hui j'habite un rêve fait d'ilégance morale et de clairvoyance.« Tausend Seelen in ihm, jede der andern fremd, jede eine Quelle des Genießens, darf er, eine triumphierende Kirche, hinaustreten ins Leben, ins Säkulum. Die Gemeinheit der Barbaren kann ihn nicht berühren; denn er weiß, daß die Taten nichts bedeuten, als was man durch Interpretation hineinlegt; er hat keine bleibende Wohnung, er erträgt es nicht, seine Vergangenheit um sich in tausend Symbolen ausgedrückt zu sehen; er lebt im Heute, fürs Heute. »Stets wachsende Summe empfindender und methodisch beherrschter Seelen, ich will dein Streben nicht länger schildern; ich werde nicht aufhören, Dich, o mein allumfassendes Ich, zu erweitern und zu verschönern. Aber geheim, denn meine Lehre ist vollendet ... je me contenterai de faire connaître quelques-uns des rêves de bonheur les plus élégants que tu imagineras.« So schließt das Buch der Lehre und verheißt ein Buch der Ausübung.

Zweierlei Grundton klingt durch die pantheistischen Monologe des dritten Buches: lebensverneinend der eine, bejahend der andere; der eine gehört dem Ideenkreise Schopenhauers, dem Goethes der andere an; wesensgleich und doch grundverschieden, tönt der eine durch alle ersterbenden Klagen, der andere durch alle triumphierenden Erkenntnisse der modernen Menschheit. Jeder hat in Systemen seine Entwicklung, in unzähligen lebendigen Formeln seinen Ausdruck gefunden. Den einen, den traurigen, drückt vielleicht am deutlichsten ein Wort aus Henri Amiels pessimistischem Tagebuch aus: »La responsabilité c'est mon cauchemar invisible; j'ai l'horreur du meurtre inconscient.« Den andern, den aktiven, charakterisieren unzählige Worte Goethes; »Der Gott und die Bajadere« mag für seinen parabolischen Ausdruck gelten; er gemahnt an die antike pietas, jener andere mehr an das indische Mitleid. Wir Menschen mit sehr entwickelten Nerven und geschwächtem Willen pflegen zwischen beiden Empfindungsgruppen nicht streng zu unterscheiden. Sie sind in uns, sie sind der mystische Kern der nationalen, der Volksseelenpolitik, werdende Diktatoren und neue Herren rechnen mit ihnen, sie beseelen Altruismus und Tierschutz, sie drohen die Kriminalgesetzgebung der Welt durch eine Reform der Verantwortlichkeitsfrage zu erschüttern, Lombroso hat ihnen lärmenden, Taine höchst weisen Ausdruck gegeben; Bourgets Werk ruht auf ihnen, Dostojewsky wird von ihnen beherrscht. Nietzsche hat sie überwunden. Er bekämpft sie. Philippe (so heißt die monologisierende Seele der drei Bücher Barrès') ist von ihnen erfüllt. Er fühlt die große Einheit des Alls, fühlt sich verwandt allen Geschöpfen, berufen alle zu verstehen; ihn verlangt, dem individuellen Wollen zu entfliehen, unterzutauchen ins Allgemeine, aufzugehen im Geist der Epoche, im Unbewußten, »mitzuschwingen im Rhythmus des Universums«.

Ein Verlangen bedarf des Objekts; das System heißt nach dem geeignetsten suchen, damit nichts von der lebendigen Kraft des Inneren verlorengehe, kein Schwung ungenützt, kein Enthusiasmus ungenossen ersterbe. »Une force s'etait ainsi amassée en moi... où la dépenserai-je?« Er ist erfüllt mit Hochachtung vor allem Instinktiven und Ursprünglichen, vor dem Volkstümlichen, den ungezügelten Trieben, den natürlichen Bedürfnissen, der natürlichen Entwicklung. Und es gibt eine volkstümliche Entwicklung, die man fördern, eine populäre Strömung, in der man sich gesundbaden, eine nationale, unbestimmt strebende, instinktiv tastende Partei, der man sich anschließen kann: Philippe wird Kandidat des boulangistischen Parteiprogramms, wie er unter andern Verhältnissen Sozialist geworden wäre oder Volontär der Heilsarmee: »en ne mettant dans ces besognes que la partie de moimême qui m'est commune avec le reste des hommes«, ohne das Heiligtum seines Ich den Barbaren preiszugeben, und »uniquement pour dépenser la force amassée en moi«. Das Land, dessen ehrwürdige Entwicklung er wahren, dessen stumme Wünsche er deuten, das er von unnatürlichen Reformen und von einer brutalen Durchschnittsbehandlung befreien will, ist ihm ein Bild der eigenen, den Händen der Barbaren entzogenen, befreiten Seele. Das Rhôneland, das alte Arelat ist das *Objekt*.

Charles Martin, der »Widersacher«, ist eine Verkörperung des feindlichen Prinzips, in der Mitte zwischen snob und Bildungsphilister. Er repräsentiert den »aufgeklärten Mittelstand«, Egalisierungssucht und borniere Mittelmäßigkeit, Eigendünkel, die »große Leichtfertigkeit des Schematisierens«, alles was wir hassen. Er ist der republikanische

Gegenkandidat des Boulangisten Philippe; ihm feindlich wie die Idee der Katze der Idee des Hundes. Ihr Ringen um die Gunst des Landes spiegelt sich in Nebenbuhlerschaft um die Gunst einer Frau.

Wie die Naturgottheiten der Anfangspoesie, des Mythos, wie die Verkörperungen der flüsternden Bäume und der plätschernden, lachenden Wellen, wie die Trägerinnen lokaler Poesie, die lebendig gewordenen Symbole einer lokalen Stimmung, eines Zeitgeists... eine Schwester der Najaden und Dryaden, der Loreleien und Melusinen: so ist Bérénice entstanden, die Herrin des Gartens, die projizierte Seele des Landes. Sie ist die Verkörperung alles Unbewußten, Melancholischen und Zarten, was da in der Luft liegt. Von ihrem Garten getrennt, würde sie unverständlich, ein blutleeres Phantom: Lorelei kann den Felsen nicht entbehren, Melusine nicht den Quell, mit dem ihr Wesen eins ist.

In einem Landesmuseum, einem Bilderbuch der nationalen Entwicklung ist sie, ein blasses, frühreifes Kind, aufgewachsen. Zarte, verblichene Farben und gebrechliche, ehrwürdige Dinge haben ihrem Wesen den Duft gegeben. Ihr Lächeln ist ein feines und seltsames Kunstwerk. Ihre Puppe war eine vergoldete Muttergottes, gemeißelte Affen ihre Lehrer im Weltlichen. Ihre frühe frauenhafte Seele übersetzte die Dinge in Empfindungen. Sie hat eine unbestimmte melancholische Sehnsucht nach einer fernen Vergangenheit.

Eine solche zarte und rätselhafte Harmonie mit der Umgebung erinnert an die Pflanzenentwicklung Virginies unter den Zweigen des Tropenwaldes; es ist Virginie, versetzt in die parfümschwere Atmosphäre fanierter, künstlicher und seltener Dinge, wie Baudelaire sie liebt.

Sie bewohnt ein kleines Haus an der Landstraße, wie eine Märchenprinzessin; ihr Geliebter hat es ihr geschenkt, ihr

Geliebter ist gestorben, und sie weint um ihn. Er hat ihr die Gabe des Leidens hinterlassen, die eine Verklärung ist. Monsieur de Transe nennt ihn das Buch, den Quell der Qualen, und das Haus, wo sie weint, heißt Aigues-Mortes: es ist Stimmungssymbolik in allen Namen, das ganze Buch hindurch, dem »Teuerdank« vergleichbar oder dem »Pilgrim's Progress«.

Fieberduftige Teiche umgeben Aigues-Mortes, das blasse Haus der Berenike; unter den hageren Bäumen des Gartens (Stil der Miniaturen zu Handschriften des »Roman de la Rose« oder der »Miracles de Notre-Dame«) grast ein Esel mit wehmütigen Augen, kleine ängstliche Enten um ihn. Die schweigende Landschaft atmet vages Leid. Sie hat die unsäglich zarten Farben venezianischer und holländischer Stimmungsbilder: das Gelb toter Blätter, Teichgrün, Violett, Braunrot, vieux rose.

In gleichgetönten Farben tritt uns Bérénice entgegen: sie ist eins mit ihrem Garten, jedes des anderen Bild und Symbol, und ihr Garten ist alles Land. Darwinscher Einfluß auf die Poesie, Mimikry, Determinismus, Zolas u. a. Milieutheorie fliegt uns hier durchs Gedächtnis.

Für Philippe ist die ganze Welt nur eine ideologische Karte: ein Schlüssel der Analogie, der ihm sein Inneres deuten hilft: Bérénice und ihr Garten sind ihm, dem Erkennenden sub specie aeternitatis, der Typus einer bestimmten Kulturepoche. Sie repräsentieren ihm ein Mittelalter, das in ihm war vor dem Einfall der »Barbaren«. Er verehrt in ihnen die einheitlich ungebrochene Entwicklung, die Harmonie mit der Vergangenheit, die Naivetät der Stimmung, die er selbst verloren hat. Bérénice und ihr Garten verkörpern ihm ein in die Vergangenheit verlegtes Ideal, ein verlorenes Paradies. Bourgets nostalgie du passé, Lotis, Jacobsens Kult des Gedenkens klingen an. Er liebt sie mit wehmütiger Liebe, wie man das Gedächtnis seiner Kindheit liebt. Er möchte sie trösten, aber ihr Schmerz ist ihm ein Quell der Stimmungen: sein Stilgefühl bangt vor dem Versiegen der Gabe des Leidens, die Bérénices mystische Schönheit ausmacht. In ihren Augen *muß* Trauer sein, Heimweh nach einem verlorenen geliebten Glück, la vague souffrance de l'inconscient: in der ersten Stunde, wo sie lacht, wo sie aus ihrem Stil fällt, hört sie auf, ein elegantes und stimmungsvolles bibelot seiner inneren Einrichtung zu sein. Er erhält sie also künstlich in der Stimmung, die ihm die Stimmung des Gartens, des Landes darstellt, die allein das würdige Objekt seiner Liebe ist; er vertieft und erfrischt ihren Schmerz um François de Transe mit allen raffinierten Mitteln der »Methode«, mit der ganzen Mnemotechnik der Sensationen, welche die culture du moi vorschreibt.

Potentielle Liebe, angesammelte Fähigkeit zu empfinden, bedarf des Akkumulators, um sich selbst zu genießen: Liebe als Zustand will Liebe als Neigung werden und konstruiert sich ein Objekt der Neigung. Das Verfahren ist allgemein in Anwendung: die Systematisierung ist neu.

Die Neigung selbst schwankt wieder zwischen Goethescher Religion der Harmonie mit der gesunden Natur und indisch-christlichem Kult des Leidens.

Philippe ahnt ein Aufgehen im All-Erkennen, wo sich die traurigen Tiere, Bérénice und ihr Garten, ja selbst der »Widersacher« als Stufen einer einzigen durchlaufenen Entwicklung enthüllen. Das stumm sehnende Land, das unklare Leiden in Bérénice scheinen eines Vertrauten zu bedürfen, eines sehenden Interpreten der eigenen dumpf keimenden Entwicklung. Man wird an Wilhelm Jordan[1] erinnert, auch etwa an Jakob Böhme oder an eine Stelle bei

---

1 »Strophen und Stäbe«: »Der Dichter und die Pflanze«

Augustinus: »Arbusta formas suas varias sentiendas sensibus praebent, ut, pro eo quod nosse non possent, quasi innotescere velle videantur.«[1] Und er flüchtet ins Ewige, »teilhaftig der großen und allgemeinen Liebe«, er erreicht den erhabenen Egoismus, der alles umschließt, »qui fait l'unité par l'omnipotence«. Ihm sind die Menschen und die Dinge »des émotions à s'assimiler pour s'en augmenter«; sein Selbst erlischt, jede individuelle Leidenschaft erstirbt: das Ich, Möglichkeit alles Empfindens, wird zum Ich, Totalität alles Erkannten. Das Werk ist abgeschlossen. Wenn Herr Barrès sich nächst einer Prüfung dieses Werkes mit Herausgabe der »Geistlichen Übungen« des Ignatius beschäftigt, wenn Maurice Maeterlinck einen christlichen Mystiker des Mittelalters erweckt, wenn Leo Tolstoi und ein unbefangener deutscher Offizier gleichzeitig auf das »eine Notwendige« hinweisen, so beweist das nicht, daß die Welt christlich werden will, wohl aber, daß sie sich nach dem Erkennen des Zieles sehnt, zu dem der Autor der »Anna Karenina« und der Autor der »Nachfolge Christi«, zu dem Herr Barrès und Herr von Egidy, Clemens Alexandrinus und Platon, der Sohn des Ariston, gleichwertige Führer sind.

Denn dieses Wort des Barrès könnte aus jeder Seele gesagt sein: »Je suis perdu dans le vagabondage, ne sachant où retrouver l'unité de ma vie.«

[1] »De civitate Dei« XI.27. Bei Schopenhauer, »Welt als Wille und Vorstellung«, Drittes Buch

In dieser großen Ausstellung im Prater waren unter vielerlei bunten Dingen auch gewisse einfache und bescheidene Reliquien, die für den Blick der Fremden wenig Reiz haben mochten, zu unseren Augen aber vertraulich und rührend redeten. Sie schufen in uns diese wehmütige, leise Sehnsucht, wie wenn man an Kindertage denkt. Die Verklärung der Vergangenheit war auf ihnen desto stärker, je schmuckloser und kindischer sie selbst waren. Ich meine die Andenken an unserer Großväter Zeit: die unbeholfenen kleinen Aquarelle mit gelben Häusern und altmodischen Menschen auf dem Gras der Basteien; die geschmacklosen Möbel ihrer kleinen lieben Zimmer; die polierten Glaskästen mit ihren Lieblingsbüchern: Castelli und Tiedge, die erste Ausgabe von »Childe Harold« und ein wehmütig moderduftiger Musen-Almanach; die vergilbten Blätter ihrer Briefe mit umständlicher Artigkeit und einem ungeübten, kindischen und herzlichen Stil.

Es weht für uns um alle diese Dinge eine Luft beschränkter Güte und verträumten Friedens, die ein unsagbares Heimweh über einen bringt, ein sinnloses Verlangen nach alledem, was so verwandt ist und dabei so unbegreiflich weit und ganz unwiederbringlich.

Dieses Heimweh nach Jugendlichkeit, diese Sehnsucht nach verlorener Naivetät, die aus Kinderaugen ins Leben schaut, nach Einfachheit, nach Resignation und nach stillem, leisegleitendem Leben ist eine sehr österreichische Stimmung, vielleicht die Grundstimmung unserer wirklichen Dichter.

Adalbert Stifter hat sie sehr deutlich gefühlt und ausgesprochen. Grillparzer hat aus ihr seine rührende Lebensbeschreibung geschrieben und viele traurige Verse.

> Wenn erst ich das Verlorne wieder hätte,
> Wie gäb ich gern, was ich seitdem gewann.

Er liebt es, in einem leisen, schmerzlichen Ton mit der Vergangenheit zu reden; der alte Mann sitzt gern unter den Bäumen, die über dem Knaben gerauscht hatten. Wie seine stillwandelnden, sensitiven Frauen leidet er unter dem Leben, das verwirrt und verletzt. Sie alle sehnen sich nach unverstörten, stillen Lebenskreisen, nach reingestimmtem, leisem Reden mit sich selbst in dämmernder Ruhe; sie sind wie Pflanzen, die das Umgraben nicht ertragen; grelles Licht und schriller Lärm macht sie zittern; sie haben eine unbestimmte Angst vor dem Leben, das töten kann, und vor sich selbst, vor den unbewußten, dämonischen Tiefen ihrer Seele. Sie weben in leiser, aufgelöster Musik, aber es gibt Musik, die sie fürchten, weil sie in gefährlichen Tiefen wühlt. Ihr Leitmotiv ist ein zartes und graziöses Tanzlied, ein Menuett der Resignation und Beschaulichkeit. Mozart entspricht ihren klargestimmten und schönen Seelen; Beethoven schon ängstigt und verwirrt sie manchmal. Es ist der alte Gegensatz zwischen Musik des Apollo und Musik des Dionysos, zwischen den heiligen Akkorden der Lyra und dem unheiligen Getön von Flöten und Becken.

Es sind Menschen, die zart und tief erleben; ein Musikstück, ein nachklingendes Gespräch, ein Selbstvorwurf beschäftigt sie tief und lange; es gibt von Grillparzer ein merkwürdiges Gedicht: »Als sie zuhörend am Klavier saß«; das Erlebnis des Gedichtes ist nichts als das Nachempfinden einer Symphonie, von dort, wo sich die Töne klirrend und schluchzend verwirren, bis zur Lösung, wie sich der Dreiklang herrlich und beruhigend aus den Wogen hebt ...

Auch die Menschen Saars variieren diese innerliche, empfindungsfeine und lebensängstliche, österreichische Grundstimmung. Fast alle flüchten aus dem Leben; »flüchten« ist nicht das rechte Wort: es ist ohne Heftigkeit und anklagendes Pathos, ein leises, schüchternes Hinausgehen, wie aus einer aufregenden und peinlichen Gesellschaft. Es ist etwas Hilfloses und Frauenhaftes an den meisten; sie verlernen den Verkehr mit Menschen gern und leicht; sie umgeben sich gern mit alten, abgeblaßten und abgegriffenen Dingen; das Weltfremde tut ihnen wohl, und sie stehen sehr stark unter dem rätselhaften Bann des Vergangenen.

- -

Die beiden Menschen auf »Schloß Kostenitz« – der Novelle, welche zuerst in diesem Blatte gedruckt wurde – leben ein Leben im Stil der »Wahlverwandtschaften«, nur um eine Nuance empfindsamer. An Stelle der königlichen Kunst des Bauens, der herrischen Lust am Gestalten und Umgestalten tritt weiches schmiegsames Genießen und Ausfühlen der Stimmung. Sie ordnen nicht an, sie haben nicht die Lust am kleinen Regieren, den künstlerisch-tyrannischen Zug, der anmutig und gewaltig durch Goethesches Wesen geht (»Prometheus«, »Meister«, »Die erziehenden Frauen«, »Benvenuto Cellini«, »Faust«), aber sie haben ein anderes Reich, ihr eigenes reiches Reich: sie fühlen fein und viel. Ihre Seelen, die das sanfte Schöne brauchen, sind ohne irres Tasten und Beben. Es ist eine ruhige, fast konventionelle Anmut in dem schönen Leben, das sie führen, diesem herzlichen und stillen Gartenleben, zwischen halben und beruhigenden Farben der Natur, zwischen leisem Blühen und Duften und Dämmern: in Alt-Wiener Vasen nicken lose Blumen, die »Schilflieder« sind aufgeschlagen, und aus dem offenen Fenster strömen die Töne des kleinen Klaviers in den nächtigen Garten. Und zwischen all diesem stillen Schönen eine stille schöne Frau, mit viel Musik in der Seele und einem anmutig begrenzten Gedankenleben.

Es ist die schönste Idylle, die wahrste, die nächstverwandte. Wir sehnen uns immer nach ihr: wenn wir in alten Büchern blättern, wenn wir durch alte, enge Gassen gehen; dann weht es uns wie eine flüchtige Ahnung davon an, oder wenn sie ein Dichter so malt, mit verklärenden Farben des Verlangens. Sie war gewiß nie. Sie ist nichts als Fata morgana. Sie malt die ruhige Dämmerung, und wir stehen im ruhelosen grellen Tag. Wir erleben so viel, so hastig und so weihelos-undeutlich. Wir sind kein zuversichtliches Geschlecht, aber wir betasten viel zu viele Dinge; wir reden auch zu laut, zu schnell und von zu vielem; wir sind zur Anmut nicht gesund genug und allzu arm an innerer Musik.

Auf das verträumte Geschlecht ist ein wirres und ängstliches gefolgt ...

Die Psychologie der Epochen, das nachdenkliche Beschauen der wechselnden Menschengeschlechter ist stärker in diesem Buch als je in einem von Saars früheren. Es ist wie ein Abrechnen. Vielleicht gerade darum ergreift es so und scheint einen jeden so nahe anzugehen.

DIE MENSCHEN IN IBSENS DRAMEN
Eine kritische Studie

Man ist wohl nie in Versuchung gekommen, einen Vortrag zu überschreiben: von den Menschen in den Dramen Shakespeares, oder Otto Ludwigs, oder Goethes. Ebensowenig als »über die Menschen im wirklichen Leben«. Der Titel würde gar nichts sagen: es gibt ja dort nichts als Menschen, plastische, lebendige Menschen, die sich handelnd und leidend ausleben, und in diesem Ausleben liegt alles. Sonst wird nichts gewollt und nichts vorausgesetzt. Bei Ibsen hat sich die Diskussion, haben sich Begeisterung und Ablehnung fast immer an etwas außerhalb der Charakteristik Liegendes angeknüpft: an Ideen, Probleme, Ausblicke, Reflexionen, Stimmungen.

Trotzdem gibt es in diesen Theaterstücken auch Menschen, das heißt, wenn man genauer zusieht, einen Menschen, Varianten eines sehr reichen, sehr modernen und sehr scharf geschauten Menschentypus. Außerdem Hintergrundsfiguren, flüchtige Farbenflecke für den Kontrast, Explikationsfiguren, die den Haupttypus kritisieren und Details hinzufügen, und Parallelfiguren, in die einzelne Züge der Hauptfigur projiziert sind, die gewissermaßen eine grell beleuchtete Seelenseite des ganzen Menschen darstellen.

So weit die beiden Individualitäten auch voneinander abstehen, es ist ganz dieselbe Erscheinung wie bei Byron: hier wie dort diese eine durchgehende Figur mit dem Seelenleben des Dichters, mit den inneren Erlebnissen, die sich nie verleugnen, ein wenig stilisiert, ein wenig variiert, aber wesentlich eins. Dort hieß sie Manfred, Lara, Mazeppa, Tasso, Foscari, Childe Harold, der Giaur, der Corsar; sie hatte einen etwas theatralischen Mantel, verzerrte Züge, einen gewaltigen Willen und die Rhetorik heftiger und melancholischer Menschen, sie war eigentlich ein sehr geradliniges, einfaches Wesen. Hier heißt sie Julian der Apostat, Photograph Ekdal, Peer Gynt, Bildhauer Lyngstrand, Dr. Helmer, Dr. Brendel, Dr. Rank oder Frau Hedda, Frau Ellida, Frau Nora. Sie ist gar kein geradliniges Wesen; sie ist sehr kompliziert; sie spricht eine nervöse hastige Prosa, unpathetisch und nicht immer ganz deutlich; sie ironisiert sich selbst, sie reflektiert und kopiert sich selbst. Sie ist ein fortwährend wechselndes Produkt aus ihrer Stimmung und ihrer eigenen Kritik dieser Stimmung.

Alle diese Menschen leben ein schattenhaftes Leben; sie erleben fast keine Taten und Dinge, fast ausschließlich Gedanken, Stimmungen und Verstimmungen. Sie wollen wenig, sie tun fast nichts. Sie denken übers Denken, fühlen sich fühlen und treiben Autopsychologie. Sie sind sich selbst ein schönes Deklamationsthema, obwohl sie gewiß oft sehr wirklich unglücklich sind; denn das Reden und Reflektieren ist ihr eigentlicher Beruf: sie sind oft Schriftsteller: Kaiser Julian trägt das Kleid der Weisheitslehrer und schreibt kleine, anspruchsvolle und pedantische Broschüren; Hjalmar Ekdal und Ulrich Brendel werden wahrscheinlich nächstens ein epochemachendes Werk herausgeben, und Ejlert Lövborg hat sogar schon eines geschrieben; oder sie sind müßige, nervöse und schönsinnige Frauen, wie die Frau vom Meere und die andere, die in Schönheit gestorben ist. Sie ermangeln aller Naivetät, sie haben ihr Leben in der Hand und betasten es ängstlich und wollen ihm einen Stil geben und Sinn hineinlegen; sie möchten im Leben untersinken, sie möchten, daß irgend etwas komme und sie stark forttrage und vergessen mache auf sich selbst. Es ist in ihnen ganz die Sehnsucht des Niels Lyhne: »Das Leben ein Gedicht! Aber nicht so, daß man immer herumging und an sich selbst dichtete, statt es zu leben. Wie war das inhaltslos, leer, leer, leer: dieses Jagdmachen auf sich selbst, seine eigene Spur listig beobachtend... dieses Zum-Spaß-sich-Hineinwerfen in den Strom des Lebens und Gleich-wieder-Dasitzen und Sich-selbst-Auffischen in der einen oder der anderen kuriosen Vermummung! Wenn es nur über einen kommen wollte – Leben, Liebe, Leidenschaft –, so daß man nicht mehr dichten konnte, sondern daß es dichtete mit einem.« Dieses Rätselhafte, das kommen soll und einen forttragen und dem Leben einen großen Sinn geben und allen Dingen neue Farbe und allen Worten eine Seele, hat vielerlei Namen für diese Menschen.

Bald ist es das »Wunderbare«, wonach sich die Nora sehnt; für Julian und für Hedda ist es das Griechische, das große Bacchanal, mit adeliger Anmut und Weinlaub im Haar; oder es ist das Meer, das rätselhaft verlockt, oder es ist ein freies Leben in großartigen Formen, Amerika, Paris. Alles nur symbolische Namen für irgendein »Draußen« und »Anders«. Es ist nichts anderes als die suchende Sehnsucht des Stendhal nach dem »imprévu«; nach dem Unvorhergesehenen, nach dem, was nicht »ekel, schal und flach und unerträglich« in der Liebe, im Leben. Es ist nichts anderes als das verträumte Verlangen der Romantiker nach der mondbeglänzten Zauberwildnis, nach offenen Felsentoren und redenden Bildern, nach irgendeiner niegeahnten Märchenhaftigkeit des Lebens.

Sie leben in kleinen Verhältnissen, in unerträglichen, peinlichen, verstimmenden, gelbgrauen kleinen Verhältnissen, und sie sehnen sich alle fort. Wenn man ihnen verspricht, sie weit fortzubringen, rufen sie aus: »Nun werde ich doch endlich einmal wirklich leben.« Sie sehnen sich fort, wie man sich aus grauem, eintönigem, ewigem Regen nach Sonnenschein sehnt. »Mich dünkt«, sagt der oder jener, »wir leben hier nicht viel anders als die Fische im Teich. Den Fjord haben sie so dicht bei sich, und da streichen die großen wilden Fischzüge aus und ein. Aber davon bekommen die armen zahmen Hausfische nichts zu wissen; sie dürfen nie mit dabei sein.« Es muß doch eine neue Offenbarung kommen, sagen sie, oder eine Offenbarung von etwas Neuem.

Es ist in diesen Verhältnissen ungeheuer viel Klatsch und ungeheuer viel irritierende Kleinlichkeit und Monotonie. In »Kaiser und Galiläer« gibt es Hofintrigen und Gelehrtenintrigen, Bureauklatsch und Stadtklatsch. In der »Hedda Gabler« weiß um 10 Uhr morgens schon die ganze Stadt, daß Ejlert Lövborg in der Nacht schon wieder betrunken war. Im »Volksfeind« und in den »Stützen der Gesellschaft« ist der Klatsch sogar das Hauptmotiv: »Was wird der Buchdrucker sich denken, und was wird der Gerichtsrat sagen, und was wird der Rektor urteilen.« In solchen Verhältnissen verliert man mit sinnlosen Widerwärtigkeiten so viel Zeit, daß man leicht auf den Gedanken kommt, sein ganzes Leben versäumt zu haben. In »Peer Gynt« ist eine rührende Szene, wo den alten Mann sein ganzes ungelebtes Leben, die ungedachten Gedanken, die ungesprochenen Worte, die ungeweinten Tränen, die versäumten Werke vorwurfsvoll und traurig umschweben. Bevor sie anfingen unter solchen Verhältnissen zu leiden, haben fast alle diese Menschen eine verwirrende, halb traumhafte Kindheit durchlebt, wie in einem Märchenwald, aus der sie heraustreten mit einem unstillbaren Heimweh und einer isolierenden Besonderheit, wie Parzival in die Welt reitet im Narrenkleid und mit der Erfahrung eines kleinen Kindes. Diese Kindheit Parzivals im Wald Brezilian hat für meine Empfindung immer etwas sehr Symbolisches gehabt. Dieses Aufwachsen in einer dämmernden Einsamkeit unter traumhaften Fragen nach Gott und Welt, auf die eine kindlich-traumhafte Mutterantwort folgt, das ist eigentlich das typische Aufwachsen in der dämmernden, rätselhaft webenden Atmosphäre des Elternhauses, wo alle Dimensionen verschoben, alle Dinge stilisiert erscheinen; denn Kinderaugen geben den Dingen einen Stil, den wir dann vergebens wiederzufinden streben: sie stilisieren das Alltägliche zum Märchenhaften, zum Heroischen, so wie Angst, Fieber oder Genialität stilisieren. In solch einem Wald Brezilian, der ein Puppenheim ist, sind sie alle aufgewachsen: Nora und Hedda bei kranken und exzentrischen Vätern, Hjalmar bei hysterischen Frauen, den Tanten, Julian in der schlechten Luft eines byzantinischen Klosters, Peer Gynt bei der phantastischen halbverrückten Mutter, und so fort. Aus dieser Kindheit haftet ihnen immer etwas so eigentümlich Verträumtes an; sie denken scheinbar immer an etwas anderes als wovon sie reden; sie sind eben alle Dichter, oder eigentlich sensitive Dilettanten. Sie haben viel von Kaiser Nero und viel von Don Quijote; denn sie wollen auch Gedichte ins Leben übertragen, ob selbsterfundene oder anempfundene ist ja gleichgültig. Einige haben sich resigniert daran gewöhnt, nicht mehr an das Wunderbare zu glauben, das von außen kommen soll. Sie glauben an die unendlichen Möglichkeiten des Wunderbaren, die im Menschen selbst liegen: sie glauben an den schöpferischen, verklärenden, adelnden Schmerz. Das ist ein persönlicher Lieblingsglaube von Herrn Henrik Ibsen: er glaubt, daß das Wunderbare in den Menschen dann aufwacht, wenn sie etwas sehr Schweres erleben …

Sie haben auch das Spielen mit den wachen, den lebendigen Worten, das so sehr eine Dichtereigenschaft ist: gewisse Worte scheinen für sie einen ganz anderen Sinn zu haben als für die gewöhnlichen Menschen: sie sprechen sie mit einem eigenen Ton, halb Wohlgefallen, halb Grauen aus, wie heilige, bannkräftige Formeln. Sie haben untereinander Zitate und geflügelte Worte, auch wenn sie nicht zufällig eitle Sophisten sind wie Kaiser Julian, der sich immer selbst zitiert. Sie sind auch um ihre Abgänge sehr bekümmert: sie lieben das arrangierte Sterben; wenn sie nicht mit Zitaten aus Seneca umsinken, wie die Prinzen in einem jugendlichen Drama Shakespeares, so liegt wenigstens in der Situation eine leichte Pose. Mir fällt das traurige Wort eines jungen Mädchens aus der guten Gesellschaft ein, die ein paar Wochen vor ihrem Tod mit elegantem Lächeln sagte: »Après tout, le suicide calme, c'est la seule chose bien aristocratique qui nous reste.« Das könnte fast die Frau Hedda gesagt haben oder der Doktor Rank; auch die kleine Hedwig stirbt nicht naiv. Und Julian, nach einem Leben voll Enttäuschungen, kann nicht sterben, ohne an den Effekt zu denken: »Sieh dies schwarze Wasser«, sagt er zu seinem Freund, »glaubst du, wenn ich spurlos vom Erdboden verschwände und mein Leib nirgends gefunden würde und niemand wüßte, wo ich geblieben wäre – glaubst du nicht, daß sich die Sage verbreiten möchte, Hermes wäre zu mir gekommen und hätte mich fortgeführt, und ich wäre in die Gemeinschaft der Götter aufgenommen?«

Wie nahe stehen wir hier der Manier des Nero, jenes wirklichen und höchst lebendigen Nero, den Renan aus den Details des Petronins, des Sueton und der Apokalypse zusammengesetzt hat: ein mittelmäßiger Künstler, in dessen Kopf Bakchos und Sardanapal, Ninus und Priamus, Troja und Babylon, Homer und die fade Reimerei der Zeitgenossen irr durcheinanderschwankt, ein eitler Virtuos, der das Parterre zittern macht und davor zittert, ein schöngeistiger Dilettant, der durch eine Smaragdbrille den Leichnam seiner Mutter ästhetisch betrachtet, hier lobend, dort tadelnd, und dem in seiner eigenen Todesstunde nichts als literarische Reminiszenzen einfallen. Er erinnert sich, daß er Rollen gespielt hat, in denen er Vatermörder und zu Bettlern herabgekommene Fürsten darstellte, bemerkt, daß er das alles jetzt für seine Rechnung spiele, und deklamiert den Vers des Ödipus:

Θανεῖν μ' ἄνωγε σύγγαμος, μήτηρ, πατήρ.
Weib und Mutter und Vater heißen mich sterben!

Dann redet er griechisch, macht Verse, bis man plötzlich das Geräusch herankommender Reiterei hört, die ihn lebendig fangen soll. Da ruft er aus:

»Dumpfes Geräusch von eilenden Rossen erschüttert
                              das Ohr mir!«

und empfängt von einem Sklaven, der den Dolch herabsenkt, den Todesstoß »in Schönheit«.

Kein Wunder übrigens, daß zwischen jenem Julian und diesem Nero eine solche Verwandtschaft besteht; sie sind beide bis zu einem geringen Grade Selbstporträts ihrer Dichter, zweier geistreicher Weisheitslehrer des neunzehnten Jahrhunderts.

Die Erziehung des Nero in dem rhetorischen Seminar des affektierten Seneca, des Virtuosen der Anempfindung, hat mit der unserigen viel Verwandtschaft; und das hübsche Wort, das Seneca über seine Zeit gesagt hat, »Literarum intemperantia laboramus«, könnten alle diese literarischen Dilettantenmenschen der Ibsen-Dramen in ihre Tagebücher schreiben und so kommentieren: »Mein Leben hat mich nirgends fortgerissen und getragen; mir fehlte die Unmittelbarkeit des Erlebens, und es war so kleinlich, daß ich, um ihm Interesse zu geben, es immer mit geistreichen Deutungen, künstlichen Antithesen und Nuancen ausschmükken mußte.« Dieses Dekorieren des gemeinen Lebens, diese schöne und sinnreiche Lebensführung, die nur in ihrer Ter-

minologie ein wenig an die der protestantischen Erbauungs-
bücher gemahnt, dieses starke, alles absorbierende Denken
an das »eine Notwendige«, dieses harte und herbe Betonen
der Pflichten gegen sich selbst bringt je nach den Figuren
zweierlei endgültige Konzeptionen des Lebensproblems mit
sich: einmal das symbolische Sich-Isolieren, das nervöse Bedürfnis, Abgründe ringsum sich zu schaffen, das Alleinblei-
ben des Volksfeindes, das Einsamwerden auf Rosmersholm,
das Hinauslaufen der Nora in die Nacht; oder man bleibt im
Leben und zwischen den Menschen stehen: aber als der
heimliche Herr, und alle anderen sind Objekte, Akkumula-
toren von Stimmungen, Möbel, Instrumente zur Beleuchtung, zur Erheiterung, zur Verstimmung oder zur Rührung.
So behandelt Herr Helmer seine Frau und seinen Freund
Rank. Die Frau ist ein Spielzeug, eine hübsche, graziöse
Puppe, die er in Gesellschaft führt, dort läßt er sie Tarantella
tanzen, sammelt die Lobsprüche ab und führt sie wieder
fort, ob sie will oder nicht; und wie sein Freund sich ver-
steckt, um still zu sterben, wie ein verwundetes Tier, sagt er:
»Schade, er mit seinen Leiden und seiner Vereinsamung gab
gleichsam einen schönen, bewölkten Hintergrund ab für unser sonnenhelles Glück.« Noch hübscher aber ist es in einem
anderen Stück, wo eine Gruppe von drei Menschen sich
wechselseitig so als Ding und Stimmungsobjekt behandelt;
ich meine den kranken Bildhauer Lyngstrand und die beiden
jungen Mädchen, die Stieftöchter der Frau vom Meere: der
hoffnungslos kranke Mensch spricht von seiner bevorste-
henden Reise nach Italien und nimmt der älteren von den
zwei Mädchen das Versprechen ab, immer aus ihrer eintöni-
gen, armen Existenz heraus an ihn zu denken. Wozu eigentlich? »Ja, sehen Sie«, sagt er, »so zu wissen, daß es irgendwo
auf der Welt ein junges, zartes und schweigsames Weib gibt,
das still umhergeht und von einem träumt...«

Er findet das ungeheuer »anregend«.

Dabei interessiert er sich aber eigentlich gar nicht für sie, sondern für die Jüngere, eine halberwachsene, sehr gescheite kleine Person.

»Wenn ich wiederkomme«, sagt er zu ihr, »werden Sie ungefähr im selben Alter sein wie Ihre Schwester jetzt. Vielleicht sehen Sie dann auch aus, wie Ihre Schwester jetzt aussieht. Vielleicht sind Sie dann gleichsam Sie selbst und sie sozusagen in einer Gestalt…«

Hilde spielt mit dem Gedanken, daß der Mensch, der ihr das alles sagt, nie mehr wiederkommen wird, weil sie weiß, daß er sterben muß. Ihr macht dieser Flirt vor der Türe des Todes ein eigentümliches Vergnügen. Sie fragt ihn, wie sie sich in Schwarz ausnehmen würde, ganz in Schwarz, mit einer schwarzen Halskrause und schwarzen, matten Handschuhen…

»So als junge, schöne trauernde Witwe, nicht?«

»Ja«, meint sie, »oder eine junge trauernde Braut.«

Sie findet wieder *den* Gedanken ungeheuer anregend.

Diese resignierten Egoisten, wie Hjalmar, Helmer und Hilde, und die Pathetisch-Isolierten, wie Stockmann oder Nora, sind für meine Empfindung nur Stadien ein und desselben inneren Erlebnisses, und diese verschiedenen Menschen sind nichts als der eine Ibsensche Mensch in verschiedenen Epochen der Entwicklung. Alle Ibsenschen Menschen repräsentieren nichts anderes als eine Leiter von Seelenzuständen, die zum Beispiel der eine Julian schon alle im Keime hat und durchlebt. In jedem Stücke wird eine Idee, das heißt, eine Seite des großen Grundproblems, besonders betont und in französischer Manier mit viel Räsonnement durchgeführt.

Und das Grundproblem ist, glaube ich, immer das eine, wesentlich undramatische: Wie verhält sich der Ibsensche

Mensch, der künstlerische Egoist, der sensitive Dilettant mit überreichem Selbstbeobachtungsvermögen, mit wenig Willen und einem großen Heimweh nach Schönheit und Naivetät, wie verhält sich dieser Mensch im Leben? Wie, wenn man ihn binden und zwingen will und er ist schwach und hilflos gestimmt? – Nora.

Oder wenn man ihn zwingen will und er ist stark und hochmütig gestimmt? – Stockmann.

Oder man läßt ihm Freiheit und die Qual des Wählens? – Frau vom Meere.

Oder er ist arm und hätte gemeinmenschliche Pflichten? – Hjalmar.

Oder er hat alle Macht der Welt? – Julian.

Oder er ist unrettbar krank? – Oswald Alving.

Oder er ist überspannt erzogen worden? – Hedda.

Ich glaube, die Antwort ist sehr einfach: eigentlich hat er zwischen den Menschen keinen rechten Platz und kann mit dem Leben nichts anfangen. Darum geht er manchmal sterben, wie Julian, Rosmer, Hedda. Oder er »stellt sich allein«, was fast dasselbe ist: Nora, Stockmann. Oder er lebt weiter, einsam zwischen den Menschen, in selbstsüchtigen Kombinationen ihr heimlicher Herr: Hjalmar, Helmer, Hilde... in hochmütiger Resignation und enttäuschter Kühle, ein zerbrechliches, künstliches Dasein. –

Inzwischen ist der »Baumeister Solneß« erschienen. Das ist eine wunderliche Mischung von Allegorie und Darstellung realen Lebens. Wie wenn Bauernkinder bei Nacht in ausgehöhlte Kürbisköpfe Lichter stecken, die durch das gelbrote dünne Fleisch scheinen, so scheint hier die allegorische Bedeutung durch hohle, menschenähnliche Puppen. Man hat das ganze Stück geistreich und gewiß nicht unrichtig als eine symbolische Darstellung von Ibsens innerer Entwicklung, von seinem Künstlerverhältnis zu Gott, zu den anderen und zu sich selbst aufgefaßt. Der Künstlermensch, der große Baumeister, steht in der Mitte zwischen den beiden Königen aus den »Kronprätendenten«. Denn die Könige bei Ibsen sind auch Baumeister und die Baumeister Könige; oder alle beide Dichter, königliche Baumeister der Seelen. Baumeister Solneß steht also zwischen dem König Hakon und dem König Skule. Er hat das dämonische Glück wie der eine, und wird von Zweifeln zernagt wie der andere. Er hat das Ingenium, den eingeborenen Beruf, das Baumeistertum von Gottes Gnaden, das Recht und die Pflicht, sich durchzusetzen, wie der geborene König Hakon, »der mit dem Königsgedanken«; und er hat die Kleinheit und die Angst und die Gewissensqual und die Sehnsucht nach Kraft und Leichtigkeit des Lebens, wie der König Skule, der kein Recht hat, König zu sein. Wie diese Könige und Baumeister, so sieht der Künstlermensch aus, von innen gesehen; und die Karikatur davon ist Hjalmar und Julian. Neben dem schaffenden Künstler steht das fordernde Leben, das spöttische, verwirrende. So steht neben dem zweifelnden Baumeister die Prinzessin Hilde. Es ist die erwachsene kleine Hilde, die Stieftochter der Frau vom Meere. Der Baumeister hat ihr einmal ein Königreich versprochen, und das kommt sie jetzt fordern. Wenn er ein geborener König ist, muß ihm das ja ganz leicht sein. Wenn nicht, so geht er einfach daran zugrunde. Und das wäre ja ungeheuer anregend. Ihr Königreich liegt, wie das der Nora und der Hedda, im Wunderbaren. Dort, wo einem schwindlig wird. Dort, wo eine fremde Macht einen packt und fortträgt. Auch er hat in der Seele diesen Zug nach dem Stehen auf hohen Türmen, wo es im Wind und in der dämmernden Einsamkeit unheimlich schön ist, wo man mit Gott redet und von wo man herabstürzen und tot sein kann. Aber er ist nicht schwindelfrei: er hat Angst vor sich selbst, Angst vor dem Glück, Angst vor dem Leben, dem ganzen rätselhaften Leben. Auch zu Hilde zieht ihn Angst, ein eigenes, verlockendes Grauen, das Grauen des Künstlers vor der Natur, vor dem Erbarmungslosen, Dämonischen, Sphinxhaften, das sich in der Frau verkörpert, mystisches Grauen vor der Jugend. Denn die Jugend hat etwas Unheimliches, einen berauschenden und gefährlichen Hauch des Lebens in sich, der rätselhaft und ängstigend ist. Alles Problematische, alles zurückgedämmte Mystische in ihm erwacht unter ihrer Berührung. In Hilde begegnet er sich selbst: er verlangt das Wunderbare von sich, aus sich heraus will er es erzwingen und dabei zusehen und den Schauer fühlen, »wenn das Leben über einen kommt und mit einem dichtet«. Da fällt er sich tot.

- -

Ich glaube nicht, daß diese halb geistreiche, halb leichtfertige Art, die Dramen Ibsens zu zerpflücken und durcheinanderzuschütteln, ihnen wirklich schaden kann. Man kann ja nicht zwischen ihnen hereingehen wie zwischen wirklichen Menschen in lebendiger Luft, wie in der Shakespearewelt vom Markt durch den Schloßhof in des Königs Betstube, und von da durch das lärmende Bankett die Treppen hinab und an der Wachtstube vorbei, an der Schenke, an des Friedensrichters Haus, am Kreuzweg, am Friedhof... aber man geht durch die reiche und schweigende Seele eines wunderbaren Menschen, mit Mondlicht, phantastischen Schatten und wanderndem Wind und schwarzen Seen, stillen Spiegeln, in denen man sich selbst erkennt, gigantisch vergrößert und unheimlich schön verwandelt.

Das moralische England besitzt eine Gruppe von Künstlern, denen der Geschmack für Moral und gesunden Gemeinsinn so sehr abgeht, daß sie für Saft und Sinn aller Poesie eine persönliche, tiefe und erregende Konzeption der Schönheit halten, der Schönheit an sich, der moralfremden, zweckfremden, lebenfremden. Auch wenn unter diesen Künstlern ein sehr großer Dichter ist, pflegt man ihm niemals auf rotsamtenem Kissen den goldenen Lorbeer ins Haus zu tragen, den Alfred Tennyson trug und vor ihm einmal Robert Southey und viel früher einmal John Dryden, das schöne, goldene, altertümliche Spielzeug. Er braucht es auch nicht. Er hat schöne, seltsame und kostbare Gedanken, sein Hirn ist mit altertümlichen und doch wunderbar glühenden Bildern angefüllt, er hat goldene Worte und Worte wie rote und grüne Edelsteine, und ihm werden aus ihnen Gebilde, schön und unvergänglich wie die funkelnden Fruchtschalen des Benvenuto Cellini.

Diese Künstler sind keine einfachen Menschen, denen ein erlebtes Gefühl zu einem naiven und lieblichen Lied wird.

Sie gehen nicht von der Natur zur Kunst, sondern umgekehrt. Sie haben öfter Wachskerzen gesehen, die sich in einem venezianischen Glas spiegeln, als Sterne in einem stillen See. Eine purpurne Blüte auf braunem Moorboden wird sie an ein farbenleuchtendes Bild erinnern, einen Giorgione, der an einer braunen Eichentäfelung hängt. Ihnen wird das Leben erst lebendig, wenn es durch irgendeine Kunst hindurchgegangen ist, Stil und Stimmung empfangen hat. Beim Anblick irgendeines jungen Mädchens werden sie an die schlanken, priesterlichen Gestalten einer griechischen Amphore denken und beim Anblick schönfliegender Störche an irgendein japanisches Zackornament. Das alles ganz natürlich, ohne Zwang und preziöse Affektation, als Menschen, die in einer riesigen Stadt aufgewachsen sind, mit riesigen Schatzhäusern der Kunst und künstlich geschmückten Wohnungen, wo kleine sensitive Kinder die Offenbarung des Lebens durch die Hand der Kunst empfangen, die Offenbarung der Frühlingsnacht aus Bildern mit mageren Bäumen und rotem Mond, die Offenbarung menschlicher Schmerzen aus der wächsernen Agonie eines Kruzifixes, die Offenbarung der koketten und verwirrenden Schönheit aus Frauenköpfchen des Greuze auf kleinen Dosen und Bonbonnieren.

Es ist charakteristisch, daß der erste, um den sich diese Gruppe von Künstlern sammelte, ein Kritiker war, ein genialer Mensch, der malen gelernt hatte, um zu verstehen, wie man Leben in farbige Flecke und verschwimmende Tinten übersetzt, um dann mit berauschender Beredsamkeit aus Bildern die lebendigen Seelen der Künstler und der Dinge herauszudeuten: John Ruskin, dessen Kritik ein Nachleben, ein dithyrambisches und hellsichtiges Auflösen und Wiederschaffen ist.

Es ist nicht unnatürlich, daß dieser Gruppe von Menschen, die zwischen phantasievollen Künstlern und sensitiven Dilettanten stehen, etwas eigentümlich Zerbrechliches, der Isolierung Bedürftiges anhaftet.

Die Luft ihres Lebens ist die Atmosphäre eines künstlich verdunkelten Zimmers, dessen weiche Dämmerung von den verbebenden Schwingungen Chopinscher Musik und den Reflexen patinierter Bronzen, alter Samte und nachgedunkelter Bilder erfüllt ist.

Die Fenster sind mit Gobelins verhängt, und hinter denen kann man einen Garten des Watteau vermuten, mit Nymphen, Springbrunnen und vergoldeten Schaukeln, oder einen dämmernden Park mit schwarzen Pappelgruppen. In Wirklichkeit aber rollt draußen das rasselnde, gellende, brutale und formlose Leben. An den Scheiben trommelt ein harter Wind, der mit Staub, Rauch und unharmonischem Lärm erfüllt ist, dem aufregenden Geschrei vieler Menschen, die am Leben leiden.

Es herrscht ein gegenseitiges Mißtrauen und ein gewisser Mangel an Verständnis zwischen den Menschen in dem Zimmer und den Menschen auf der Straße.

Diese Künstler kommen, wie gesagt, nicht vom Leben her: was sie schaffen, dringt nicht ins Leben. »Was sie schaffen«, sagen die auf der Straße, »sind lächerliche und verwerfliche Gefäße der Üppigkeit und der Eitelkeit.« Es sind jedenfalls zerbrechliche kleine Gefäße der raffinierten Empfindsamkeit, die gut auf altem Samt stehen zwischen Filigran und Email und schlecht auf weichem Holz, zwischen einer alten Bibel und einer Werkzeugkiste, einem Gesangbuch und einem zerrissenen Band Smiles über »Charakter«, »Sparsamkeit« oder »Selbsthilfe«. Da ist unter ihnen einer, der füllt diese zierlichen und zerbrechlichen Gefäße mit so dunkelglühendem, so starkem Wein des Lebens, gepreßt aus den Trauben, aus denen rätselhaft gemischt dionysische Lust und Qual und Tanz und Wahnsinn quillt, füllt sie mit so aufwühlenden Lauten der Seele und solcher Beredsamkeit der Sinne, daß man ihn nicht länger übersehen kann.

Zwar auch er wird nicht eigentlich populär. Man trägt den goldenen Lorbeer an seiner Tür vorbei von dem Sarge eines Dichters heiliger und offener Dinge auf den Schreibtisch eines anderen Dichters guter und klarer Dinge. Aber in die feinen Seelen junger Leute fällt viel von seiner Art, mit bebenden Nerven in die Tiefen zu tasten, wo verworren die Wurzeln der Gefühle liegen, »die Weinbeere Liebe heftig mit den Zähnen zu pressen, bis ihre Süße herb und bitter wird«.

Er hat für die Darstellung gewisser innerer Erlebnisse eine solche pénétrance des Tones gefunden, gewissen Stimmungen eine so wunderbare Körperlichkeit, solche Sprache an alle Sinne gegeben, daß er gewissen Menschen einen feineren und reicheren Rausch geschenkt hat als irgendein anderer Dichter.

Die minder empfänglichen aber auch empfinden den Schauer, der von konzentrierter Schönheit ausgeht, bei dem prunkenden und glühenden Reichtum seiner Rhetorik, dem rollenden Triumph der strömenden Bilder, deren Duft seltsam und unvergeßlich, deren Musik tief aufregend und deren Glanz fremd und traumhaft ist.

_____

Der Dichter, von dem ich rede, heißt Swinburne, Algernon Charles Swinburne.

1865 erschien ein lyrisches Drama: »Atalanta in Kalydon«, mit wunderbarer Verlebendigung des erstarrten Mythos, prachtvollen Gebeten und Chören. Es war eine tadellose antike Amphore, gefüllt mit der flüssigen Glut eines höchst lebendigen, fast bacchantischen Naturempfindens. Nicht das zur beherrschten Klarheit und tanzenden Grazie emporerzogene Griechentum atmete darin, sondern das orphisch ursprüngliche, leidenschaftlich umwölkte. Wie Mänaden liefen die Leidenschaften mit nackten Füßen und offenem Haar; das Leben band die Medusenmaske vor, mit den rätselhaften und ängstigenden Augen; wie in der Adonistrauer, im Kybelekult flossen die Schauer des reifsten Lebens und des Todes zusammen; und Dionysos fuhr, ein lachender und tödlicher Gott, durch die unheimlich lebendige Welt.

Aus tiefsinnigen Beinamen der Götter, aus Mysteriendunkel, aus der lallenden Gewalt heiliger Hymnen, aus Strophen der Sappho, aus den marmornen Leibern sonderbarer und widernatürlicher Gebilde des Mythos war eine wilde Schönheit wach geworden, von keiner heiligen Scham gebändigt. Nach der »Atalanta« kam das Buch, das man immer nennt: ein einfacher Band Lyrik: »Gedichte und Balladen«.

Wieder für den neuen Wein höchst seltsame und altertümliche Gefäße: eine Ballade des Villon, eine Litanei, eine Erzählung des Boccaccio, ein Mysterienspiel mit lateinischen Bühnenangaben, eine Verfluchung im Stile der hebräischen Propheten, eine Legende auf Goldgrund, ein »Triumph des Lebens« und ein »Lob der Liebe« in der Manier der Humanisten oder ein Abenteuer aus dem »Livre des grandes merveilles d'amour« ...

In diesen wunderlichen Wahlen liegt nicht Spielerei, sondern ein souveränes Stilgefühl. Dieser ganze große und künstliche Apparat schlägt die Stimmung an, wie in der naiven Ballade der heulende Wind, wenn Mord geschieht, und das Blühen der kleinen Blumen, wenn Liebe redet. Nur daß jeder den heulenden Wind kennt und die Wiesenblumen, und nicht jeder den Zauber unbeholfener Anmut, der von den gemalten Legenden des Fra Angelico ausgeht, und den Duft heißer und reifer Dinge in den Gartengeschichten Messer Giovan Boccaccios.

Es ist der raffinierte, unvergleichliche Reiz dieser Technik, daß sie uns unaufhörlich die Erinnerung an Kunstwerke weckt und daß ihr rohes Material schon stilisierte, kunstverklärte Schönheit ist: die Geliebte ist gekleidet in den farbigen Prunk des Hohen Liedes Salomonis mit den phantastischen Beiworten, die so geheimnisvoll geistreich das Unheimliche an der Liebe in die Seele werfen: das Unheimliche, wie Kriegspfeifen, das Ängstigende, wie irrer Wind in der Nacht;

oder die Geliebte wird gemalt, wie die kindlichen Meister des Quattrocento malen: auf einem schmalen Bettchen sitzend, eine kurzgesaitete Laute in den feinen Fingern oder einen rot und grünen Psalter; oder sie steht im Dunkel, wie die weißen Frauen des Burne-Jones, mit blasser Stirn und opalinen Augen. Und der Hintergrund erinnert an phönikische Gewebe, oder an Miniaturen des Mittelalters: da hat die Göttin Venus eine schöne Kirche, und an den Glasfenstern sind ihre Wunder gemalt ...

Oder das ganze Gedicht ist die Beschreibung einer Kamee, die vielleicht gar nicht existiert; oder der psychologische Vorgang ist in eine Allegorie übersetzt, in eine so plastische, so malbare, so stilisierte Allegorie, daß sie aussieht wie ein wirkliches Gemälde des fünfzehnten Jahrhunderts. Man erinnert sich an die Gabe der Renaissancemeister, ihre Träume in lebendige Bilder zu übersetzen und in farbigen Aufzügen verkleideter Menschen zu dichten: so sehr wird alles Person: der bewaffnete Wind und die große Flamme mit riesigen Händen, und der Tag, der seinen Fuß auf den Nacken der Nacht setzt ...

Der Inhalt dieser schönen Formen ist eine heiße und tiefe Erotik, ein Dienst der Liebe, so tieftastend, mit solchem Reichtum der Töne, so mystischer Eindringlichkeit, daß er im Bilde der Liebesrätsel die ganzen Rätsel des Lebens anzufassen scheint.

Was hier Liebe heißt, ist eine vielnamige Gottheit, und ihr Dienst kann wohl der Inhalt eines ganzen Lebens sein.

Es ist die allbelebende Venus, die »allnährende, allbeseelende Mutter« des Lucrez, die vergötterte Leidenschaft, die Daseinserhöherin, die durch das Blut die Seele weckt; dem Gott des Rausches verwandt, verwandt der Musik und der mystischen Begeisterung, die Apollo schenkt; sie ist das Leben und spielt auf einer wunderbaren Laute und durchdringt tote Dinge mit Saft und Sinn und Anmut; sie ist Notre dame des sept douleurs, die Lust der Qual und der Rausch der Schmerzen; sie ist in jeder Farbe und jedem Beben und jeder Glut und jedem Duft des Daseins.

Es hat immer passionate pilgrims gegeben, Pilger und Priester der Leidenschaft: Lobredner des Rausches, Mystiker der Sinne, Sendboten der Schönheit. Es gibt darüber tiefe Worte der orientalischen Religionen, schöne Worte des Apostels Paulus, geistreiche Gedanken der Condillac und der Hegel und verführerische Dithyramben der christlichen Dichter.

Aber niemals sind auf dem Altar der vielnamigen Göttin kostbarere Gewürze in schöneren Schalen verbrannt worden als von dem Mann, dem sie vor ein paar Wochen den goldenen Lorbeerkranz nicht gegeben haben, weil er nichts Heiligeres zu tun weiß, als auf dem reichen blauen Meer mit wachen Augen die unsterbliche Furche zu suchen, aus der die Göttin stieg.

Man hat manchmal die Empfindung, als hätten uns unsere Väter, die Zeitgenossen des jüngeren Offenbach, und unsere Großväter, die Zeitgenossen Leopardis, und alle die unzähligen Generationen vor ihnen, als hätten sie uns, den Spätgeborenen, nur zwei Dinge hinterlassen: hübsche Möbel und überfeine Nerven. Die Poesie dieser Möbel erscheint uns als das Vergangene, das Spiel dieser Nerven als das Gegenwärtige. Von den verblaßten Gobelins nieder winkt es mit schmalen weißen Händen und lächelt mit altklugen Quattrocento-Gesichtchen; aus den weißlackierten Sänften von Marly und Trianon, aus den prunkenden Betten der Borgia und der Vendramin hebt sichs uns entgegen und ruft: »Wir hatten die stolze Liebe, die funkelnde Liebe; wir hatten die wundervolle Schwelgerei und den tiefen Schlaf; wir hatten das heiße Leben; wir hatten die süßen Früchte und die Trunkenheit, die ihr nicht kennt.« Es ist, als hätte die ganze Arbeit dieses feinfühligen, eklektischen Jahrhunderts darin bestanden, den vergangenen Dingen ein unheimliches Eigenleben einzuflößen. Jetzt umflattern sie uns, Vampire, lebendige Leichen, beseelte Besen des unglücklichen Zauberlehrlings! Wir haben aus den Toten unsere Abgötter gemacht; alles, was sie haben, haben sie von uns; wir haben ihnen unser bestes Blut in die Adern geleitet; wir haben diese Schatten umgürtet mit höherer Schönheit und wundervollerer Kraft als das Leben erträgt; mit der Schönheit unserer Sehnsucht und der Kraft unserer Träume. Ja alle unsere Schönheits- und Glücksgedanken liefen fort von uns, fort aus dem Alltag, und halten Haus mit den schöneren Geschöpfen eines künstlichen Daseins, mit den schlanken Engeln und Pagen des Fiesole, mit den Gassenbuben des

Murillo und den mondänen Schäferinnen des Watteau. Bei uns aber ist nichts zurückgeblieben als frierendes Leben, schale, öde Wirklichkeit, flügellahme Entsagung. Wir haben nichts als ein sentimentales Gedächtnis, einen gelähmten Willen und die unheimliche Gabe der Selbstverdoppelung. Wir schauen unserem Leben zu; wir leeren den Pokal vorzeitig und bleiben doch unendlich durstig: denn, wie neulich Bourget schön und traurig gesagt hat, der Becher, den uns das Leben hinhält, hat einen Sprung, und während uns der volle Trunk vielleicht berauscht hätte, muß ewig fehlen, was während des Trinkens unten rieselnd verlorengeht; so empfinden wir im Besitz den Verlust, im Erleben das stete Versäumen. Wir haben gleichsam keine Wurzeln im Leben und streichen, hellsichtige und doch tagblinde Schatten, zwischen den Kindern des Lebens umher.

Wir! Wir! Ich weiß ganz gut, daß ich nicht von der ganzen großen Generation rede. Ich rede von ein paar tausend Menschen, in den großen europäischen Städten verstreut. Ein paar davon sind berühmt; ein paar schreiben seltsam trokkene, gewissermaßen grausame und doch eigentümlich rührende und ergreifende Bücher; einige, schüchtern und hochmütig, schreiben wohl nur Briefe, die man fünfzig, sechzig Jahre später zu finden und als moralische und psychologische Dokumente aufzubewahren pflegt; von einigen wird gar keine Spur übrigbleiben, nicht einmal ein traurig-boshaftes Aphorisma oder eine individuelle Bleistiftnotiz, an den Rand eines vergilbten Buches gekritzelt.

Trotzdem haben diese zwei- bis dreitausend Menschen eine gewisse Bedeutung: es brauchen keineswegs die Genies, ja nicht einmal die großen Talente der Epoche unter ihnen zu sein; sie sind nicht notwendigerweise der Kopf oder das Herz der Generation: sie sind nur ihr Bewußtsein. Sie fühlen sich mit schmerzlicher Deutlichkeit als Menschen von heute;

sie verstehen sich untereinander, und das Privilegium dieser geistigen Freimaurerei ist fast das einzige, was sie im guten Sinne vor den übrigen voraushaben. Aber aus dem Rotwelsch, in dem sie einander ihre Seltsamkeiten, ihre besondere Sehnsucht und ihre besondere Empfindsamkeit erzählen, entnimmt die Geschichte das Merkwort der Epoche.

Was von Periode zu Periode in diesem geistigen Sinn »modern« ist, läßt sich leichter fühlen als definieren; erst aus der Perspektive des Nachlebenden ergibt sich das Grundmotiv der verworrenen Bestrebungen. So war es zu Anfang des Jahrhunderts »modern«, in der Malerei einen falsch verstandenen Nazarenismus zu vergöttern, in der Poesie, Musik nachzuahmen, und im allgemeinen, sich nach dem »Naiven« zu sehnen: Brandes hat diesen Symptomen den Begriff der Romantik abdestilliert. Heute scheinen zwei Dinge modern zu sein: die Analyse des Lebens und die Flucht aus dem Leben. Gering ist die Freude an Handlung, am Zusammenspiel der äußeren und inneren Lebensmächte, am Wilhelm-Meisterlichen Lebenlernen und am Shakespearischen Weltlauf. Man treibt Anatomie des eigenen Seelenlebens, oder man träumt. Reflexion oder Phantasie, Spiegelbild oder Traumbild. Modern sind alte Möbel und junge Nervositäten. Modern ist das psychologische Graswachsenhören und das Plätschern in der reinphantastischen Wunderwelt. Modern ist Paul Bourget und Buddha; das Zerschneiden von Atomen und das Ballspielen mit dem All; modern ist die Zergliederung einer Laune, eines Seufzers, eines Skrupels; und modern ist die instinktmäßige, fast somnambule Hingabe an jede Offenbarung des Schönen, an einen Farbenakkord, eine funkelnde Metapher, eine wundervolle Allegorie. Ein geistreicher Franzose schreibt die Monographie eines Mörders, der ein experimentierender Psychologe ist. Ein geistreicher

Engländer schreibt die Monographie eines Giftmischers und Urkundenfälschers, der ein feinfühliger Kunstkritiker und leidenschaftlicher Kupferstichsammler war. Die landläufige Moral wird von zwei Trieben verdunkelt: dem Experimentiertrieb und dem Schönheitstrieb, denn Trieb nach Verstehen und dem nach Vergessen.

In den Werken des originellsten Künstlers, den Italien augenblicklich besitzt, des Herrn Gabriele d'Annunzio, kristallisieren sich diese beiden Tendenzen mit einer merkwürdigen Schärfe und Deutlichkeit: seine Novellen sind psychopathische Protokolle, seine Gedichtbücher sind Schmuckkästchen; in den einen waltet die strenge nüchterne Terminologie wissenschaftlicher Dokumente, in den andern eine beinahe fieberhafte Farben- und Stimmungstrunkenheit.

In seinen zahlreichen längeren und kürzeren Novellen – keine, auch die längsten nicht, lassen sich eigentlich »Romane« nennen – bewegen sich vielerlei und äußerst verschiedene Menschen; aber alle haben einen gemeinsamen Grundzug: jene unheimliche Willenlosigkeit, die sich nach und nach als Grundzug des in der gegenwärtigen Literatur abgespiegelten Lebens herauszustellen scheint, jenes Erleben des Lebens nicht als einer Kette von Handlungen, sondern von Zuständen.

Da ist die Geschichte eines armen Dienstmädchens: eine Geschichte, simpel wie eine Legende, eine Art Monographie des Lebens einer bestimmten Spezies Pflanze: eine halb verbetete, halb verträumte Jugend, dann Dienst, Dienstbotenklatsch, ein paar Wallfahrten, viel Gebete; Freundschaft, animalische Stallfreundschaft mit einem alten, kränklichen Esel; der Tod des Esels; ein Wechsel im Dienst, eine späte müde Art von Liebe zu einem Landbriefträger, und Ehe und Tod. Alles ist wahr, von einer niederschlagenden Wahrheit:

nicht kraß und brutal, aber revoltierend, unerträglich durch den Mangel an Luft, durch die Konzeption des Menschen als einer Pflanze, die vegetiert, sich langweilt und abstirbt. Oder die Geschichte eines Tramwaybediensteten, Giovanni Episcopo: er ist sensitiv und feig; seine Frau hat Liebhaber, die ihn und sein Kind brutalisieren; er fürchtet sich, sehnt sich fort und schaut seinem Schwiegervater, einem Säufer, Branntwein trinken zu; und das dauert Jahre und Jahre... Oder die Geschichte, wie die Bauern, weil ihrem Dorfheiligen die Wachskerzen gestohlen worden sind, halb wahnsinnig vor Fanatismus den wächsernen vergoldeten Heiligen auf die Schulter nehmen und mit Sensen und Dreschflegeln über die nächtigen Äcker ins Nachbardorf stürmen und die Kirchentür sprengen und auf den Altar des anderen Heiligen, des Rivalen, den ihrigen setzen wollen und wie die zwei Haufen wütender Menschen mit den zwei heiligen Namen als Feldgeschrei in der finstern Kirche zwischen Lilien, Schnitzwerk und Blutlachen die Nacht durch morden.

Aber man glaubt vielleicht, daß das Quälende dieser Lebensanschauung, diese eigentümliche Mischung von Gebundensein und Wurzellosigkeit, durch den Zwang kleiner Verhältnisse erklärt werden soll? Keineswegs. Einige dieser Novellen spielen in der Gesellschaft, in den Kreisen der überlegenen, unabhängigen Menschen. Gleich »L'Innocente«, das Buch, welches von allen Werken des d'Annunzio die größte Zahl Auflagen erlebt hat. Es ist das Plaidoyer eines Kindesmörders. Ein Bericht, der auf Jahre zurück ausholt und aus den unscheinbarsten Kleinigkeiten eine unwiderstehliche Schlußkette neuropathischer Logik zusammensetzt. In diesem Buch hat Herr d'Annunzio ein Meisterwerk intimer Beobachtung geschaffen. In keinem modernen Buche seit »Madame Bovary« ist die Atmosphäre des Familienzimmers, der enge ewig wechselnde Kontakt zusammenlebender Menschen ähnlich geschildert: das Erraten der Stimmung des anderen aus dem Klang der Schritte, der Färbung der Stimme; alle Qual und alle Güte, die sich in ein besonders betontes Wort, eine rechtzeitig gefundene Anspielung legen läßt; das Erraten des Schweigens; die unerschöpfliche Sprache der Blicke und der Hände. Verglichen mit diesem wirklichen Miteinander- und Ineinanderleben von Ehegatten ist das Verhältnis in Bourgetschen oder Maupassantschen Eheromanen ein flaches, ein bloßes Nebeneinanderleben, von dem sich einzelne Duoszenen, Krisen abheben. Der Erzähler der Geschichte, der Ehemann, ist eines jener Wesen von morbider Empfindlichkeit, hellsichtig bis zum Delirium und unfähig, zu wollen. Auch er steht wurzellos im Leben, schattenhaft, müßig. An einer Mauer seiner Villa ist eine Sonnenuhr befestigt. Manchmal gleiten seine Blicke über den Quadranten, der die Inschrift trägt: »Hora est bene faciendi«. Gut tun! In der Arbeit den Sinn des Lebens suchen! Wie lang ist es doch her, daß ein deutscher Roman die Menschen bei der Arbeit aufsuchen wollte! Man hat diese Devise, vielleicht durch eine falsche Ideenassoziation, als etwas philiströs empfunden. Man wollte keine »staatserhaltenden« Romane: man wollte sich die Freiheit nehmen, den Menschen sowohl beim Verbrechen als beim Genuß, sowohl beim romantischen als beim psychologischen Müßiggang aufzusuchen. Oder, da die Neigungen der Romanfiguren immer bis zu einem gewissen Grad die Neigungen der Künstler reflektieren: man fand den Begriff des Schwebens über dem Leben als Regisseur und Zuschauer des großen Schauspiels verlockender als den des Darinstehens als mithandelnde Gestalt. Es scheint, daß man auf einem Umweg zur bürgerlichen Moral zurückkommt, nicht weil sie moralisch, aber weil sie gesünder ist…

Im »Innocente« läßt sich deutlich der Punkt wahrnehmen, wo der raffinierte Verismus der Seelenzergliederung in Phantastik umschlägt. Die Frau des Kindesmörders, das Opfer seiner willenlosen Grausamkeiten und endlosen Quälereien, ist eine Figur von so scharf duftendem, quintessenziertem Stimmungsgehalt, daß sie darüber zum Symbol wird. Sie ist nur leidende Anmut, eine graziöse Märtyrerin, reizend und unwirklich wie jene blassen Märtyrerinnen des Gabriel Max, mit einem unbeschreiblichen Ausdruck von Kindlichkeit und Hysterie. In einer Bewegung ihrer weißen blutleeren Hände, in einem Zucken ihrer blassen feinen Lippen, in einem Neigen des blühenden Weißdornzweiges, den sie in den schmalen Fingern trägt, liegt eine unendlich traurige und verführerische Beredsamkeit. Wenn sie so daliegt, die fast durchsichtige Stirn und die schmalen Wangen von dunklem Haar eingerahmt, und der Polster, auf dem sie schläft, minder bleich als ihr Gesicht – diese ganze Technik des Weiß auf Weiß erinnert frappant an Gabriel Max –, so berührt sie wie ein Kunstwerk, eine Traumgestalt. Man begreift vollständig, daß sie einen Traumtod sterben kann, daß sie zum Beispiel im Wald die Schläge einer Axt auf irgendeinen unsichtbaren Baum wie Schläge des Lebens gegen ihre überfeine Seele empfinden und an dieser Emotion, also gewissermaßen an einem poetischen Bild, sterben kann.

Etwas Ähnliches geschieht dieser Figur wirklich. Aber nicht im »Innocente«, sondern in einem der poetischen Bücher von d'Annunzio, den »Römischen Elegien«, die als »Geliebte« ganz die gleiche sensitive Frauengestalt enthalten. Römische Elegien! Uns klingen die zwei Worte bedeutend und besonders, wie ein erlauchter Name. Zum Überfluß ist denen des Italieners ein Distichon aus denen des Deutschen vorangesetzt:

Eine Welt zwar bist du, o Rom; doch ohne die Liebe.
Wäre die Welt nicht die Welt, wäre denn Rom auch
nicht Rom.

So wird ausdrücklich ein gleicher Inhalt angekündigt, und Vergleichung scheint geradezu herausgefordert. Dichter steht gegen Dichter und Epoche gegen Epoche. In antik-heiterem Liebesleben die glückliche Vorzeit in sich aufleben lassen, von der Liebe den hohen naiven Stil des Lebens lernen und lebend und liebend sich jener heroischen und verklärten Wesen als wesensgleicher werter Vorfahren erinnern, in genialen Metamorphosen bald die antike göttliche Welt vertraulich zu sich in Schlafstube und Weinlaube ziehen, bald ehrfurchtsvoll im eigenen Treiben das Ewige und Göttern Verwandte begreifen, das war das »Römische« an diesen deutschen Elegien von 1790. Was hat Rom dazu gegeben? Goldene Ähren und saftige Früchte, von der Sonne Homers gezeitigt, eine reinlich konturierte, simple, fast Tischbeinsche Landschaft und von all seinen unzähligen berauschenden Erinnerungen nichts als das Gärtchen des Horaz, die Hütte des Tibull voll Liebesgeplauder und Duft von Weizenbrot und die Spatzen des Properz. Nie haben die Grazien das liebliche Brot unsterblicher Verse von einfacheren Holztellern gegessen und klareres Quellwasser dazu getrunken. Auch in den »Römischen Elegien« des Heutigen, des Italieners, wandeln die Grazien. Aber der Dichter hat sie erst in das Atelier des Tizian geschickt, sich umzukleiden. Sie wandeln beim Plätschern der Renaissancefontänen durch die Laubgänge der mediceischen und farnesischen Villen; farbige Pagen warten ihnen auf, und im smaragdgrünen Boskett spielen weiße Frauen im Stil des Botticelli auf langen Harfen. Zu diesen Elegien hat Rom all seine Erinnerungen hergegeben: die herrischen, die sehnsüchtigen, die prunken-

den, die mystischen, die melancholischen. Diese kompli-
zierte Liebe saugt aus der Landschaft, aus Musik, aus dem
Wetter ihre Stimmungen. »Wie ein Wiesel Eier saugt«, sagt
der melancholische Jacques. Diese Liebe ist wie gewisse Musik, eine schwere, süße Bezauberung, die der Seele Unerleb-
tes als erlebt, Traum als Wirklichkeit vorspiegelt. Es ist keine
Liebe zu zweien, sondern ein schlafwandelnder wundervol-
ler Monolog, das Alleinsein mit einer Zaubergeige oder
einem Zauberspiegel. Um so öder ist das Erwachen, dieses
ernüchterte Anstarren:

Und meinen Blicken erschien ihre Hand wie gestorben,
ein totes
Schien sie, ein wächsernes Ding, diese lebendige Hand.
Die mit so funkelnden Träumen die Stirn mir umflocht,
und die, wehe,
Süßeste Schauer der Lust mir durch die Adern gesandt!

In den beiden »Römischen Elegien« wiederholt sich eine
Situation: wie der Dichter, auf dem Lager der Liebe halb
aufgerichtet, den Schlaf der Geliebten belauscht. Welch sicheres Glück bei Goethe, welch sicheres Umspannen des
Besitzes, welch seliges Genügen! Wie einen kleinen Vogel in
der hohlen Hand, hält der Glückliche Leib und Seele der
Geliebten, den blühenden Leib und das warme, naive hinge-
bende Seelchen. Dem Modernen erscheint der kleine Vogel
weniger zutraulich und weniger leicht zu besitzen. Wie er
sich über die blasse, leise atmende Gestalt mit Liebesaugen
beugt, kommt ihm nur der eine Gedanke: wie wenig die
ruhelose, sehnsüchtige Seele unter diesen geschlossenen Li-
dern ihm gehört, wie die Träume sie bei der Hand nehmen
und fortführen, wohin er nicht folgen kann. Und wenn die
geliebten Lider sich öffnen und der Blick der suchenden

Augen sich jenseits verlieren will, jenseits des Lebens, in vergeblicher Sehnsucht, muß er den bleichen Mond und den unendlichen mächtigen Himmel und die unruhigen Bäume und die sehnsüchtig flimmernden Sterne bitten, ihm nicht diese kleine sehnende Seele ganz zu rauben... »Gebet, wenn ich Euch verehrte, gebt, daß ihre Seele wandermüde sich an mich schmiege, weinend, mit unendlicher Liebe.« Es ist, als hätte sich in den hundert Jahren, die zwischen diesen beiden Liebestagebüchern liegen, alle Sicherheit und Herrschaft über das Leben rätselhaft vermindert bei immerwährendem Anwachsen des Problematischen und Inkommensurablen.

Gegenüber diesem ekstatischen Auffliegen der Liebe, dieser uneingeschränkten mystischen Hingabe an die Stimmung, wie nüchtern bei Goethe die weise Beschränkung, wie simpel, wie antik! Dem nervösen Romantiker ist die Liebe halb wundertätiges Madonnenbild, halb raffinierte Autosuggestion; unter den Händen Goethes war sie nichts als ein schöner Baum mit duftenden Blüten und saftigen Früchten, nach gesunden Bauernregeln gepflanzt, gepflegt und genossen. Das war ihm »römisch«; er dachte an den Hymenaeus des Catull, diese lebenatmende Hyme, die in der Ehe nichts Heiligeres und nichts Unheimlicheres sieht als in der heiligen Ernte oder im saftsprühenden Weinlesefest. Er dachte an den Dichter, der in einem unsterblichen Buch die reife Leidenschaft der Dido und die herbe Mädchenliebe der kleinen Lavinia malt und in einem andern lehrt, die goldenen Honigwaben auszuschneiden und die reifen Birnen zu brechen. Ein Tagebuch der Liebe wie die »Elegie romane« steht nur noch halb auf der Erde. Es enthält den Ikarusflug, es enthält auch den kläglichen Fall und die lange, öde, elende Ermattung. Es enthält den Rausch der Phantasie und den Katzenjammer der Neurose und Reflexion. »Ciò che ti diede ebrezza devesi corrompere«, aus Lust wird Leid, aus Blumen Moder und Staub. So schließt mit dem Jammer des Psalmisten, was mit der Ekstase des Doctor Marianus begonnen.

Um die reine Schönheit zu erreichen, muß die Gestalt der Geliebten immer traumhafter werden, muß die Liebe selbst immer mehr einem Haschischrausch, einer Bezauberung gleichen. Das ist im »Isottèo« erreicht. Isottèo, Triumph der Isaotta, ist gleichzeitig ein reales und ein phantastisches Buch, gleichzeitig Wirklichkeit und Traum. Es ist nirgends darin gesagt, daß die beiden Menschen darin kostümiert sind, aber alle ihre Gedanken sind es. Diese Dichterseele ist so erfüllt mit den faszinierenden Abenteuern der Vergangenheit, daß sie unter der Berührung der Liebe unwillkürlich wie aus einem tiefen Brunnen eine Märchenwelt aufschweben läßt. »Mir war, als ströme aus ihrer Rede eine Bezauberung und unterwerfe alle Büsche und Bäume...« »Ihr Hände, die ihr meinen Qualen das Tor der schönen Träume aufschlosset...« »Ich kränze dich, Quell, wo ich an jenem Tag einen Trunk tat, der mir lebendig bis ins Herz zu gleiten schien...« Realität und Phantasma rinnen völlig ineinander: Die Hände der Geliebten öffnen das Tor der Phantasie; wenn die Geliebte und der Dichter nebeneinander herreiten, ist es ihm, als ritten Lancelotto und Isolde mit der weißen Hand durch den smaragdfunkelnden Wald der Poesie; um ihren blonden Kopf sieht er gleichzeitig einen Kranz Rosen und die Glorie seiner Träume gewunden. Im Triumphzug der Isaotta gehen die Horen mit Feuerlilien in der Hand, hinter ihnen Zefirus, Blumenduft hauchend, gehen Flos und Blancheflos, Paris und Helena, Oriana und Amadis, Boccaccio und Fiammetta, geht der Tod, kein Gerippe, sondern ein schöner heidnischer Jüngling mit den Gelüsten und Träumen als valets de pied.

Das ist es, was ich den Triumph der Möbelpoesie genannt

habe, den Zauberreigen dieser Wesen, von denen nichts als Namen und der berückende Refrain von Schönheit und Liebe zurückgeblieben ist. Freilich, die toten Jahrhunderte haben uns nicht nur Tapeten und Miniaturen, nicht nur Tanagrafigürchen und Terrakottareliefs, Grabmonumente und Bonbonnièren, farbige Kupferstiche und die goldenen Becher des Benvenuto Cellini hinterlassen, nein, wir haben auch Homer geerbt, auch den »Principe« des Machiavell und den »Hamlet« des Shakespeare. Aber Oriana und Amadis? aber Lancelot und Ginevra? aber die Frühlingsnymphen des Botticelli? aber die »Feenkönigin« des Spenser, die »Trionfi« des Lorenzo Medici, die Zaubergärten des Ariosto? Es gibt unzählige Dinge, die für uns nichts sind als Triumphzüge und Schäferspiele der Schönheit, inkarnierte Traumschönheit, von Sehnsucht und Ferne verklärt, Dinge, die wir herbeirufen, wenn unsere Gedanken nicht stark genug sind, die Schönheit des Lebens zu finden, und fortstreben, hinaus nach der künstlichen Schönheit der Träume. Dann ist uns ein Antiquitätenladen die rechte Insel Cythera; wie andere Generationen sich in den Urwald hinaus-, ins goldene Zeitalter zurückgeträumt haben, so träumen wir uns auf gemalte Fächer. In diesem Sinn ist das »Isottèo« das schönste Buch, das ich kenne; es erreicht eine berauschende, wundervoll verfeinerte Schönheit durch ein Vergleichen aller Dinge nicht mit naheliegenden, sondern wiederum nur mit schönen Dingen, ein berückendes Ineinanderspielen der Künste. »Ihre (Isaottas) Worte fielen nieder wie sehnsüchtig duftende Veilchen...« »Die nackten silbernen Pappeln standen regungslos wie silberschimmernde Leuchter, und die Lorbeerbäume bebten wie angeschlagene Lauten...«

Hier sind Beispiele machtlos; ist es doch die schönste, die ewig beneidete Sprache; ist es doch das Land unserer Sehnsucht, wo es Städte gibt, deren Namen nicht nach schalem

Alltag und rauher Wirklichkeit klingen, sondern tönen, als hätten die süßen duftenden Lippen der Poesie selbst sie beim Singen und Plaudern geformt.

Ja es strömt aus diesen Versen eine Bezauberung, die unterwirft, nicht nur die smaragdenen Büsche und Bäume, sondern völliger noch die horchende Seele, die sehnende Seele, die verträumte Seele, unsere Seele.

Denn wie das rebellische Volk der großen Stadt hinausströmte auf den heiligen Berg, so liefen unsere Schönheits- und Glücksgedanken in Scharen fort von uns, fort aus dem Alltag, und schlugen auf dem dämmernden Berg der Vergangenheit ihr prächtiges Lager. Aber der große Dichter, auf den wir alle warten, heißt Menenius Agrippa und ist ein weltkluger großer Herr: der wird mit wundervollen Rattenfängerfabeln, purpurnen Tragödien, Spiegeln, aus denen der Weltlauf gewaltig, düster und funkelnd zurückstrahlt, die Verlaufenen zurücklocken, daß sie wieder dem atmenden Tage Hofdienst tun, wie es sich ziemt.

EDUARD VON BAUERNFELDS
DRAMATISCHER NACHLASS
Herausgegeben von Ferdinand von Saar

Hie und da findet man in unserer Stadt, auf einem Schreibtisch, als Schwerstein, eine hübsche weiße Hand, eine Frauenhand aus Biskuit. Sie stammt aus der ehemals berühmten
Altwiener Porzellanfabrik. Sie ist nicht nur hübsch, sondern
auch sehr charakteristisch. Es ist die Hand einer ganz bestimmten Art von Frauen aus einer ganz bestimmten Epoche. Elegante Frauenhände von heute haben nicht diese un-
erwachsenen naiven Finger, nicht diesen weichen und doch
festen, schwellenden Handrücken; ich meine, die von heute
haben mehr Nervosität und weniger Kindlichkeit, sie sind
minder lieblich, aber ausdrucksvoller. Es wäre vielleicht
lehrreich und unterhaltend, die Monographie dieser Alt-
wiener Biskuithand zu schreiben. Ich bin viel zu wenig
geschickt, um so etwas zu versuchen; mir fällt nur hin und
wieder eine Kleinigkeit auf. Ich sehe ganz deutlich das Ver-
gißmeinnichtalbum, in dem diese Hand geblättert hat, oder
den Neujahrsalmanach; vorne war in Stahlstich ein Porträt
der Frau von Staël oder einer anderen schöngeistigen Frau,
mit entblößten Schultern, schwimmenden Augen und der
turbanartigen Schaldrapierung des Empire. Ich sehe diese
Hand, wie sie geküßt wird, respektvoll vertraulich... von
einem hessen-darmstädtischen Legationssekretär, der Metternich träumt und Humboldt kopiert?... oder von einem
witzelnden, borniertgeistreichen Herrn Saphir?... oder von
dem Landwehrmajor, der eine vage Ähnlichkeit mit Wel-
lington in Haltung und Gebärde ängstlich kultiviert und
im übrigen Flöte bläst und mit Ferdinand Raimund bei der
»Birn« Tarok spielt?... Vielleicht von allen dreien. Ich sehe,

während eines Gespräches, während irgend jemand im Nebenzimmer Schubertlieder oder Lannerwalzer spielt, die Bewegungen dieser Hand, wie sie sich ruhig-anmutig auf den Stickrahmen legt, geziert und langsam den Schoßhund streichelt, reinlich eine Birne schält, wie sie mit drei Fingern eine Nelke bricht und ins Haar steckt, und wie sie schläft, die hübsche Hand, ruhig schläft, den Schlaf eines braven, gewissenhaften, wohlsituierten Pudels ..., und in alledem gar nichts, ganz und gar nichts von dem rastlosen Spiel der zuckenden Finger, das die Frauenhände heute haben, von dem zappelnden Ringen nach tausendfältigem Ausdruck, von der nervösen Grazie, der mageren, durchgeistigten, vieldurchbebten Schönheit. Ich denke mir gern diese tote, versteinerte Hand als nützlichen Schwerstein auf Briefen liegen, die jene unruhigen Hände von heute geschrieben haben, und von dem träumen, was sie selbst einmal schrieb, von diesen mildwarmen Herzensgedanken, diesen altmodischen harmlosen kleinen Klatschereien, von dieser ganzen Welt mit weißen Gardinen, hochbeinigen lichtbraunen Klavieren, Landpartien im »Zeiserlwagen«, sentimentalen Gesprächen über Freundschaft, von dieser lieben ganzen Welt, die jetzt tot ist, fort und hin, weggetragen, vorbei. »Vorbei! ... Ein dummes Wort«, sagen die Lemuren.

Aus dieser Welt sind die kleinen Komödien herausgeschnitten, die sechs nachgelassenen Komödien des Bauernfeld; das gleiche Leben, das durch die rundlichen Formen meiner Hand der porzellanenen, damals lebendig floß, zieht an den Drähten dieser feinen plaudernden Puppen. Eine von diesen Komödien, mit etwas hilflosen Versen, mit einer Charakteristik in zittrigen Strichen, ist ein ehrwürdiges Ding: sie ist im letzten Jahr des Bauernfeld entstanden, während Lindenblüten aus den bewegten Zweigen auf die hilflosen Hände des alten Mannes niederfielen und hinter ihm der

Tod stand. Die Dichter verarbeiten meist ihr Leben lang die Erlebnisse einer gewissen Epoche ihrer Entwicklung, wo ihr Fühlen intensiv war und dagegen das meiste Spätere als eine matte Wiederholung erscheint; in allen ihren tiefsten Werken pflegen sich Anklänge an diese eine Phase zu finden, die ihnen das Leben kat' exochen gewesen ist; sie verlegen ferner gerne in äußere Umstände, in bestimmte Lebensformen, in die Dekoration die Ursache dieses dämonischen Wohlseins, dessen einzige wirkliche Ursache wohl eine vorübergehende subjektive, geheimnisvolle Erhöhung des Vitalitätsgefühles war; sie werden den Bann gewisser Erinnerungen nicht los, und gewisse Formen des Menschenlebens behalten für sie einen unsäglichen, traumhaften Reiz. Bauernfeld ist sein Leben lang den Salon der vierziger und fünfziger Jahre nicht losgeworden. Alle seine Gestalten, die in Kostüm und die in Frack, die Prosa plaudernden und die, von deren Lippen leichte Verse springen, könnte man in einen solchen altmodischen Salon um Kaffee und Kammermusik vereinigen, und sie verstünden einander, hörten höflich zu und hätten miteinander eine liebenswürdige, anregende, soziable Konversation. Bei größeren Dichtern ist dies zuweilen anders: Macbeth im Boudoir der schönen Porzia ist ein ungemütlicher Gedanke, und Fähnrich Pistol hätte, fürcht ich, kein Gespräch mit dem hagern Cassius.

Freilich ist der Salon des Bauernfeld etwas sehr Hübsches. Er ist nicht so überfüllt mit den verwirrenden Erinnerungen an Allzuvielerlei, die unser Zimmer von heute so aufregend und enervierend machen. Er ist auch nicht durch schwere Vorhänge gegen eine grelle rasselnde Straße versperrt, sondern seine Fenster stehen weit offen und gehen in einen guten grünen Garten. Durchs Fenster sieht, riecht und spürt man die liebe natürliche Natur mit Lindenrauschen, bebenden Espen und Duft von Flieder, Salbei und Jasmin. Eine geschmacklose aber gutmütige Nymphe aus Sandstein gießt aus einer Muschelschale friedlichen Goldfischen frisches, helles, plauderndes Wasser auf den stumpfsinnigen Kopf. Dies alles sieht man durch den weißen Fensterrahmen; es ist nicht dämonisch, gibt nicht den großen Schauer des urgewaltigen Geisterwebens, aber immer bleibts Natur. Die kommt auch noch auf einem anderen Weg in den Salon hinein: als Kammerdiener, Stubenmädchen, Gärtnerstochter. Der Diener ist heutzutage uniform wie ein Lampenzylinder, unpersönlich wie ein Suppenlöffel. Er heißt irgendwie, verbeugt sich, macht Türen auf und schweigt. Damals war das anders. Damals hieß er nicht irgendwie, sondern er war »unser Johann«, »unser Alois«. Er war häufig im Haus geboren; jedenfalls war er jahrelang im gleichen Haus; er hatte die jungen Herren, manchmal auch die jungen Damen, sozusagen aufgezogen. Er hatte etwas von dem Sklaven der antiken Komödie, von dem Gracioso des spanischen Lustspiels. Er hatte eine Lebensanschauung; er machte und empfing Konfidenzen; er ignorierte gewisse Gäste des Hauses, die er nicht gern »bei uns« sieht, und beehrte andere mit seinem Wohlwollen. Er ist das Gewissen und die Karikatur der Herrschaft; er ist eines von den klammernden Organen, mit denen die soziale Komödie sich am Muttergrund des Natürlichen festwachsen will. Denn alles Gesellschaftliche hat auf der Bühne etwas von Spiegelfechterei. Was im Leben Zeit hat, tropfenweise durch die Risse und Fugen der konventionellen Form durchzusickern, das springe auf die Bühne, wie die Frucht aus der Schale, reif und nackt. – – –

Wenn ich eines der Theaterstücke des Bauernfeld auf der Bühne sehe und rings um mich diese Menschen von heute, die zuhören, so muß ich daran denken, wie seltsam die ruhige üppigschlanke Altwiener Frauenhand als kühlender Schwerstein auf solchen heutigen Briefen zu liegen kommt, voll fiebriger, ironischer und vorschnell gealterter Gedanken. Die da droben auf der Bühne werden so leicht mit dem Leben fertig, so wunderbar leicht; es liegt so viel Einfachheit in ihren Leiden und so viel Anmut in ihrer Resignation. Sie plaudern so klug und sicher, über so rätselhafte, so grauenvolle Dinge. Sie sind so wenig neugierig und so wenig grausam. Sie sind wirklich allzu gut erzogen.

Man spielt diese Theaterstücke, die jetzt vierzig oder dreißig Jahre alt sind, in unseren Kleidern, mit unseren Möbeln. Das sollte man nicht. Mich wenigstens stört es. Ich sehe dann, wie schattenhafte Gespenster, *uns* auf diesen Stühlen sitzen, an diesen Portièren stehen, die Stirn an diese Fensterscheiben lehnen; uns, mit blasseren Gesichtern, mit klügeren Augen, mit ausdrucksvolleren, ruheloseren Händen als diese, die da Komödie spielen. Ich höre unsere Gespräche, die seltsamen, erregenden, in denen man bald das Vibrieren von Geigensaiten zu vernehmen glaubt und bald die Beredsamkeit eines Trunkenen, bald einen Wundarzt, bald einen Gecken, gleichzeitig das Pochen eines Vogelherzens, die witzelnde Geschwätzigkeit eines Barbiers und die Trauer eines grausamen Traumes. Und neben alledem, das verführerisch ist selbst durch sein Widerwärtiges und faszinierend selbst durch seine Verworrenheit, erscheint mir der Dialog, den zwischen diesen Möbeln jene Bauernfeldschen Menschen führen, schal, lau und leer.

Ja, diese kindliche, weiche Stadt mit den vielen Kuppeln und den sehnsüchtigen Gärten, über deren Wipfel von Musik der Atem streift, diese Stadt mit den plätschernden, plaudernden Brunnen, den lächelnden Muttergottesbildern zwischen bunten Lampen, dieses ganze »capuanische Wien« muß merkwürdig gealtert sein, seitdem es keinen neuen großen Dichter gehabt hat. Es ist, als hätten für eine Weile unsterbliche Hände gefehlt, als wäre niemand da gewesen, die goldenen Äpfel, die jung erhalten, vom Baum zu brechen und der vielverderbenden, verführerischen Stadt hinzureichen. So ist sie älter geworden. Ihre Züge haben den Schmelz der Kindlichkeit verloren, und unter krausem, aschblondem Haar hat sie nicht länger diese von nichts wissende Stirn, diese allzujungen Augen, dieses Stumpfnäschen einer Pierrette: ein Zug wie von Leiden hat ihre Schönheit gereift, vergeistigt; ihre Nasenflügel sind feiner und beben leise, und in ihren Augen ist manchmal eine sphinxhafte Hoheit.

GABRIELE D'ANNUNZIO

Herr Gabriele d'Annunzio, der heute dreißig Jahre alt und neben dem alten Carducci der berühmteste Dichter Italiens ist, hat unlängst irgendwo eine ganz knappe Skizze seines Lebens veröffentlicht. Er spricht darin von seiner Jugend und seinem Ruhm mit einer Anmut und Kühnheit, die etwas Römisches hat, oder besser, etwas von dem großen und sehr eleganten Stil, den die Menschen des fünfzehnten Jahrhunderts schrieben, wenn sie die Antike zu kopieren meinten. Er redet darin von den Werken, die hinter ihm sind, ohne Ziererei und mißt ihre funkelnde Kraft mit naivem Stolz an den Werken aus den Händen geringerer Künstler und ihre Dürftigkeit mit ergriffenem Sinn an der unsäglichen Tiefe des Daseins. Er hat gegenüber dem Leben die Gebärde der wenigen: es mit ganzer Seele als ein Ganzes fassen zu wollen und, in den ganzen Mantel gehüllt, nicht einen purpurnen Fetzen in der mageren Hand, die dunklen Wege hinunterzugehen. Sein Lebens- und Weltgefühl hat sich nicht am Leben und an der Welt entzündet, sondern an künstlichen Dingen: an dem größten Kunstwerk »Sprache«, an den großen Bildern der großen Epoche, und an anderen niedrigeren Kunstwerken. Zug um Zug hat er sich berauscht an der Schönheit des Redens, dieser tiefsinnigen Schönheit, in der die Seele zum Leben geboren wird und unter uns wohnt, an der Schönheit der Renaissancekunst und an der subtilen Schönheit einiger Bücher, in welchen einige Menschen unserer Zeit ihre nicht ganz equilibrierte und gerade darum dämonisch anziehende Vision der Welt niedergelegt haben. Er hat dann von seinem zwölften oder vierzehnten bis jetzt zu seinem dreißigsten Jahr zwölf oder fünfzehn Bücher geschrieben, die Zug um Zug von den großen Malern, von den großen

Rhetoren und Stilisten und von den großen Psychologen der verschiedenen Epochen inspiriert waren. Er hat Zug um Zug eine Erhöhung und Bezauberung seines Daseins empfangen: vom Betrachten unvergleichlicher Kunstwerke und einer stilisiert angeschauten Natur; von der ihm innewohnenden und sich immer steigernden Gabe, gut zu reden, Sätze zu sagen und zu schreiben, in deren komplexem Rhythmus etwa Livius und Boccaccio, oder Cicero und Firenzuola gleichzeitig anklingen; von einer durch das Medium der Kunst erfaßten Sinnlichkeit und von einer an den Büchern von Edgar Poe, Dostojewsky und Taine oder an den Traktaten über die Seele von Origenes oder Bernhard von Clairvaux entfachten Gier, die Seelen der Menschen leben zu spüren. Für alle diese Einflüsse war sein Geist nicht einfach ein gutes, sondern ein ganz wundervolles, raffiniertes Medium: aus den Bildern trug er nicht etwa Äußerlichkeiten mit sich, sondern der Seelenzustand, den die Gebärden der gemalten Menschen oder die Farbennuancen der gemalten Lippen, Haare, Blumen und Bäume in sich tragen, schlägt manchmal aus den Schwingungen seiner Verse geheimnisvoll auf; die sensitive Lust an der Schönheit der Worte, die schön sind wie blasse Frauen und große weiße Hunde, schön wie das Jungsein und wie das Sichsehnen, oder wie Weihrauch, oder wie hagere lichte Gärten im ganz frühen Frühling am Morgen, diese Lust ist bei ihm so stark, daß er aus bloßen Eigennamen ganze melancholische und geheimnisvolle Strophen zusammensetzt.

> Quindi vengono li Amanti,
> quei che tiene antica pena.
> Ridon pallidi in sembianti.
> V'è Parigi con Elèna,
> v'è la bella Polissena,
> Analida e il buono Ivano.

Dicon: – Tutto al mondo è vano,
Nel amore ogni dolcezza!

Wie schön ist das! und es übersetzen hieße ein Salzfaß von
Cellini mit dem Stemmeisen zerlegen. Denn der es gemacht
hat, den haben die Worte, mit denen wir die Lust und
Schmerzen des Lebens nennen, erbeben gemacht, früher
und stärker und tiefer als das Leben selber. Sicherlich, wenn
er einen Römer liest, oder einen Kirchenvater oder einen
Novellenschreiber, so spürt er am Fall der Perioden und wie
da und dort ein Satz sich ironisch oder schamhaft invertiert,
ein anderer breit hinströmt und ein anderer eine Sache ausdrückt mit einer schnippischen Gebärde altkluger kleiner
Mädchen, daran spürt er die Größe und Eitelkeit und die
Minauderie oder Unschlüssigkeit oder Selbsttäuschung dieser toten Menschen, wie ein anderer, wenn er von Lebendigen die Augen und die Lippen fest anschaut. Es ist, wie wenn
einer das Trinken von Wasser nicht am gemeinen Laufbrunnen gelernt hätte, sondern am Nürnberger Tugendbrunnen,
wo es aus den Brüsten von ehernen Nymphen springt und
Milch von Halbgöttinnen bedeutet.
    Aber das Leben ist doch da. Es ist durch sein bloßes op-
pressives unentrinnbares Dasein unendlich merkwürdiger
als alles Künstliche und unendlich kräftiger, und zwingt. Es
hat eine fürchterliche betäubende Fülle und eine fürchterliche demoralisierende Öde. Mit diesen zwei Keulen schlägt
es abwechselnd auf die Köpfe derer, die ihm nicht dienen.
Die aber von Künstlichem zuerst herkommen, dienen ihm
eben nicht. Über denen hängt das Leben drohend wie die
Sturmwolke, und wie geängstigte Schafe laufen sie hin und
her.
    In dem letzten großen Buch von d'Annunzio, dem »Tri-
umph des Todes«, kommen eigentlich nur zwei Personen

vor: ein solcher Mensch und das Leben. Das Leben in allerlei Verkleidungen: als eine Frau, als viele Tausende kranker, elender Menschen, als Bauern und Fischer. Der Mensch schwankt immer zwischen zwei Attitüden: einmal wirft er sich mit dem Willen zur Betäubung in die Arme des Weibes, in die Arme des Lebens und will aus den Reden der niedrigen Menschen, aus dem Heulen ihrer Kinder, dem Gären ihrer reifen Gärten, dem Lispeln ihres Aberglaubens, dem Gestöhne ihrer Wallfahrten das Leben einschlürfen, wie einer einen Bund Heu aufhebt und daraus den Duft des Sommers einschlürft, aber freilich nur des Sommers, dessen Nächte und Tage er erlebt und ganz in sich gesogen hat, als sie lebendig waren; – dann wieder wendet er sich schauernd vor dem Ungeheueren, Rohen ab, und auch die Frau ist seinen einsamen, überreizten Sinnen ein Dämon, ein Wesen wie ein böser stummer Hund, »terribilis ut castrorum acies ordinata«.

Aus diesem »Triumph des Todes« ist mir eine sehr schöne Metapher im Gedächtnisse geblieben. Einmal an einem mystischen, frühlinghaften Septemberabend schaut der Held in den Thermen des Diocletian auf die schwarzen, starren, zerrissenen alten michelangelesken Zypressen, und in ihrer tiefen, grausamen Traurigkeit berühren sie ihn wie ein Bild der Nutzlosigkeit alles Widerstehenwollens und Begreifenwollens: ringsum aber zwischen Myrtenbüscheln liegen und leuchten am Boden Trümmer von schönem und sinnlichem antiken Marmor: zarte, anmutige Hände, die den Fetzen einer Chlamys halten, herkulische Arme mit wütend geblähten Muskeln, ungeheure Brüste, genügend eine Titanenbrut zu säugen, süße Namen von Frauen und Freigelassenen auf Urnen eingegraben, auf weißen Sarkophagen die Tänze von Mädchen und das Lachen von Masken, und Kränze von Blumen und Früchten ...

Es ist sehr sonderbar, wenn einer in so starren Dingen das Bild seiner Vision der Welt findet, da doch im Dasein alles gleitet und fließt. Und es ist sehr charakteristisch, daß sich ihm in den steinernen, künstlichen Spuren einer vergangenen Zeit das Leben ankündigt. Es ist in der Tat etwas Starres und etwas Künstliches in der Weltanschauung des Herrn d'Annunzio, und noch fehlt seinen merkwürdigen Büchern ein Allerletztes, Höchstes: Offenbarung.

Aber er ist noch jung, und seine Gaben und Kräfte sind sehr groß: er trägt eine Welt in sich, ein wirkliches Universum, und seine Phantasie ist wahrhaftig »der Seele Weltseele«, nicht dürre Begriffe sind in ihm die Korrelate der äußeren Dinge, sondern etwas *vom Hauch und Wesen der Wesen* so gut als nur je in einem, der Giorgione oder Shelley hieß; er fühlt die innerste Schönheit und Traurigkeit der wechselnden Dinge und hat manchmal solche Gewalt über die Worte, daß sie ihm in die mystisch vielsagendste, die absolut schöne Periode zusammenfallen und einen flüchtigen Abglanz transzendenter, den Atem beraubender Vollkommenheit geben, wie Puppen an Fäden dann und wann in eine Gebärde voll unsäglicher Grazie zufällig flüchtig fallen; ihm lebt die Welt, die Augen eines kranken Affen sind ihm so wenig ein Nichtiges als die transfigurierten Gebärden echter, heiliger Märtyrer oder gemalter Botticellischer Nymphen. Sein Ruhm ist in Italien, in Frankreich groß und dringt in andere, barbarische Länder. Es gibt da und dort einige junge Menschen, die sich zu freuen verstehen, daß solch ein Künstler am Leben ist.

DER NEUE ROMAN VON D'ANNUNZIO
»Le Vergini delle Rocce«

I

Es ist ungefähr ein Jahr her, daß ich die Ehre hatte, in dieser Zeitung von Herrn Gabriele d'Annunzio zu sprechen, von seiner Jugend, von seinem Ruhm, der in Italien, in Frankreich groß ist und in andere, barbarische Länder jetzt dringt, von seiner wundervollen Gewalt über die Sprache und auch davon, daß seinen merkwürdigen Büchern jenes Letzte zu fehlen schien, das aus einem Kunstwerk eine Offenbarung macht. »Da doch alles gleitet und fließt«, befremdete mich in seiner Weltanschauung etwas »Starres und Künstliches«. Ich fand damals nur unsichere und wenig präzise Worte für ein ungeheures Phänomen, über das man nicht hinwegkommen wird, wenn man einmal versuchen wird, die allgemeine sittliche und ästhetische Geschichte dieser gegenwärtigen Zeit zu machen.

Ich habe inzwischen in den mannigfaltigen Erfahrungen eines Jahres eine komplexe, wortlose Lehre empfangen, welche sich auf das Sittliche in jener Sache bezieht, und andererseits unscheinbare, weise Formeln in den Schriften des Aristoteles gefunden, welche das Ästhetische davon völlig klarstellen, wofern man sie zu lesen versteht.

Die sämtlichen merkwürdigen Bücher von d'Annunzio hatten ihr Befremdliches, ja wenn man will ihr Entsetzliches und Grauenhaftes darin, daß sie von einem geschrieben waren, *der nicht im Leben stand.* Der sie geschrieben hatte, wußte alle Zeichen des Lebens: wundervoll wußte er sie alle, und doch glaube ich heute, er war bis jetzt kein großer Dichter, überhaupt kein Dichter. Aber er war von der ersten Zeile an ein außerordentlicher Künstler; und sein großer Ruhm ist mir noch zu gering für ihn. Denn nicht weniger, sondern mehr zu bewundern würde sich für alle Leute schicken. Und wen sollten sie bewundern als den, der das Wissen um die Zeichen des Lebens hat, das unerlernbar ist und in jedem großen Künstler neu geboren werden muß? Als den, der einen Hund, eine Frau, eine Stadt, einen Traum mit Worten *so* hervorrufen kann, *so* die strengen und die trüglichen Geheimnisse des Daseins kennt, das Durcheinanderweben von Geist und Sinnen und ihre geheimnisvolle Vermählung in den Worten? ... Dieses alles wußte er. Aber er wußte nicht, *was an dem allen daran ist.* Das Dasein war ihm ein ungeheurer Mechanismus. Die Schicksale der Menschen und der Dinge stürzten bei ihm nebeneinander hin durch das Leere, wie die Atome des Demokrit. Nie hatten sie in Wahrheit etwas miteinander zu tun: ihr einziges Erlebnis war immer, daß sie einander anschauten. An dem Anschauen ihrer trügerischen Schönheit berauschten sie sich und wurden groß, an dem Anschauen ihrer selbst vergingen sie schließlich. Sie erloschen vor Grauen über den Anblick ihres Wesens, dem sie sich nicht zu entziehen vermochten. Das war der »Triumph des Todes«. »Si autem quaesiveris te ipsum, etiam invenies te ipsum, sed ad perniciem tuam«, in diesem alten Wort ist das Ganze davon vorweggenommen.

Es waren durchaus Erlebnisse eines, der mit dem Leben nie etwas anderes zu tun gehabt hatte als das Anschauen. Denn jeder Dichter gestaltet unaufhörlich das *eine* Grunderlebnis seines Lebens: und bei d'Annunzio war dies sein Grundverhältnis zu den Dingen, *daß er sie anschaute.* Das brachte etwas Medusenhaftes in die Bücher, etwas von dem Tod durch Erstarren, den allzuweit aufgerissene, allzuwissende Augen rings um sich ausstreuen. Und alle Männer und Frauen in den Büchern sahen einander leben zu und töteten einander, wie die Medusa. Und sie gingen herum und sahen einem kleinen Kind sterben zu, oder sie sahen den Bettlern und den Kranken beten zu, oder sie sahen dem Meer zu, wie es liegt und leer ist. Und in ihren überwachen, sehenden Köpfen wußten sie alle Zeichen des Lebens. *Aber sie wußten nie, was an dem allen daran ist.* Sie waren wie Schatten. Sie waren ganz ohne Kraft. Denn die Kraft zu leben ist ein Mysterium. Je stärker und hochmütiger einer in wachen Träumen ist, desto schwächer kann er im Leben sein, so schwach, daß es fast nicht zu sagen ist, unfähig zum Herrschen und zum Dienen, unfähig zu lieben und Liebe zu nehmen, zum Schlechtesten zu schlecht, zum Leichtesten zu schwach. Die Handlungen, die er hinter sich bringt, gehören nicht ihm, die Worte, die er redet, kommen nicht aus ihm heraus, er geht fortan wie ein Gespenst unter den Lebendigen, alles fliegt durch ihn durch, wie Pfeile durch einen Schatten und Schein.

Es kann einer hier sein und doch nicht im Leben sein: völlig ein Mysterium ist es, was ihn auf einmal umwirft und zu einem solchen macht, der nun erst schuldig und unschuldig werden kann, nun erst Kraft haben und Schönheit. Denn vorher konnte er weder gute noch böse Kraft haben und gar keine Schönheit; dazu war er viel zu nichtig, da doch Schönheit erst entsteht, wo eine Kraft und eine Bescheidenheit ist.

Ins Leben kommt ein Mensch dadurch, daß er etwas tut. Und die Männer und die Frauen in den Büchern von d'Annunzio tuen nichts. Ja sie sind ganz und gar unfähig, zu erkennen, was denn das Tuen ist und warum das das einzige Gute ist. Auch wenn durch sie etwas geschieht, haben sie es nicht getan; sie denken nur dazu.

Es hängt aber das ganze Leben an der geheimnisvollen Verknüpfung von Denken und Tuen. Nur wer etwas will, erkennt das Leben. Von dem Willenlosen und Untätigen kann es gar nicht erkannt werden, so wenig als eine Frau von einer Frau. Und gerade auf den Willenlosen und Untätigen haben die Dichter, welche die letzten zwei Jahrzehnte traurig und niedrig widerspiegeln, ihre Welt gestellt. Und doch stehen seit zweitausend Jahren diese Zeilen in der »Poetik« des Aristoteles: »... auch das Leben ist (wie das Drama) auf das Tuen gestellt, und das Lebensziel ist ein Tuen, nicht eine Beschaffenheit. Die Charaktere begründen die Verschiedenheit, das Tuen aber Glück oder Unglück.«

Es wird schön sein, zu erkennen, wie das Genie des d'Annunzio allmählich aus den tödlichen Stricken einer falschen Weltanschauung sich herauszuwinden strebt und auf welchen sonderbaren Wegen in seinem neuesten Buch die Tat gesucht wird, die Tat an sich, das Tuen, von welchem, als von einer neuen Gottheit, alle Kraft und Schönheit ausgehen wird.

II

Das neue Buch zerfällt in zwei ungleiche Teile. Der erste reicht bis Seite 108. Er ist sehr kunstvoll und bildet eine Art von Einleitung. Man wird mit einem jungen Adeligen bekanntgemacht, der ein Künstler ist und sich einem großen Leben ergeben will. Hier wird viel nach einem König gerufen. Danach steht immer der Sinn wohlgezogener Menschen, solang sie jung sind. Es gibt nichts Unglücklicheres und Sehnsüchtigeres als die junge Ehrfurcht, die sich keinen Herrn weiß.

Nur die völlig Großen haben die ungeheure Feuerquelle und Kraft in sich, sogleich sich selber als Herren zu geben. Sie nehmen die kristallene Weltkugel auf sich wie ein Kreuz. Ich denke an den jungen Goethe. Ich denke an jene wundervollen Ausrufe, die überschrieben sind »Königlich Gebet«:

> Ha, ich bin Herr der Welt! mich lieben
> Die Edlen, die mir dienen.
> Ha, ich bin Herr der Welt! ich liebe
> Die Edlen, denen ich gebiete.
> O gib mir, Gott im Himmel! daß ich mich
> Der Höh und Lieb nicht überhebe.

So einer ist der in dem Buch nicht. Er hat nicht diese blühende Wärme in sich; dazu hat er wohl schon zu viel gedacht und geredet. Er reitet in der Campagna zwischen den Trümmern Roms seine Pferde. Er stellt sich allein, weil er anfängt zu fühlen, daß der Kontakt der Menge unfruchtbar macht. In seinem dürren Hochmute könnte er sehr leicht häßlich und widerwärtig sein, aber manchmal macht seine Seele in einem der langen sterilen Monologe eine plötzliche Bewegung, wie aus einem großen Schlaf heraus, und in der Bewegung liegt dann auf einmal die ganze unsägliche Schönheit der antiken Seelen. Solche Bewegungen, deren Schönheit einem das Blut stocken läßt, machen zuweilen auch die Körper der Menschen während unserer insipiden Gespräche, oder nur ihre Arme, nur ihre Köpfe, wie aus einem großen Schlaf heraus. In ihnen offenbart sich die Kraft. Wessen Seele das begreift, der lebt von dem Wissen dieser Dinge und von dem Anschauen dieser Dinge. Aber sehr selten offenbart sich die Kraft an einem Ruhenden. Diese Bewegungen, wie aus einem großen Schlaf heraus, sind unglaublich selten. Nur das Tuen entbindet die Kraft und die Schönheit. Das wissen wir alle besser und tiefer, als alle Worte sagen können. Deswegen schicken wir dem Kind Herakles Schlangen in die Wiege und lassen ihn lächelnd mit den kleinen Händen sie erwürgen, weil nur so seine Kraft und Schönheit an den

Tag kommt. Deswegen muß Odysseus hin und her geworfen werden von der trüglichen Salzflut, damit jene ungeheure Heimkehr entstehen könne, in Kleidern des Bettlers, von niemandem erkannt als dem Hund. Viele Wege muß einer gegangen sein und nie müßig, damit wir über ihn weinen können.

Der in dem Buch weiß auch, daß nur den Schatten das Müßiggehen ansteht. Er weiß auch, daß eine Kraft in ihm ist. Ja recht eigentlich lebt seine Seele von diesem Wissen. Um seine Kraft, die das Göttliche an ihm ist, recht zu erkennen, hat er sie in Gedanken aus seinem Wesen herausgelöst und nennt sie sein ungeborenes Kind. So liebt er nicht wie Narcissus sich selbst, sondern »Ihn, der geboren werden soll«. Ich entferne mich nicht vom realen Inhalt der Geschichte. Der junge Adelige, der ein Künstler ist, wünscht einen Sohn zu haben, der ihm ähnlich sei. Das ist die ewige Weise, wie das Leben in uns sich zu erneuern strebt. Im Leben eines Menschen aber stellt dieser Wunsch, wenn er zu einer solchen eigensinnigen Leidenschaft anwächst, das innigste Bedürfnis vor, sich mit dem Dasein zu verknüpfen: Seinem ungeborenen Sohn eine Mutter suchen, heißt die Tat suchen, in der man seine Kraft hergeben und lebendig werden kann.

Der zweite Teil reicht von der hundertundachten Seite bis zum Schluß. Er handelt von den drei mannbaren Prinzessinnen. Ehe ich diese drei Schwestern zu beschreiben versuche, will ich die Landschaft erwähnen, in welcher sie leben. Sie wohnen in einem sehr alten Schloß, welches aber zur Barockzeit umgebaut worden ist. Alle Räume, die Treppen und Fontänen sind viel zu groß für die jetzigen Menschen. Der alte riesige verwilderte Park führt mit seinen leeren Terrassen bis an einen Abgrund. Das ganze Tal ist das gemeinsame Geschöpf eines reißenden Flusses und eines

Vulkans. (Es ist in Unteritalien, und man wird die Namen der Prinzessinnen, des Berges und des Flusses im Buch nachlesen.) An der Nordseite reichen die Grundmauern des Schlosses in einem ungeheuren Absturz bis hinunter in das leere Bett des Flusses; hier starren die zerrissenen, zerklüfteten Felsen gegen die Luft, gegen die Mauern wie wütende, im Anlauf plötzlich versteinerte Riesenkräfte. Es ist ein gigantisches Heranschwanken, Sichaufbäumen, Emporklimmen, Zudringen; ein übermäßiges Wollen und Können, das plötzlich starr und stumm geworden ist. Und die schattenlosen Hänge der löwenfarbenen Hügel und die stummen heißen Mulden sind übersät mit den Äußerungen einsamer Kraft: mit den schweigenden dünnen Leibern der Ölbäume und der Weinstöcke, die sich zusammenkrümmen in der unsäglichen Anstrengung, aus ihren mageren Gliedern so reiche starke Früchte hervorzupressen. »So scheint der Genius des Ortes die Gewalt zu haben, in jedem Wesen das wahrhaftigste Streben bis zu der höchsten für die Natur erträglichen Stärke zu steigern, wo es dann seine ganze Kraft in einer Handlung von Folge und Bedeutung auszudrücken fähig wird.«

Hier ist es notwendig, auf die Wurzeln der Wörter zu achten. D'Annunzio hat ein und dasselbe Wort für die Sträucher, die ihre Frucht gebären, und für die Seelen, die ihre Kraft in einer Handlung an den Tag bringen: beides heißt esprimere. *So dürstet, wie der Held, die ganze Landschaft nach dem Tun.* In einer Landschaft, die das Principium der sittlichen Schönheit ausdrückt, wachsen die drei Schwestern auf. Von den Felsen, von den Bäumen, von den Wassern lernen ihre schönen Seelen, sich strebend zu bemühen. In der Hand des Lebens biegen sie sich ohne Laut, wie ein Bogen aus edlem Holz, bei dem zwischen der Spannung, die den stärksten Pfeil gibt, und dem Zerbrechen kein Laut liegt.

Die drei Prinzessinnen haben ein sehr schweres Leben. Ihre Säle und Zimmer sind viel zu groß, und viel zu groß ist das Schicksal, das auf ihnen liegt. Auf ihnen liegt die Wucht von vielen Ahnen, wie auf den Geschlechtern in den griechischen Tragödien, und der Wahnsinn, der Gast der alten erlauchten Häuser. Die Fürstin, ihre Mutter, ist völlig wahnsinnig, und an den beiden Brüdern sind die unaussprechlichen Zeichen da, daß sie nicht entrinnen werden. Und zwischen diesen Wesen gehen die drei Mädchen umher und lächeln. Sie handeln, in wunderbarer Weise sind sie stark und handeln dadurch, daß sie da sind und lächeln und hinter ihrer Schönheit ihre Verzweiflung verbergen. Ich bewundere nichts so sehr als die Kunst, mit welcher d'Annunzio hier einem Zustand der Ruhe alle Motive sittlicher Schönheit abgewonnen hat, die sich eigentlich nur in einer Bewegung offenbaren können.

Denn es geschieht gar nichts, und doch bekommt man die Intensität dieser drei Seelen *so* zu fühlen! So stark sind sie in ihrer Schönheit und so schön in ihrer Stärke, daß sie den jungen Mann in der Mitte festbannen, wie drei gleich starke Magnetnadeln ein Stückchen Eisen gleichmäßig anziehend gleichmäßig voneinander fernhalten. Und schließlich geht er fort und läßt alle drei in dem viel zu großen Schloß über dem schattenlosen Abgrund, um dessen versteinertes Streben mit seltsamen Rufen die Sperber kreisen. So endet das Buch von den »Jungfrauen von den Felsen«.

Somit ist es wieder zu keiner Tat gekommen, und man könnte glauben, es sei wenig gewonnen. In den früheren Büchern von d'Annunzio aber war nur zweierlei: eine fieberhafte, von der Luft des Lebens abgesperrte Anbetung der Schönheit und eine furchtbar zersetzende Art, das Leben zu sehen. Alle diese Bücher liefen unerbittlich auf den Triumph des Todes hinaus. Auf alle diese Bücher könnte man die

Verse schreiben, die ich einmal irgendwo gelesen habe. (Ich glaube, sie waren mit Bleistift unter ein Gedicht geschrieben.)

Und Psyche, meine Seele, sah mich an
Mit bösem Blick und hartem Mund, und sprach:
Dann muß ich sterben, wenn du so nichts weißt
Von allen Dingen, die das Leben will.

Wirklich gar nichts wußten diese Bücher von den Dingen, die das Leben braucht. Auf eine Weise, von der man sich kaum Rechenschaft geben konnte, war trotzdem eine unerreichbare Schönheit hie und da in ihnen. Sie waren imstande, einen großen Ruhm auf sich zu ziehen. Und sie waren eigentlich grauenhaft.

Ich sehe in dem neuen Buch von d'Annunzio einen wundervollen Umschwung. Ich sehe diesen außerordentlichen Künstler so in sich zurückkehren, wie das Leben in den Leib eines Bewußtlosen zurückkehrt. Er, der alles in den Abgrund geworfen hatte und nichts für wahr geachtet hatte als das Fallen der Atome durch den leeren Raum, fängt an, den Mächten, die binden, gerechtzuwerden. Damit ist ein ungeheurer Ausblick aufgetan: Eine solche Kraft, ins Leben zurückgeleitet, kann uns ganze Länder entgegentragen. Ich weiß für ganz große Dichter, wie er einer werden kann, keinen anderen Vergleich als die Kraft hochheiliger Ströme, des Nil oder jenes, der als »plurimus Ganges« eine große Gottheit war.

Wie ich vor ein paar Monaten mit diesem Buch in Venedig unter den Arkaden saß, war seine Kraft so groß über mich, daß mir unter dem Lesen wirklich manchmal war, als trüge mir der Dichter sein ganzes Land entgegen, als käme Rom näher heraufgerückt, das Meer von allen Seiten hergegangen, ja als drängen die Sterne stärker hernieder.

Denn noch stärker als die hochheiligen Ströme sind die ganz großen Dichter: schaffen sie nicht jenen seligen schwebenden Zustand der deukalionischen Flut, jene traumhafte Freiheit, »im Kahn über dem Weingarten zu hängen und Fische zu fangen in den Zweigen der Ulme«?

Es ist hier die Sprache von Gedichten, in einem Band vereinigt, die sich dem Publikum weder anbieten noch auch vor der Öffentlichkeit zurückgehalten werden. Sie sollen eher auseinandergelegt als einbegleitet werden.

Denn da eine Tradition seit dem Tod unserer Klassiker nicht mehr besteht, kann man sich des Geredes über Einflüsse, Beziehungen und dergleichen füglich um so mehr enthalten, als darüber die verworrensten Anschauungen und leersten Vorurteile im Schwange sind; auch wäre es an der Zeit, daß man lernte, sich den neueren Dichtungen absolut gegenüberzustellen, wie man es gegen die von den Philologen und Reisenden übermittelten Gedichte der Orientalen und der Alten wenigstens früher getan hat, mit der einzigen Intention, darin ein gehobenes Menschliches zu finden, woran sich unbedingt teilnehmen läßt.

Die sogenannte historische Betrachtungsweise nun gar auf die Gegenwart anwenden zu wollen, ist eine besondere Anmaßung der von den Vordergründen überwältigten Köpfe, die sich selbst ad absurdum führt.

Nur, da das Publikum überhaupt nicht mehr gewöhnt ist, daß in irgendeinem Ton zu ihm geredet wird, und völlig verlernt hat die Töne zu unterscheiden, so sei hier kurz gesagt, daß die in Rede stehenden Gedichte einen eigenen Ton haben, was in der Poesie und mutatis mutandis in allen Künsten das einzige ist, worauf es ankommt und wodurch sich das Etwas vom Nichts, das Wesentliche vom Scheinhaften, das Lebensfähige vom Totgeborenen unterscheidet.

Ich setze die Zeilen her, in denen sich die Gesinnung des großen englischen Kritikers Pater über das gleiche ausdrückt: »Es ist Stil darin. Ein Geist hat das Ganze bestimmt;

und alles, was Stil hat, was in einer Weise gearbeitet ist, wie kein anderer Mensch, keine andere Zeit es hätte hervorbringen können und wie es mit dem wahrsten Bemühen nicht wieder fertigzubringen wäre, hat seinen wahren Wert.«

Obwohl in einer reichlichen Breite der inneren und äußeren Erfahrung webend, ist in diesen drei Büchern Gedichten das Leben so völlig gebändigt, so unterworfen, daß unserem an verworrenen Lärm gewöhnten Sinn eine unglaubliche Ruhe und die Kühle eines tiefen Tempels entgegenweht. Wir sind in einem Hain, den wie eine Insel die kühlen Abgründe ungeheueren Schweigens von den Wegen der Menschen abtrennen.

Es ist ein Hauptmerkmal der schlechten Bücher unserer Zeit, daß sie gar keine Entfernung vom Leben haben: eine lächerliche korybantenhafte Hingabe an das Vorderste, Augenblickliche hat sie diktiert. Zuchtlosigkeit ist ihr Antrieb, freudlose Anmaßung ihr merkwürdiges Kennzeichen.

Hier nun redet wieder die hochgezogene Seele eines Dichters.

> Carmina non prius
> audita Musarum sacerdos
> virginibus puerisque canto.

Diese Gedichte speien freilich nicht das gierig verschluckte Leben in ganzen Brocken von Sensationen von sich, wie die Schakale und Hunde, aber sie sind ganz mit Leben durchdrungen, und es ist gar nicht völlig aus ihnen herauszuwickeln. So eins sind in echter Poesie, wie in der Natur, Kern und Schale, daß uns ein Teil des Gemeinten auf einem Wege zugeht, der dem Verstand unauffindbar ist. Ins Innere der Poesie kommen wir nie, aber es ist schon ein seltenes und hohes Vergnügen, um ihre Schöpfungen herumzugehen und ihnen manches abzumerken.

Das Buch der »Hirten- und Preisgedichte«, als erstes gestellt, ist erfüllt mit dem Reiz der Jugend. Es ist die gehaltene
Anmut antiker Knabenstatuen darin, jenes bescheidene
und nachdenkliche »Gürten der Lenden für die Reise des
Lebens«.

Die lieblichsten Schüler des Sokrates schweben unge-
nannt vorüber: Menexenes, Apollodoros, Charmides, Ly-
sis; man ahnt, wie sie sich bewegt haben, man erinnert sich,
wie schnell sie erröten. Es ist fast keine Zeile in dem Buch,
die nicht dem Triumph der Jugend gewidmet wäre.

Schamhaftigkeit und bescheidener Hochmut sind in den
vielen Gedichten so vielfältig ausgedrückt, wie ein Berg und
Fluß in vielen Skizzen zu einer Landschaft, in vielen Beleuch-
tungen gesehen, im neuen Licht von Frühlingstagen, und an
Sommerabenden, und in den unsicheren Stunden zwischen
Nacht und Morgen.

Das scheue Wesen, die ahnungsvolle Fülle und Leere wird
in schönen Beispielen ländlichen, einsamen Lebens gemalt,
und hier tritt eine frühe, halbsinnliche Frömmigkeit auf, eine
knabenhafte Andacht zur untergehenden Sonne und zu den
dunkelnden Wolken. Dann werden die anderen Menschen
zum erstenmal empfunden, zuerst als verwirrend, als feindlich.

Ein junger Flußgott spricht diesen reizbar-verschämten,
unruhigen Zustand aus:

> So werden jene Mädchen, die mit Kränzen
> In Haar und Händen aus den Ulmen traten,
> Mir sinnbeschwerend und verderblich sein.

Ja die höchste Steigerung dieses Zustandes in der Phantasie wird unter dem Bild eines großen Vogels angedeutet,
der einsam auf einer völlig unbewohnten Insel lebt, einzig

von Gescheiterten erblickt, und bei Annäherung des ersten Schiffes mit Menschen, die teuere Stätte traurig überschauend, verscheidet.

Allmählich aber weicht die herbe Scheu anderen Gefühlen, die sich, lange zaudernd, aussprechen.

> Verschwiegen duldend schwärmen alle Knaben
> Vom Helden ihrer wachen Sternennächte.

Das geht auf einen schönen Saitenspieler; es geht wohl ebenso auf jeden Schönen, Edlen, Klugen. Das schönste Verhältnis beginnt sich herzustellen zwischen so wohlgeborenen, empfindlichen, unerfahrenen Seelen und allen denen, in denen sich größere Erfahrung und Herrschaft über das Leben verkörpert. Die Freude, sich anzuschmiegen, schwillt hie und da zu einer mystischen Lust der Hingabe, zu einem dunklen Drang, das leichte Dasein geheimnisvollen Mächten aufzuopfern. Der Ton der Gedichte wird hie und da unter ihren gehaltenen Maßen heftig, fast drohend. Man fühlt den heftigen und leichten Atem junger Wesen, die schnell erröten und erblassen und wunderbare Gebärden des Unmuts und der Unduldsamkeit haben, die an edle junge Pferde erinnern.

Der unendlich hohe Ernst der Jugend tritt vor die Seele: eine wundervolle Weise, die einzig mögliche, die Mächte des Lebens für nichts zu achten, in dem ungeheueren Wissen um die Einzigkeit des Geschickes.

> Uns traf das Los, wir müssen schon ein neues Heim
> In fremdem Feld uns suchen, die wir Kinder sind.

Das Hineinwachsen der jungen Geschlechter ins höchst Ungewisse, indessen hinter ihnen die Vorlebenden in den

Boden sinken und sie im Leeren stehen, von unsicherem Morgenwind umstrichen, in dieses große Gleichnis, Auszug der Erstlinge nach einem fremden leeren Feld, gefaßt, beherrscht das ganze Buch. Es ist durch und durch etwas von der Vision eines Landes, in diesem unsicheren Licht und Wind gesehen. Es ist die Beleuchtung nach dem Gedächtnis der Reisenden, der Unsteten, die oft am frühen Morgen aufgebrochen sind.

Als ein Schwankendes ist die Welt gefaßt, das durch Meere und düstere Gegenden auseinandergehalten, durch Schiffe und Gastfreundschaften zusammengeflochten wird. Vielfache Verhältnisse knüpfen sich schnell: mannigfache Gegenden werden durch den Dichter zusammengebunden, denen aber gewisse große Meister und hohe Bestrebungen gemeinsam sind: ein solches loses Ganze erweckt die Idee einer Wanderkultur, ähnlich jener Welt der griechischen Weisheitslehrer und Freunde der Schönheit, mit ihren darüber schwebenden gemeinsamen Göttern Homer und Pindar.

Wie lieblich schweißt dieser Vers

> An den schmalen Flüssen,
> Schlanken Bäumen deiner Gegend

die Erinnerung an eine Seele und eine Landschaft zusammen.

Und wie schlank drücken ein paar andere Zeilen die Flüchtigkeit der Begegnungen aus und ihren nachbebenden Zauber:

> Die Augenblicke...
> Sie warfen milde Schatten lang auf deine,
> Phaon! und auf meine Wege.

Die meisten der »Preisgedichte« befassen sich mit Begegnung, Abschied, Andenken. Gestern Fremde stehen heute mit verschlungenen Armen, bald aber lösen sich wieder zusammengewachsene Hände, und mit verhaltenem Weinen steht der Zurückbleibende und schaut zu des gerüsteten Schiffes Brüstung auf.

»Mit verhaltenem Weinen«: ich halte bei diesen Worten an, weil sich in ihnen deutlich eine Gesinnung ausprägt, die das Ganze durchwaltet: dem Leben überlegen zu bleiben, den tiefsten Besitz nicht preiszugeben, mehr zu sein als die Erscheinungen.

Auch an Frauen wird gerühmt, wenn sie »schmiegsam und stark« notwendigen Schmerzen zu begegnen wissen.

Es ist das, was unserer Zeit am wenigsten gemäß ist, die sich so gern mit den Ausgeburten der vordersten Vordergründe gemeinmacht.

Gerade aber das orgiastische Sichwegwerfen verfällt dem härtesten Tadel. Nichts zweites ist der Frömmigkeit der wohlgeborenen Seelen, die mit der Schamhaftigkeit enge verwandt ist, gleich verhaßt.

                              Du kannst mir nimmer
Der hehren Seherin begeisterte Verkündung werden,
Noch in den heiligen Gebüschen das beredte Rauschen.

Die gleiche Gesinnung verbannt aus diesen Gedichten die breite Schilderung, die orgiastische unreife Wiedergabe des dumpf Angeschauten. Es ist nichts von Qualm darin. Strenge Hintergründe bieten das Notwendige: den Strand, eine Straße, das Schiff, sparsame und bedeutende Linien wie an alten Krügen, vieles sagend, wie im Traum, Umrißlinien des unterworfenen Lebens. Diese Übereinstimmung zwischen Gesinnung und Manier hätten wir nicht entbehren dürfen, ohne irrezuwerden. Denn die künstlerische Kraft und das Weltgefühl eines Künstlers sind eins. An wem die Welt mit verworrenen Auspizien zerrt, wer sich nicht selbst gehört, der hat keine Gewalt, die Worte anders als scheinhaft und gemein zu setzen. Wer lügt, macht schlechte Metaphern. Die Verse, die ein Mensch schreibt, sind auf ewig ein unentrinnbares Gefängnis seiner Seele, wie sein lebendiger Leib, wie sein lebendiges Leben. Es ist so ganz unmöglich, von außen Schönheit in ein Gedicht zu bringen, als es unmöglich ist, durch den Willen den Ausdruck seiner Augen schöner zu machen.

Die Bilder sind spärlich, groß und gehen aufs Wesen; und neben ihnen erscheint die metaphorische Reichlichkeit vieler Dichter aufgedunsen und übel angebracht.

Von einem Sieger ist gesagt:

> Er geht, mit vollem Fuße wie der Löwe
> Und ernst ...

Der sinnlich geistige Eindruck einer singenden Menschenstimme wird so gemalt:

> Wenn deine Stimme sich in Lieder löst, verbreitest
> Du warm und tief Behagen und Genuß.

Einzelne Bilder sind vom überspringenden Feuer, vom Sternenhimmel, von den einfachsten, sozusagen ewigen Hausgeräten genommen. Der vielfältige »verklausulierte und zersplitterte« Zustand unserer Weltverhältnisse ist in den ungeheuren Abgrund des Schweigens geworfen. Auf das mannigfaltige Aufdringliche, innen und außen, wird nicht angespielt. Das grenzenlos Formale ist abgetan und damit eine verworrene Gewissenslast abgeschüttelt.

Diese Menschen scheinen freier, leichten Hauptes und

leichter Hände, behender und lautloser ihr Atem, minderes Gewicht auf ihren Augenlidern. Wir erkennen unser Dasein in ihnen wieder, aber in einem neuen, freieren Verhältnis gegen die ganze Natur fortgesetzt. Man wird an jene glücklichen Bewohner entfernterer Gestirne erinnert, die aus leichterem und feinerem Stoff vermutet werden.

So verbreitet die herbe und strenge Form eine beflügelte Stimmung, während das Vage wie das Abstrakte niederschlägt.

Nichts ist schwächer und kläglicher als gewisse, einer verirrten Musik nachgeahmte Anstrengungen der Poesie, dem Leben von der Oberfläche her beizukommen.

Es wird niemandem ein gewisses Verhältnis der »Hirten- und Preisgedichte« zu den Alten (und mehr zu dem Tone des Tibull und Horaz als dem der Griechen), ein gewisses Verhältnis der »Sagen und Sänge« zu dem Tone der Deutschen des dreizehnten Jahrhunderts entgehen. Auch wird hier die giebelige Stadt, die Kapelle, die beblümte Au der Miniaturen sparsam angedeutet, wie dort das Entsprechende in der Art der geschmückten Krüge. Nur ist dieses Verhältnis nicht stärker herbeigezogen, als es für Menschen später Geschlechter ganz unaufdringlich und selbstverständlich in den Landschaften, den ererbten inneren Zuständen und äußeren Manieren zu liegen scheint. Wir sind von vielfältiger Vergangenheit nicht loszudenken. Aber freilich ebensowenig in eine bestimmte Vergangenheit hineinzudenken. Hier wird der Takt eines Künstlers alles entscheiden; das Widerwärtigste und der feinste Reiz scheinen hier durcheinander zu liegen. Wir geben uns kaum Rechenschaft darüber, wieviel von dem Zauber eines jeden Tones diese mitschwingenden Obertöne ausmachen, dieses Anklingen des früheren herben im späten milden, des kindlichen im feinen, dieses Mitschwingen des Homer in den späten Griechen, der

Griechen in den Römern, dieser Abglanz der Venus in den Bildern von christlichen Heiligen.

Und sind nicht die Antike Goethes, die Antike Shelleys und die Antike Hölderlins drei so seltsam verwandt-geschiedene Gebilde, daß es einen traumhaften Reiz hat, sie nebeneinander zu denken, wie die Spiegelbilder dreier sehr seltsamer Schwestern, in einem stillen Wasser, am Abend?

Einen freieren, unsicheren Hintergrund haben die Gedichte des dritten Buches. Bald über der Welt, bald wie im lautlosen Kern der Erde eingebohrt, immer fernab von den Wegen der Menschen. Diesen traumhaften Zustand bezeichnend, heißt es das »Buch der hängenden Gärten«. Sterne werden nur durch das Netzwerk phantastischer Blätter erblickt, das Wasser nur, wie es aus den Schlünden von Fabeltieren in ein Becken springt.

Aber auch in diesen tieferen Betäubungen der Phantasie finden wir das Gemüt wieder, das uns in den »Hirtengedichten« und in den »Sagen und Sängen« nahegekommen ist. War es dort zart, nach dem Leben begierig, bewundernd und dienend, so sind die Gedichte der »Hängenden Gärten« prächtig, ja ruhmredig und heftig, voll vom Begriff eines höchst persönlichen Königtums und voll von dumpfen und grausamen Erfahrungen.

Aber eine hochgespannte innere Reinheit und das Gefühl der Berufung geht nicht verloren, in allen An- und Abspannungen kommt keine erniedrigende Schwere in diese Gebärden.

Er ließ sich einsam hin auf hohem Steine.

Mit keinem maßloseren, keinem unwürdigeren Wort ist der verlassenste, traurigste Zustand gemalt.

Die angeborene Königlichkeit eines sich selbst besitzenden Gemütes ist der Gegenstand der drei Bücher. Nichts ist der Zeit fremder, nichts ist den wenigen wertvoller. Die Zeit wird sich begnügen, aus den schlanken tyrannischen Gebärden, aus den mit schmalen Lippen sparsam gesetzten Worten, aus dieser leichtschreitenden hochköpfigen Menschlichkeit und der im unsicheren Licht der frühen Morgenstunden gesehenen Welt einen seltsamen Reiz zu ziehen. Einige wenige aber meinen, nun mehr um den Wert des Daseins zu wissen als vorher.

POESIE UND LEBEN
Aus einem Vortrag

Sie haben mich kommen lassen, damit ich Ihnen etwas über einen Dichter dieser Zeit erzähle, oder auch über einige Dichter oder über die Dichtung überhaupt. Sie hören gern, wovon ich, muß man denken, gerne reden mag; wir sind alle jung, und so kann es dem Anscheine nach nichts Bequemeres und Harmloseres geben. Ich glaube wirklich, es würde mir nicht sehr schwer werden, ein paar hundert Adjektiva und Zeitwörter so zusammenzustellen, daß sie Ihnen eine Viertelstunde lang Vergnügen machen würden; hauptsächlich darum eben glaube ich das, weil ich weiß, daß wir alle jung sind, und mir ungefähr denken kann, zu welcher Pfeife Sie gerne tanzen. Es ist ziemlich leicht, sich bei der Generation einzuschmeicheln, der man angehört. »Wir« ist ein schönes Wort, die Länder der Mitlebenden rollen sich als große Hintergründe auf bis an die Meere, ja bis an die Sterne, und unter den Füßen liegen die Vergangenheiten, in durchsichtigen Abgründen gelagert wie Gefangene. Und von der Dichtung der Gegenwart zu sprechen, gibt es mehrere falsche Arten, die gefällig sind. Und Sie besonders sind ja so gewohnt, über die Künste reden zu hören. Unglaublich viele Schlagworte und Eigennamen haben Sie in Ihrem Gedächtnis, und alle sagen Ihnen etwas. Sie sind so weit gekommen, daß Ihnen überhaupt nichts mehr mißfällt. Ich müßte Ihnen allerdings verschweigen, daß mir die meisten Namen nichts, rein gar nichts sagen; daß mich von dem, was mit diesen Namen unterzeichnet wird, auch nicht der geringste Teil irgendwie befriedigt. Ich müßte Ihnen verschweigen, daß ich ernsthaft erkannt zu haben glaube, daß man über die Künste überhaupt fast gar nicht reden soll, fast gar nicht reden kann, daß es nur das Unwesentliche und Wertlose an den Künsten ist, was sich der Beredung nicht durch sein stummes Wesen ganz von selber entzieht, und daß man desto schweigsamer wird, je tiefer man einmal in die Ingründe der Künste hineingekommen ist. Über eine große Verschiedenheit in unserer Art zu denken müßte ich Sie also hinwegtäuschen. Aber der Frühling draußen und die Stadt, in der wir leben, mit den vielen Kirchen und den vielen Gärten und den vielerlei Arten von Menschen, und das sonderbare, betrügerische, jasagende Element des Lebens kämen mir mit so vielen bunten Schleiern zu Hilfe, daß Sie glauben würden, ich habe mit Ihnen geopfert, wo ich gegen Sie geopfert habe, und mich loben würden.

Andererseits glaube ich, es könnte mir nicht gar sehr schwer fallen, mich zu Ihrem Geschmack und Ihren ästhetischen Gewohnheiten in einen unerwarteten und quasi unterhaltenden Gegensatz zu bringen. Aber ob Sie zu den Sätzen, in denen ich versuchen könnte, etwas derartiges auseinanderzulegen, mit dem Lächeln der Auguren und allzu geübten Feuilletonleser lächeln oder ob Sie mich mit verhaltenem Widerwillen anhören würden, auf keinen Fall würde ich mir schmeicheln, von Ihnen verstanden worden zu sein, auf keinen Fall würde ich annehmen, daß Sie meine Meinung anders als formal und scheinmäßig zur Kenntnis genommen hätten. Ich würde mich angegriffen sehen mit Argumenten, die mich nicht treffen, und in Schutz genommen von Argumenten, die mich nicht decken. Ich würde mir manchmal hilflos vorkommen wie ein unmündiges Kind und dann wieder der Verständigung entwachsen wie ein zu alter Mann: und das alles auf meinem eigenen Feld, in der einzigen Sache, von der ich möglicherweise etwas verstehe. Denn eine Art von Wohlerzogenheit würde Ihnen ja verbieten, den Streit auf die benachbarten, mir durch meine Unkenntnisse ganz verwehrten Gebiete, wie Geschichte, Sittengeschichte oder Soziologie, hinüberzudrängen. Aber auf meinem eigenen kleinen Felde würde ich Sie mit schweren Waffen gegen das kämpfen sehen, was ich für Vogelscheuchen ansehe, und heiter über Bäche streben, die ich für abgrundtiefe und tödlich starke, ewige Grenzen halte. Das größte Mißtrauen aber würde mich erfüllen, falls Sie mir etwa zustimmten; dann wäre ich doppelt überzeugt, daß Sie alles bildlich genommen hätten, was ich wörtlich gemeint hätte, oder daß irgendeine andere Täuschung geschehen wäre.

Alles Lob, das ich meinem Dichter spenden kann, wird Ihnen dürftig vorkommen: nur dünn und schwach wird es über eine breite Kluft des Schweigens zu Ihnen hintönen. Ihre Kritiker und Kunstrichter nehmen, wenn sie loben, den Mund voll wie wasserspeiende Tritonen: aber ihr Lob geht auf Trümmer und Teile, meines auf das Ganze, ihre Bewunderung aufs Relative, meine aufs Absolute.

Ich glaube, daß der Begriff des Ganzen in der Kunst überhaupt verlorengegangen ist. Man hat Natur und Nachbildung zu einem unheimlichen Zwitterding zusammengesetzt, wie in den Panoramen und Kabinetten mit Wachsfiguren. Man hat den Begriff der Dichtung erniedrigt zu dem eines verzierten Bekenntnisses. Eine ungeheuere Verwirrung haben gewisse Worte Goethes verschuldet, von einer zu feinen Bildlichkeit, um von Biographen und Notenschreibern richtig gefaßt zu werden. Man erinnert sich an die gefährlichen Gleichnisse vom Gelegenheitsgedicht und von dem »sich etwas von der Seele Schreiben«. Ich weiß nicht, was einem Panorama ähnlicher wäre, als wie man den »Werther« in den Goethebiographien hergerichtet hat, mit jenen unverschämten Angaben, wie weit das Materielle des Erlebnisses reiche und wo der gemalte Hintergrund anfange. Damit hat man sich ein neues Organ geschaffen, das Formlose zu genießen. Die Zersetzung des Geistigen in der Kunst ist in den letzten Jahrzehnten von den Philologen, den Zeitungschreibern und den Scheindichtern gemeinsam betrieben worden. Daß wir einander heute so gar nicht verstehen, daß ich zu Ihnen minder leicht über einen Dichter Ihrer Zeit und Ihrer Sprache reden kann, als Ihnen ein englischer Reisender über die Gebräuche und die Weltanschauung eines asiatischen Volkes etwas wirklich zur Kenntnis bringen könnte, das kommt von einer großen Schwere und Häßlichkeit, die viele staubfressende Geister in unsere Kultur gebracht haben.

Ich weiß nicht, ob Ihnen unter all dem ermüdenden Geschwätz von Individualität, Stil, Gesinnung, Stimmung und so fort nicht das Bewußtsein dafür abhanden gekommen ist, daß das Material der Poesie die Worte sind, daß ein Gedicht ein gewichtloses Gewebe aus Worten ist, die durch ihre An-ordnung, ihren Klang und ihren Inhalt, indem sie die Erinnerung an Sichtbares und die Erinnerung an Hörbares mit dem Element der Bewegung verbinden, einen genau umschriebenen, traumhaft deutlichen, flüchtigen Seelenzustand hervorrufen, den wir Stimmung nennen. Wenn Sie sich zu dieser Definition der leichtesten der Künste zurückfinden können, werden Sie etwas wie eine verworrene Last des Gewissens von sich abgetan haben. Die Worte sind alles, die Worte, mit denen man Gesehenes und Gehörtes zu einem neuen Dasein hervorrufen und nach inspirierten Gesetzen als ein Bewegtes vorspiegeln kann. Es führt von der Poesie kein direkter Weg ins Leben, aus dem Leben keiner in die Poesie. Das Wort als Träger eines Lebensinhaltes und das traumhafte Bruderwort, welches in einem Gedicht stehen kann, streben auseinander und schweben fremd aneinander vorüber, wie die beiden Eimer eines Brunnens. Kein äußerliches Gesetz verbannt aus der Kunst alles Vernünfteln, alles Hadern mit dem Leben, jeden unmittelbaren Bezug auf das Leben und jede direkte Nachahmung des Lebens, sondern die einfache Unmöglichkeit: diese schweren Dinge können dort ebensowenig leben als eine Kuh in den Wipfeln der Bäume.

»Den Wert der Dichtung« – ich bediene mich der Worte eines mir unbekannten aber wertvollen Verfassers – »den Wert der Dichtung entscheidet nicht der Sinn (sonst wäre sie etwa Weisheit, Gelahrtheit), sondern die Form, das heißt durchaus nichts Äußerliches, sondern jenes tief Erregende in Maß und Klang, wodurch zu allen Zeiten die Ursprünglichen, die Meister sich von den Nachfahren, den Künstlern zweiter Ordnung unterschieden haben. Der Wert einer Dichtung ist auch nicht bestimmt durch einen einzelnen, wenn auch noch so glücklichen Fund in Zeile, Strophe oder größerem Abschnitt. Die Zusammenstellung, das Verhältnis der einzelnen Teile zueinander, die notwendige Folge des einen aus dem andern kennzeichnet erst die hohe Dichtung.«

Ich füge zwei Bemerkungen hinzu, die sich beinahe von selbst ergeben: Das Rhetorische, wobei das Leben als Materie auftritt, und jene Reflexionen in getragener Sprache haben auf den Namen Gedicht keinen Anspruch.

Über das allein Ausschlaggebende, die Wahl der Worte und wie sie gesetzt werden müssen (Rhythmus), wird immer zuletzt beim Künstler der Takt, beim Hörer die Empfänglichkeit zu urteilen haben.

Dies, was allein das Wesen der Dichtung ausmacht, wird am meisten verkannt. Ich kenne in keinem Kunststil ein Element, das schmählicher verwahrlost wäre als das Eigenschaftswort bei den neueren deutschen sogenannten Dichtern. Es wird gedankenlos hingesetzt oder mit einer absichtlichen Grellmalerei, die alles lähmt. Die Unzulänglichkeit des rhythmischen Gefühles aber ist ärger. Es scheint beinahe niemand mehr zu wissen, daß das der Hebel aller Wirkung ist. Es hieße einen Dichter über alle Deutschen der letzten Jahrzehnte stellen, wenn man von ihm sagen könnte: Er hat die Adjektiva, die nicht totgeboren sind, und seine Rhythmen gehen nirgends gegen seinen Willen.

Jeder Rhythmus trägt in sich die unsichtbare Linie jener Bewegung, die er hervorrufen kann; wenn die Rhythmen erstarren, wird die in ihnen verborgene Gebärde der Leidenschaft zur Tradition, wie die, aus welchen das gewöhnliche unbedeutende Ballett zusammengesetzt ist.

Ich kann die »Individualitäten« nicht gut begreifen, die keinen eigenen Ton haben, deren innere Bewegungen sich einem beiläufigen Rhythmus anpassen. Ich kann ihre Uhlandschen, ihre Eichendorffschen Maße nicht mehr hören und beneide niemanden, der es noch kann, um seine groben Ohren.

Der eigene Ton ist alles; wer den nicht hält, begibt sich der inneren Freiheit, die erst das Werk möglich machen kann. Der Mutigste und der Stärkste ist der, der seine Worte am freiesten zu stellen vermag; denn es ist nichts so schwer, als sie aus ihren festen, falschen Verbindungen zu reißen. Eine neue und kühne Verbindung von Worten ist das wundervollste Geschenk für die Seelen und nichts Geringeres als ein Standbild des Knaben Antinous oder eine große gewölbte Pforte.

Man lasse uns Künstler in Worten sein, wie andere in den weißen und farbigen Steinen, in getriebenem Erz, in den gereinigten Tönen oder im Tanz. Man preise uns für unsere Kunst, die Rhetoren aber für ihre Gesinnung und ihre Wucht, die Weisheitslehrer für ihre Weisheit, die Mystiker für ihre Erleuchtungen. Wenn man aber wiederum Bekenntnisse will, so sind sie in den Denkwürdigkeiten der Staatsmänner und Literaten, in den Geständnissen der Ärzte, der Tänzerinnen und Opiumesser zu finden: für Menschen, die das Stoffliche nicht vom Künstlerischen zu unterscheiden wissen, ist die Kunst überhaupt nicht vorhanden; aber freilich auch für sie gibt es Geschriebenes genug.

Sie wundern sich über mich. Sie sind enttäuscht und finden, daß ich Ihnen das Leben aus der Poesie vertreibe.

Sie wundern sich, daß Ihnen ein Dichter die Regeln lobt und in Wortfolgen und Maßen das Ganze der Poesie sieht. Es gibt aber schon zu viele Dilettanten, welche die Intentionen loben, und das ganze Wertlose hat Diener an allen schweren Köpfen. Auch seien Sie unbesorgt: ich werde Ihnen das Leben wiedergeben. Ich weiß, was das Leben mit der Kunst zu schaffen hat. Ich liebe das Leben, vielmehr ich liebe nichts als das Leben. Aber ich liebe nicht, daß man gemalten Menschen elfenbeinene Zähne einzusetzen wünscht und marmorne Figuren auf die Steinbänke eines Gartens setzt, als wären es Spaziergänger. Sie müssen sich abgewöhnen, zu verlangen, daß man mit roter Tinte schreibt, um glauben zu machen, man schreibe mit Blut.

Ich habe Ihnen zu viel von Wirkung gesprochen und zu wenig von Seele. Ja, denn ich halte Wirkung für die Seele der Kunst, für ihre Seele und ihren Leib, für ihren Kern und ihre Schale, für ihr ganzes völliges Wesen. Wenn sie nicht wirkte, wüßte ich nicht, wozu sie da wäre. Wenn sie aber durch das Leben wirkte, durch das Stoffliche in ihr, wüßte ich wieder nicht, wozu sie da wäre. Man hat gesagt, daß unter den Künsten ein wechselseitiges Bestreben fühlbar sei, die eigene Sphäre der Wirkung zu verlassen und den Wirkungen einer Schwesterkunst nachzuhängen: als das gemeinsame Ziel alles solchen Andersstrebens aber hebt sich deutlich die Musik hervor, denn das ist die Kunst, in der das Stoffliche bis zur Vergessenheit überwunden ist.

Das Element der Dichtkunst ist ein Geistiges, es sind die schwebenden, die unendlich vieldeutigen, die zwischen Gott und Geschöpf hangenden Worte. Eine schöngesinnte Dichterschule der halbvergangenen Zeit hat viel Starrheit und enges Verstehen verschuldet, indem sie zu reichlich war im Vergleichen der Gedichte mit geschnittenen Steinen, Büsten, Juwelen und Bauwerken.

Mit dem obigen aber ist gesagt, warum die Gedichte sind wie die unscheinbaren aber verzauberten Becher, in denen jeder den Reichtum seiner Seele sieht, die dürftigen Seelen aber fast nichts.

Von den Veden, von der Bibel angefangen, können alle Gedichte nur von Lebendigen ergriffen, nur von Lebendigen genossen werden. Ein geschnittener Stein, ein schönes Gewebe gibt sich immer her, ein Gedicht vielleicht einmal im Leben. Ein großer Sophist hat an den Dichtern dieser Zeit getadelt, daß sie zu wenig von der Innigkeit der Worte wissen. Aber was wissen die Menschen dieser Zeit von der Innigkeit des Lebens! Die nicht Einsam-sein kennen und nicht Miteinander-sein, nicht Stolz-sein und nicht Demütig-sein, nicht Schwächer-sein und nicht Stärker-sein, wie sollen die in den Gedichten die Zeichen der Einsamkeit und der Demut und der Stärke erkennen? Je besser einer reden kann und je stärker in ihm das scheinhafte Denken ist, desto weiter ist er von den Anfängen der Wege des Lebens entfernt. Und nur mit dem Gehen der Wege des Lebens, mit den Müdigkeiten ihrer Abgründe und den Müdigkeiten ihrer Gipfel wird das Verstehen der geistigen Kunst erkauft. Aber die Wege sind so weit, ihre unaufhörlichen Erlebnisse zehren einander so unerbittlich auf, daß die Sinnlosigkeit alles Erklärens, alles Beredens sich auf die Herzen legt, wie eine tödliche und doch göttliche Lähmung, und die wahrhaft Verstehenden sind wiederum schweigsam wie die wahrhaft Schaffenden.

Sie haben mich kommen lassen, damit ich Ihnen von einem Dichter erzähle. Aber ich kann Ihnen nichts erzählen, was Ihnen seine Gedichte nicht erzählen können, weder über ihn, noch über andere Dichter, noch über Dichtung überhaupt. Was das Meer ist, darum darf man am wenigsten die Fische fragen. Nur höchstens daß es nicht von Holz ist, erfährt man von ihnen.

DIE REDE GABRIELE D'ANNUNZIOS
Notizen von einer Reise im oberen Italien

Vicenza, den 19. August [1897]

In den Pässen, die vom großen Gebirge in dieses Land herabführen, in den Dörfern, die übers Hügelland verstreut sind, in diesen Städten des venezianischen und lombardischen Gebietes ermüde ich die Augen am Anblick der ehernen und steinernen Gedenktafeln, womit man das Andenken der für die Befreiung des Landes von Österreich Gefallenen ehrt. Ich finde diese Tafeln in die Mauern der kleinen Pfarrkirchen eingelassen, an die Balkone der Rathäuser geschmiedet; Landzungen, die in einen See hineinschneiden, Brückenköpfe, Talengen, die Säulengänge der alten kleinen Städte, abhängende Wände im Bergland sind mit ihnen behängt. Dem Österreicher, der hier wandert, scheint die dämmernde Abendluft beladen mit den Nachgesichten einer sorg- und grauenvollen Zeit. Wachtfeuer scheinen ihm aufzuglühen, rote Flammen spendend, und der Boden den Widerschein vergossenen Blutes zu hauchen. Keiner kleinen Herberge fehlt ein Korridor, der in schlechten, farbigen oder grauen Bildern, altmodisch eingerahmt, mit der Erinnerung an diese Kämpfe geschmückt ist. Tritt man näher, die Namen zu lesen: Monte Berico, Novara, Mortara, Peschiera, Varese, Brescia... so haucht das Bild dieser Straßenkämpfe, dieser zerschossenen Friedhofsmauern, bedeckt mit den verwundeten Leibern schöner junger Menschen und Leichen von Adeligen, Bürgerssöhnen, Gelehrten, Dichtern, Handwerkern, einen leisen Duft von Moder aus, und das mit schönem Blut und den brechenden Blicken junger Helden bedeckte Papier ist in seinen Rändern gelblich geworden.

Bergamo, den 24. August

Von den bunten Marmorfliesen der Kapelle, in welcher der berühmte und große Söldnerkapitän Bartholomäus Colleoni, seine junge Tochter Medea und ihr zahmer Sperling begraben liegen, fällt in diese enge alte Gasse nur jetzt unter der heißen Sommersonne ein Abglanz. Hier ist ein langer, wurmstichiger Tisch, mit rostigen Ketten in der Mauer befestigt und über und über mit alten Büchern bedeckt. Ich glaube, es sind alle Bücher hier, die in Italien von Anfang bis gegen das Ende dieses Jahrhunderts berühmt waren. Ich sehe den berühmten Roman von Manzoni, das Buch, in dessen Helden die jungen Männer und die jungen Frauen Italiens sich selbst erkannten, während die Pest und die Herrschaft der Fremden den dunklen Hintergrund bilden. Ich sehe das unsterbliche Gedicht von Foscolo, welches »Die Gräber« heißt, das Gedicht, in welchem der Zorn Dantes, das Gebet der Elektra und die Prophezeiung der Kassandra in düsterer Glut ineinander verflochten sind, und daneben liegen jene »Letzten Briefe des Jacopo Ortis«, die man dem »Werther« vergleichen dürfte, wenn nicht glühende Empfindung für das Vaterland in ihnen einen solchen Raum einnähme. Ich sehe die furchtbare Klageschrift des Pellico, »Meine Gefängnisse«. Und daneben, durcheinander hingewühlt, die zahllosen Bücher, in denen das Denken der Denker, das Dichten der Dichter seinen eigentlichen Stoff verläßt, den Abenteuern vergangener Zeiten, den Spielen des Zufalls und der Liebe, den Rätseln der Erkenntnis immer mehr und mehr die Schultern zuwendet und die beiden offenen fieberhaften Augen nur auf dies eine heftet: das Land, die Leiden des geliebten Landes und die Möglichkeiten seiner Freiheit und seines Glückes. Sie liegen hier übereinander, diese berühmten Bücher, mit keiner anderen Gebärde, als dort auf den Gedächtnisbildern die Leichen der jungen

Leute auf geborstenen Kanonen und zerschossenen Mauern. In jeder ihrer Tausenden und Tausenden von Zeilen atmen sie Tat, nichts als Tat, die eine Tat, an der alles Glück, alle Würdigkeit des Daseins zu hängen schien.

Varese, den 26. August

Ich finde eine neapolitanische Zeitung, die in sieben riesigen Spalten den Text der Rede enthält, welche der größte, der einzige große Dichter des gegenwärtigen Italiens vorgestern gehalten hat, vor den Leuten eines mittelitalianischen Bezirkes, seiner Heimat, damit sie ihn als Abgeordneten ihres Landstriches nach Rom schicken.

Die Pfeiler des großen Saales, in dem er redete, waren mit Gedenktafeln geschmückt. Diese enthielten nicht die Namen der Männer, welche für das Vaterland gestorben sind, auch nicht die Namen der Tage, an welchen berühmte Städte oder Königreiche ihre früheren Besitzer verjagten und sich als einen Teil des geeinigten Italiens bekannten, sondern sie trugen die Namen der acht oder zehn Bücher, welche seit fünfzehn Jahren Gabriele d'Annunzio aus den schönsten Worten der italienischen Sprache zusammengesetzt und mit den vielfältigsten, geheimnisvollsten und ergreifendsten Gedanken angefüllt hat.

Ich versuche den Gang dieser merkwürdigen Rede anzudeuten, wobei ich ihr großen Schaden tue, da sie ein Ganzes ist, ein rhetorisches Kunstwerk, zwischen dessen einzelnen Teilen notwendige und unnachahmliche Beziehung herrscht:

»Ihr Leute aus meiner Heimat, ich habe mit euch von den Banden zu reden, die den Geist eines Dichters mit dem Boden seines Landes verknüpfen. Ein Genosse dieser ungeheueren Zeit, vermag ich in meiner Kunst doch nichts auszudrücken, als indem ich es mit dem Leuchten der reifen

Früchte, mit den schwanken Ähren, mit dem Summen der Bienen vermenge, mit dem sanftmütigen Schauen der Kinder, mit der lieblichen Krümmung unserer Buchten, mit dem Blinken unseres Pfluges. Indem ich meinen Blick auf den schimmernden Strohhalm im Staub hefte, vermag ich in eine schwere Wahrheit einzudringen. Glühende Gedanken erweckt in mir die Gebärde des Mannes, der das schwellende, duftende, frische Brot in den Ofen hebt, Wundervolles taucht in mir auf, wenn ich das junge Lamm saugen sehe und aus dem Schatten her das Tönen des Bienenstockes mich umschwebt. Ich will mich rühmen vor euch, ihr Männer aus meinem Lande. Zwischen die verbrannten und schwieligen Hände des Bauern, in denen er in der feierlichen Stille des Sonntags unter dem Eichbaum sitzend einen heiligen Text zu halten gewohnt ist, möchte ich dasjenige von meinen Büchern legen, in welchem ich mit der grausamsten Kühnheit das langsame Sterben eines der Liebe und des Lebens unwürdigen Menschen geschildert habe.« (Hier meint er eines seiner berühmtesten Bücher, den »Triumph des Todes«.) »Und wenn das geschriebene Wort durch ein Wunder sich in die greifbaren Dinge verwandeln könnte, deren Gedankensymbole es enthält, so müßte es geschehen, daß der Mann, von ungeheuerem Staunen getroffen, das volle Gewicht seiner eigenen ländlichen Welt auf der flachen Hand zu tragen meinte, wie auf alten Bildern die Kaiser eine Weltkugel tragen. Sein Haus aus Lehm und Stroh, sein Wasser, sein Brot und die Lieder seiner Töchter bei der Arbeit, dies alles müßte nun vor seinen Augen heiliger scheinen als zuvor. Und wenn ich an irgendeinem Abend etwa in sein Haus zu treten käme, er würde sich mit Ehrfurcht erheben, nicht als vor seinem Herrn, doch als vor einem, der eine große und gute Macht über sein ganzes Dasein hat. Und er würde sprechen: ›Dieser kennt mich wohl und zeigt mir mein Gutes.‹

Dessen rühme ich mich. Wie das Wasser und das Brot, so halfen die Gleichnisse, die mein Griffel hinschreibt, das Leben unseres Stammes erhalten. Und wenn einem jeden von euch mein ganzes Werk völlig unbekannt wäre, und wenn keiner von euch meine Sprache verstanden hätte, ich euch ein Fremder schiene, aus unbekannten Ländern hergewandert: mein Wort würde deswegen nicht weniger leuchtend ausdrücken, was in euerem Denken dämmernd liegt, – und wenn keiner in mir den Offenbarer des ewigen Strebens anerkennen wollte, des dunklen unsterblichen Strebens, das unser Volk nach seinen Schicksalszielen hindrängt, so wäre darum meine Gegenwart nicht minder voll einer erhabenen und wohltätigen Bedeutung.

Es liegt in der Menge eine Schönheit verborgen, der nur der Dichter und der Held Blitze zu entlocken vermögen. Das Wort des Dichters, wenn es über das Gedränge hinfliegt, ist Tat, wie die Gebärde des Helden. Einmal kommt der Augenblick, wo für den Dichter die Materie des Lebens nicht länger nur durch ungreifbare Symbole hervorgerufen wird, sondern wo sich ihm das Leben als Ganzes offenbart, der Rhythmus seiner Satzgefüge sich zu atmenden berührbaren Gestalten entbildet, die Idee sich in der Fülle der Kraft und Freiheit verkündet.

Hier nun ist endlich Tat. Die männliche Tat, nach der es unsere Seelen verlangt, nach der wir uns bis zu schmerzlicher Verstörtheit sehnen, wir alle, die wir zwischen den Ruinen des Vaterlandes unsere betrogene Jugend hinabsinken sehen ... So bin ich dahingekommen, Tragödien zu schreiben: um in einigen zornigen und edlen Gebärden etwas Erhabenheit und Schönheit aus dem flutenden zudringlichen Schwall des Gemeinen zu retten, der heute die auserlesene Erde bedeckt, auf der Leonardo seine gebietenden Madonnen und Michelangelo seine niebezwungenen Helden bildete. Und so bin ich ferner dahingekommen, vor euch hinzutreten und aus eueren Händen eine bürgerliche Macht zu verlangen. Es gibt Leute, die über diesen meinen Entschluß allzu verwundert tun. Es ist Zeit, albernen Fabeln ein Ende zu machen und ein falsches Bild von mir zu zerstören. Es ist nicht mehr die Zeit, einsam im Schatten des Lorbeers und der Myrte zu träumen.

Die Geistigen müssen nun alle ihre Kräfte zusammennehmen, um so wie in einem Kriege die Sache des Geistes gegen die Barbaren zu verteidigen. Wenn sie leben wollen, so ziemt es ihnen von nun an, jedem Zwiespalt zwischen Denken und Tuen ein Ende zu machen. Erringen müssen sie den Platz, der ihnen gebührt zuoberst in der Ordnung der Stände. Den Waffen, den Religionen, dem Reichtum folge in der Herrschaft die Kaste, für die noch kein Name geprägt ist, in der die Bedingungen des höchsten geistigen Daseins vereint sind.

Ist dies die Stunde für solchen Umschwung?

Erinnert ihr euch des wundervollen Traumes, den wir einmal träumten? Wir alle, die wir – es ist lange her, wir waren Kinder, die wir heute Männer sind – aus unseren kleinen Betten aufgeschreckt wurden, an einem Abend im September, wundervoll aufgeschreckt durch trunkenes Geschrei und jubelnde Fanfaren: sie verkündeten die ungeheuerste Eroberung[1], und in die erschreckte kleine Seele warf man uns zugleich mit der jähen Röte der Fackeln den Namen Rom, und unsere Pädagogen lehrten uns die blutigen Gestalten der Kämpfer verehren, und wir vermischten sie mit jenen, die klirrend und funkelnd aus den Seiten des Plutarch hervorsahen, und mit unendlichem Zutrauen wandten wir

---

1 Der 20. September ist, wie man weiß, der Gedenktag der Eroberung Roms durch das geeinigte Italien.

unsere Gesichter dem Leben zu ... Erinnert ihr euch? Wie vielen ist nun eine blühende Jugend öde und unfruchtbar geworden! Wie viele klare Augen wurden krank und konnten den Anblick der Sonne nicht mehr ertragen! Wie vielen fiel ihr eigener männlicher Wille vor die trägen Füße und blieb dort liegen, wie die abgehauenen Hände, die Herodot vor den Füßen der Kolosse zu Sais liegen sah.

Wessen die Schuld? Wenn sie fast alle hingingen, ihre Traurigkeit zu pflegen in einem einsamen Garten, wenn der sich in seine Zelle einschloß und die Glut seines Denkens auf seine Seele heftete, um sie zu zergliedern, wenn jener andere seinen Ekel mit leeren Spielen zu betrügen suchte, wenn ein anderer endlich seinen Traum verleugnete und eine Maske vors Gesicht band, sich der Menge preiszugeben, ... wessen die Schuld? Alle vielleicht waren größer als ihr Geschick. Aber zu schwer entmutigte und empörte sie die plötzliche Enttäuschung. An der Schwelle der Jugend, die Hände angefüllt mit dem Samen der Hoffnung, voll Vertrauens in die Wunderkraft eines Bodens, den das reichste Blut ihres Volkes getränkt hatte, vermochten sie jenseits ihrer Betrübnis nichts zu sehen als elenden Kot, in dem sich eine verächtliche Menge bewegte und feilschte, als in ihrem natürlichen Elemente.

Wessen die Schuld? Wahrlich, wahrlich, es hätte geziemt, einzig hätte es gefrommt, die Männer, die man Befreier nannte, zu nehmen und zu opfern und dann unter die Grundfesten des dritten Roms sie zu werfen und nach dem alten Totenbrauch auch zu ihren Füßen und ihnen zur Seite und in ihre Befreierhände alle die Dinge zu legen, welche sie liebten und wert hielten, und aus den Falten der Berge die schwersten Blöcke von Granit loszureißen und herbeizuwälzen, ihre ehrwürdigen Gräber für immer, für immer zu verschließen. Dann sähen wir sie mit den Augen der Seele immerfort von den Flammenwirbeln der Revolution umgeben, und ihre schöne Gebärde wäre uns von weitem eine heroische Mahnung fürs Leben.

Sie aber, in Wahrheit, treten mit erblindeten Augen aus der Flamme hervor. Sie konnten die Gedanken nicht mehr lesen, mit denen die göttliche leuchtende Stirn des Vaterlandes beladen war, als man den Staub, den Schweiß und das Blut von ihr weggewischt hatte. In ihren Pulsen war das großmütige Fieber erloschen, und sie erschienen uns in aller Erniedrigung ihres greisenhaften Verfalles; aber ihre Hände, wenn auch schwach und zitternd, behielten doch noch gerade Kraft genug, um die einzig anbetungswürdigen Dinge anzurühren und ihnen Gewalt anzutun.

Wer von den Männern, die zur Regierung Italiens berufen wurden, hat bis heute gezeigt, daß er die Idee begriffen hätte, der unser Volk durch die tausendjährigen Wechsel hindurch von seinem Genius entgegengeführt wird?

Dieses ist die Wahrheit, welche ich stolz und froh bin, einem Volke, das mir zuhört, entgegenzurufen, des Lachens der Philister in großer Verachtung bewußt: – das Schicksal Italiens ist nicht zu trennen von den Geschicken der Schönheit, deren Mutter Italien ist. Dies ist die erhabene Wahrheit, zu der wir aufschauen als zu einer Sonne. – – –

Weh, wie wurde durch blöde und unreine Hände alles entstellt und heillos erniedrigt! – – –

Begreift mich, nehmt meine wahrhaftige Rede auf, liebe Landsleute, liebe Brüder. Die Wahrheit, die sich auf meinen Lippen formt, ist den Wurzeln eures Wesens schon eingeritzt: sie ist in Urworten dem Boden entsprungen: sie ist eins mit dem Wesen des Landes und der Leute. Wie ich das Leben sehe, das kommt nirgend anderswo her als aus den Zeugnissen eines früheren, schöneren und gewaltigeren Lebens, denen, welche ich im Lande und im Volke erkenne. Unzerstörbar ist in uns die Seele der Väter, und noch immer brauchen wir unsere Kräfte unter der unbewußten Herrschaft der uralten Instinkte. – – – «

(Hier redet d'Annunzio von vielen Ereignissen der italienischen Geschichte, in welchen er unaufhörlich die Offenbarung zweier großer Kräfte erkennt: eines konservativen und eines erobernden Instinktes. Er erwähnt eine scheinbar neue, in Wahrheit uralte Lehre, die Kraft und Besitz des einzelnen völlig dem Gemeinwesen unterordnen will, und verwirft sie.)

»Preisen wir aufstrebendes Leben! preisen wir Wahrheiten, welche befreien! Es ist kein Heil und keine Schönheit außerhalb des Ringens, in welchem ein Mensch, gebadet in Freiheit, alle Kräfte seines ganzen Wesens hergibt und bis zum letzten Atemzuge das tut, was die unfehlbare Stimme in seinem Blute, der Genius seines Stammes ihn tun heißt. Er gleicht jenem Helden der alten Lieder, dem zu der eigenen Stärke die Stärke aller Krieger hinzuwuchs, die von seiner Hand gefallen waren.

So laßt uns noch einmal mit lauter und fester Stimme die befreienden Wahrheiten wiederholen: Um soviel tugendhafter ist ein Mensch, als er sich mehr bemüht, sein Dasein zu steigern. Das Geschick Italiens ist untrennbar von den Schicksalen des Schönen, dessen Mutter Italien ist. Lateinischer Geist wird nicht anders seine Vorherrschaft in der Welt zurückgewinnen als unter der Bedingung, daß der Kult des ungebrochenen Willens wiederhergestellt wird und daß jenes Empfinden unangetastet bleibt, dem zu Ehren das alte Latium ein tiefsinniges Fest, das Fest der Grenzsteine, besaß.

Euch sicher ist dieses Empfinden heilig, ihr Bauern aus meinem Land, die ihr mit sorglicher und beharrlicher Mühe um den Rand eures Ackers die zähe Hecke zieht. Ich sage es euch, ihr Ackersleute, niemals genug zäh und dicht und dornig und lebendig ist die Hecke, womit ihr den fruchtbaren Boden einschließt, den euer Eisen aufwirft und euer Schweiß befruchtet. Stärket sie noch; macht, daß sie festere Wurzeln, stärkere Knoten treibt, denn einer droht sie zu entreißen, sie niederzuschlagen, sie auszureißen, keine Spur von ihr übrigzulassen, und er fürchtet nicht, den unterirdischen Göttern dafür zu verfallen.

Schön und vom Himmel beschützt ist die Hecke, die um das geackerte Feld läuft, ihr Bauern; ihr liebt sie, und ich liebe sie, wenn sie weiß erblüht ist, wenn sie von roten Blüten leuchtet. Aber kann sein, ihr wisset selber nicht, so wie ich es weiß, *wie* lebendig sie ist. Wenige Dinge in dieser Welt sind so lebendig, so unverletzlich wie die Hecke, die das gepflügte Feld umschließt, ihr Bauern.

Und da ihr in meinen Augen meine Liebe für dieses lebendige und heilige Ding lest, so lächelt ihr mir über die Blüten und Beeren hin zu, wenn ich den Rain entlanggehe. Und mehr als einmal bin ich stehengeblieben, die Pracht euerer Hecke zu loben. Und ihr waret zufrieden, und doch wußtet ihr nicht von dem Lichte, in dem ich sie erblickte, und von dem göttlichen Sinn, der in meinem Lob verborgen lag. Ihr freut euch, wenn ich an eurer Arbeit vorübergehe. Jedesmal kommt euer Gruß mit Freudigkeit zu mir. Es lebt in euch eine natürliche Ehrfurcht für den Dichter, der die Dinge der Erde liebt, mit reinem Sinne den Sterz des Pfluges anrührt, mit Demut auf die jungen eingehüllten Blätter hinsieht.

Und da ihr mich wie einen Freund geheißen habt, in euere Häuser zu treten, und mir Früchte und Brot an euerem Tisch geboten habt, so habe ich euch den Rat wiederholt, den ein längst verstorbener Dichter mit Namen Hesiod einem längst verstorbenen Ackersmann mit Namen Perses gegeben hat: ›O Perses, dies bewahre in deinem Sinn: Der Neid, der sich am Übel freut, möge dich nie von deiner Arbeit fortlocken, nie mögest du dein Ohr dem Gerede des Marktplatzes hingeben ...‹ Und noch fügt Hesiod hinzu: ›Töricht alle, die nicht wissen, daß manchesmal die Hälfte mehr wert ist als das Ganze und welch ein großes Gut die Malve und der Asphodelus sind ...‹ Und ihr habt mich verstanden, und einer von euch hat mir mit weißen Zähnen lächelnd einen Oleander hingehalten, der ein Lorbeer mit Rosenblüten ist.

Versteht auch ihr mich, nehmet auch ihr meine ehrliche Rede auf, ihr Leute aus den Städten!

Meine Einsamkeit ist nur ein Schein. Meine Rede ist nicht die Rede dessen, der einzeln steht: sie ist der Widerhall eines Chores, den ihr nur darum nicht hört, weil er aus eueren innersten Fibern hervordringt. Nehmt mich auf, ihr alle. Ich sage euch, ihr habt mich verstanden. Was bedeutet die Beschimpfung, die einer von euch mir zuschleudert, weil er mich noch nicht erkannt hat? Was schadet der Haß, der noch in irgendeines Augen funkelt? Eines Tages – vielleicht heute, vielleicht bevor noch diese Sonne hinuntergeht – werde ich in das Haus dieses Menschen eintreten, und er wird sich lächelnd erheben, meiner Sanftmut entgegenzugehen. Ich werde in seiner Kammer das Licht anzünden. Er wird sich an mich als Kind erinnern. Ich werde ihm das Wort auf die Lippen legen, das er nicht auszusprechen vermöchte ...«

Venedig, im September

D'Annunzio ist gewählt; übrigens wird die Wahl angefochten. Ich habe vieles gelesen, was die Leute in den Zeitungen über seine Rede geschrieben haben.

Sie wissen nichts an den Dingen zu sehen als das Vorderste. Sie lachen, daß er zu den Bauern und Handwerkern in Gleichnissen vom Wert des Daseins gesprochen hat und nicht von Steuern, Vizinalbahnen, diebischen Bankdirektoren, Rekrutenaushebungen und dem anderen, was rings über Italien das Wirkliche, das Leben auszumachen scheint. Man nennt den Inhalt dieser Rede lächerliche Ideologie. Man sollte nicht vergessen, daß Ideologie in allen großen Revolutionen eine furchtbare und gewaltige Macht war und daß die größte aller Revolutionen in jedem ihrer Augenblicke ebenso reich an Deklamation wie an Tat war...

Aber auch hier, in dieser geheimnisvollen, unzerstörbaren Stadt, ist man geneigt, anders über diese unwägbaren Dinge zu denken. Der gewählte Fürst und Feldherr dieser Stadt, der Doge, der seine Flotten in allen Meeren hat und seine Gesandten an allen Höfen, kniet vor einem geflügelten Löwen, oder vielmehr: er kniet vor einem Buch, das der Löwe in den Pranken hält. Und der Palast des Rates und die Hallen der Zünfte, diese Häuser, in denen alles wirkliche, alles greifbare Leben eines überaus mächtigen Gemeinwesens zusammenfloß: aufgehäufter Reichtum, Prunk und Stolz des Handwerkes, Überblick der Welt, ungeheueres Selbstbewußtsein, alle diese Hallen und Häuser sind auf eine geheimnisvolle Weise mit ihren Beschützern, den Heiligen, verknüpft, so als wie mit lebendigen Wesen, nicht bloß mit jenem einen, dem Herrn des geflügelten Löwen, dem immerwährenden, unsichtbaren Dogen, sondern auch mit vielen anderen Heiligen, und eine ungeheuere, kaum mehr faßbare Ideologie umschwebt diese marmorne Stadt, strebt aus den wundervoll leichten Wolken nieder, liegt rings im glänzenden Meer verborgen, scheint das ganze geheimnisvolle Gebilde aus Brücken, Palästen und Türmen mit geistigen Kräften schwebend zu halten, wie in jener Sage des Koran die unsichtbaren Hände der Engel den heiligen Stein zwischen Himmel und Erde schwebend erhalten. Hier in leise fiebernder, durchleuchteter Luft, aus der einst königliche

Willenskraft und unerhörte Macht hervorflog, wie der Blitz aus einer leichten, goldigen Wolke, ist es schön und leicht, der Seelenverfassung eines bedeutenden Künstlers unserer Zeit nachzudenken, der mit so neuen befremdlichen Tönen im Durcheinanderspiel der verworrenen Weltmächte seinen Platz begehrt, einen Platz, für den heute noch kein Name geprägt ist.

DER »CHANDOS«-BRIEF,
ERFUNDENE GESPRÄCHE UND
SCHRIFTEN BIS 1914

Dies ist der Brief, den Philipp Lord Chandos, jüngerer Sohn des Earl of Bath, an Francis Bacon, später Lord Verulam und Viscount St. Albans, schrieb, um sich bei diesem Freunde wegen des gänzlichen Verzichtes auf literarische Betätigung zu entschuldigen.

Es ist gütig von Ihnen, mein hochverehrter Freund, mein zweijähriges Stillschweigen zu übersehen und so an mich zu schreiben. Es ist mehr als gütig, Ihrer Besorgnis um mich, Ihrer Befremdung über die geistige Starrnis, in der ich Ihnen zu versinken scheine, den Ausdruck der Leichtigkeit und des Scherzes zu geben, den nur große Menschen, die von der Gefährlichkeit des Lebens durchdrungen und dennoch nicht entmutigt sind, in ihrer Gewalt haben.

Sie schließen mit dem Aphorisma des Hippokrates: »Qui gravi morbo correpti dolores non sentiunt, iis mens aegrotat« und meinen, ich bedürfe der Medizin nicht nur, um mein Übel zu bändigen, sondern noch mehr, um meinen Sinn für den Zustand meines Innern zu schärfen. Ich möchte Ihnen so antworten, wie Sie es um mich verdienen, möchte mich Ihnen ganz aufschließen und weiß nicht, wie ich mich dazu nehmen soll. Kaum weiß ich, ob ich noch derselbe bin, an den Ihr kostbarer Brief sich wendet; bin denn ichs, der nun Sechsundzwanzigjährige, der mit neunzehn jenen »Neuen Paris«, jenen »Traum der Daphne«, jenes »Epithalamium« hinschrieb, diese unter dem Prunk ihrer Worte hintaumelnden Schäferspiele, deren eine himmlische Königin und einige allzu nachsichtige Lords und Herren sich noch zu entsinnen gnädig genug sind? Und bin ichs wiederum, der mit dreiundzwanzig unter den steinernen Lauben des großen Platzes von Venedig in sich jenes Gefüge lateinischer Perioden fand, dessen geistiger Grundriß und Aufbau ihn im Innern mehr entzückte als die aus dem Meer auftauchenden Bauten des Palladio und Sansovin? Und konnte ich, wenn ich anders derselbe bin, alle Spuren und Narben dieser Ausgeburt meines angespanntesten Denkens so völlig aus meinem unbegreiflichen Innern verlieren, daß mich in Ihrem Brief, der vor mir liegt, der Titel jenes kleinen Traktates fremd und kalt anstarrt, ja daß ich ihn nicht als ein geläufiges Bild zusammengefaßter Worte sogleich auffassen, sondern nur Wort für Wort verstehen konnte, als träten mir diese lateinischen Wörter, so verbunden, zum ersten Male vors Auge? Allein ich bin es ja doch und es ist Rhetorik in diesen Fragen, Rhetorik, die gut ist für Frauen oder für das Haus der Gemeinen, deren von unserer Zeit so überschätzte Machtmittel aber nicht hinreichen, ins Innere der Dinge zu dringen. Mein Inneres aber muß ich Ihnen darlegen, eine Sonderbarkeit, eine Unart, wenn Sie wollen eine Krankheit meines Geistes, wenn Sie begreifen sollen, daß mich ein ebensolcher brückenloser Abgrund von den scheinbar vor mir liegenden literarischen Arbeiten trennt als von denen, die hinter mir sind und die ich, so fremd sprechen sie mich an, mein Eigentum zu nennen zögere.

Ich weiß nicht, ob ich mehr die Eindringlichkeit Ihres Wohlwollens oder die unglaubliche Schärfe Ihres Gedächtnisses bewundern soll, wenn Sie mir die verschiedenen kleinen Pläne wieder hervorrufen, mit denen ich mich in den gemeinsamen Tagen schöner Begeisterung trug. Wirklich, ich wollte die ersten Regierungsjahre unseres verstorbenen glorreichen Souveräns, des achten Heinrich, darstellen! Die hinterlassenen Aufzeichnungen meines Großvaters, des Herzogs von Exeter, über seine Negoziationen mit Frankreich und Portugal gaben mir eine Art von Grundlage. Und aus dem Sallust floß in jenen glücklichen, belebten Tagen wie durch nie verstopfte Röhren die Erkenntnis der Form in mich herüber, jener tiefen, wahren, inneren Form, die jenseits des Geheges der rhetorischen Kunststücke erst geahnt werden kann, die, von welcher man nicht mehr sagen kann, daß sie das Stoffliche anordne, denn sie durchdringt es, sie hebt es auf und schafft Dichtung und Wahrheit zugleich, ein Widerspiel ewiger Kräfte, ein Ding, herrlich wie Musik und Algebra. Dies war mein Lieblingsplan.

Was ist der Mensch, daß er Pläne macht!

Ich spielte auch mit anderen Plänen. Ihr gütiger Brief läßt auch diese heraufschweben. Jedweder vollgesogen mit einem Tropfen meines Blutes, tanzen sie vor mir wie traurige Mücken an einer düsteren Mauer, auf der nicht mehr die helle Sonne der glücklichen Tage liegt.

Ich wollte die Fabeln und mythischen Erzählungen, welche die Alten uns hinterlassen haben, und an denen die Maler und Bildhauer ein endloses und gedankenloses Gefallen finden, aufschließen als die Hieroglyphen einer geheimen, unerschöpflichen Weisheit, deren Anhauch ich manchmal, wie hinter einem Schleier, zu spüren meinte.

Ich entsinne mich dieses Planes. Es lag ihm ich weiß nicht welche sinnliche und geistige Lust zugrunde: Wie der gehetzte Hirsch ins Wasser, sehnte ich mich hinein in diese nackten, glänzenden Leiber, in diese Sirenen und Dryaden, diesen Narcissus und Proteus, Perseus und Aktäon: verschwinden wollte ich in ihnen und aus ihnen heraus mit Zungen reden. Ich wollte. Ich wollte noch vielerlei. Ich gedachte eine Sammlung »Apophthegmata« anzulegen, wie deren eine Julius Cäsar verfaßt hat: Sie erinnern die Erwähnung in einem Briefe des Cicero. Hier gedachte ich die merkwürdigsten Aussprüche nebeneinanderzusetzen, welche mir im Verkehr mit den gelehrten Männern und den geistreichen Frauen unserer Zeit oder mit besonderen Leuten aus dem Volk oder mit gebildeten und ausgezeichneten Personen auf meinen Reisen zu sammeln gelungen wäre; damit wollte ich schöne Sentenzen und Reflexionen aus den Werken der Alten und der Italiener vereinigen, und was mir sonst an geistigen Zieraten in Büchern, Handschriften oder Gesprächen entgegenträte; ferner die Anordnung besonders schöner Feste und Aufzüge, merkwürdige Verbrechen und Fälle von Raserei, die Beschreibung der größten und eigentümlichsten Bauwerke in den Niederlanden, in Frankreich und Italien und noch vieles andere. Das ganze Werk aber sollte den Titel »Nosce te ipsum« führen.

Um mich kurz zu fassen: Mir erschien damals in einer Art von andauernder Trunkenheit das ganze Dasein als eine große Einheit: geistige und körperliche Welt schien mir keinen Gegensatz zu bilden, ebensowenig höfisches und tierisches Wesen, Kunst und Unkunst, Einsamkeit und Gesellschaft; in allem fühlte ich Natur, in den Verirrungen des Wahnsinns ebensowohl wie in den äußersten Verfeinerungen eines spanischen Zeremoniells; in den Tölpelhaftigkeiten junger Bauern nicht minder als in den süßesten Allegorien; und in aller Natur fühlte ich mich selber wenn ich auf meiner Jagdhütte die schäumende laue Milch in mich hineintrank, die ein struppiges Mensch einer schönen, sanftäugigen Kuh aus dem Euter in einen Holzeimer niedermolk, so war mir das nichts anderes, als wenn ich, in der dem Fenster eingebauten Bank meines studio sitzend, aus einem Folianten süße und schäumende Nahrung des Geistes in mich sog. Das eine war wie das andere; keines gab dem andern weder an traumhafter überirdischer Natur, noch an leiblicher Gewalt nach, und so gings fort durch die ganze Breite des Lebens, rechter und linker Hand; überall war ich mitten drinnen, wurde nie ein Scheinhaftes gewahr: Oder es ahnte mir, alles wäre Gleichnis und jede Kreatur ein Schlüssel der andern, und ich fühlte mich wohl den, der imstande wäre, eine nach der andern bei der Krone zu packen und mit ihr so viele der andern aufzusperren, als sie aufsperren könnte. Soweit erklärt sich der Titel, den ich jenem enzyklopädischen Buche zu geben gedachte.

Es möchte dem, der solchen Gesinnungen zugänglich ist, als der wohlangelegte Plan einer göttlichen Vorsehung erscheinen, daß mein Geist aus einer so aufgeschwollenen Anmaßung in dieses Äußerste von Kleinmut und Kraftlosigkeit zusammensinken mußte, welches nun die bleibende Verfassung meines Innern ist. Aber dergleichen religiöse Auffassungen haben keine Kraft über mich; sie gehören zu den Spinnennetzen, durch welche meine Gedanken hindurchschießen, hinaus ins Leere, während so viele ihrer Gefährten dort hangenbleiben und zu einer Ruhe kommen. Mir haben sich die Geheimnisse des Glaubens zu einer erhabenen Allegorie verdichtet, die über den Feldern meines Lebens steht wie ein leuchtender Regenbogen, in einer stetigen Ferne, immer bereit, zurückzuweichen, wenn ich mir einfallen ließe hinzueilen und mich in den Saum seines Mantels hüllen zu wollen.

Aber, mein verehrter Freund, auch die irdischen Begriffe entziehen sich mir in der gleichen Weise. Wie soll ich es versuchen, Ihnen diese seltsamen geistigen Qualen zu schildern, dies Emporschnellen der Fruchtzweige über meinen ausgereckten Händen, dies Zurückweichen des murmelnden Wassers vor meinen dürstenden Lippen?

Mein Fall ist, in Kürze, dieser: Es ist mir völlig die Fähigkeit abhanden gekommen, über irgend etwas zusammenhängend zu denken oder zu sprechen.

Zuerst wurde es mir allmählich unmöglich, ein höheres oder allgemeineres Thema zu besprechen und dabei jene

Worte in den Mund zu nehmen, deren sich doch alle Menschen ohne Bedenken geläufig zu bedienen pflegen. Ich empfand ein unerklärliches Unbehagen, die Worte »Geist«, »Seele« oder »Körper« nur auszusprechen. Ich fand es innerlich unmöglich, über die Angelegenheiten des Hofes, die Vorkommnisse im Parlament, oder was Sie sonst wollen, ein Urteil herauszubringen. Und dies nicht etwa aus Rücksichten irgendwelcher Art, denn Sie kennen meinen bis zur Leichtfertigkeit gehenden Freimut: sondern die abstrakten Worte, deren sich doch die Zunge naturgemäß bedienen muß, um irgendwelches Urteil an den Tag zu geben, zerfielen mir im Munde wie modrige Pilze. Es begegnete mir, daß ich meiner vierjährigen Tochter Katharina Pompilia eine kindische Lüge, deren sie sich schuldig gemacht hatte, verweisen und sie auf die Notwendigkeit, immer wahr zu sein, hinführen wollte, und dabei die mir im Munde zuströmenden Begriffe plötzlich eine solche schillernde Färbung annahmen und so ineinander überflossen, daß ich den Satz, so gut es ging, zu Ende haspelnd, so wie wenn mir unwohl geworden wäre und auch tatsächlich bleich im Gesicht und mit einem heftigen Druck auf der Stirn, das Kind allein ließ, die Tür hinter mir zuschlug und mich erst zu Pferde, auf der einsamen Hutweide einen guten Galopp nehmend, wieder einigermaßen herstellte.

Allmählich aber breitete sich diese Anfechtung aus wie ein um sich fressender Rost. Es wurden mir auch im familiären und hausbackenen Gespräch alle die Urteile, die leichthin und mit schlafwandelnder Sicherheit abgegeben zu werden pflegen, so bedenklich, daß ich aufhören mußte, an solchen Gesprächen irgend teilzunehmen. Mit einem unerklärlichen Zorn, den ich nur mit Mühe notdürftig verbarg, erfüllte es mich, dergleichen zu hören, wie: diese Sache ist für den oder jenen gut oder schlecht ausgegangen; Sheriff N. ist ein böser,

Prediger T. ein guter Mensch; Pächter M. ist zu bedauern, seine Söhne sind Verschwender; ein anderer ist zu beneiden, weil seine Töchter haushälterisch sind; eine Familie kommt in die Höhe, eine andere ist im Hinabsinken. Dies alles mit jener sanft und jäh steigenden Flut göttlichen Gefühles bis an den Rand gefüllt zu werden. So hatte ich unlängst den Auftrag gegeben, den Ratten in den Milchkellern eines meiner Meierhöfe ausgiebig Gift zu streuen. Ich ritt gegen Abend aus und dachte, wie Sie vermuten können, nicht weiter an die Sache. Da, wie ich im tiefen, aufgeworfenen Ackerboden Schritt reite, nichts Schlimmeres in meiner Nähe als eine aufgescheuchte Wachtelbrut und in der Ferne über den welligen Feldern die große sinkende Sonne, tut sich mir im Innern plötzlich dieser Keller auf, erfüllt mit dem Todeskampf dieses Volks von Ratten. Alles war in mir: die mit dem süßlich scharfen Geruch des Giftes angefüllte kühldumpfe Kellerluft und das Gellen der Todesschreie, die sich an modrigen Mauern brachen; diese ineinander geknäulten Krämpfe der Ohnmacht, durcheinander hinjagenden Verzweiflungen; das wahnwitzige Suchen der Ausgänge; der kalte Blick der Wut, wenn zwei einander an der verstopften Ritze begegnen. Aber was versuche ich wiederum Worte, die ich verschworen habe! Sie entsinnen sich, mein Freund, der wundervollen Schilderung von den Stunden, die der Zerstörung von Alba Longa vorhergehen, aus dem Livius? Wie sie die Straßen durchirren, die sie nicht mehr sehen sollen ... wie sie von den Steinen des Bodens Abschied nehmen. Ich sage Ihnen, mein Freund, dieses trug ich in mir und das brennende Karthago zugleich; aber es war mehr, es war göttlicher, tierischer; und es war Gegenwart, die vollste erhabenste Gegenwart. Da war eine Mutter, die ihre sterbenden Jungen um sich zucken hatte und nicht auf die Verendenden, nicht auf die unerbittlichen steinernen Mauern, sondern in die leere Luft, oder durch die Luft ins Unendliche hin Blicke schickte und diese Blicke mit einem Knirschen begleitete! – Wenn ein dienender Sklave voll ohnmächtigen Schauders in der Nähe der erstarrenden Niobe stand, der muß das durchgemacht haben, was ich durchmachte, als in mir die Seele dieses Tieres gegen das ungeheure Verhängnis die Zähne bleckte.

Vergeben Sie mir diese Schilderung, denken Sie aber nicht, daß es Mitleid war, was mich erfüllte. Das dürfen Sie ja nicht denken, sonst hätte ich mein Beispiel sehr ungeschickt gewählt. Es war viel mehr und viel weniger als Mitleid: ein ungeheures Anteilnehmen, ein Hinüberfließen in jene Geschöpfe oder ein Fühlen, daß ein Fluidum des Lebens und Todes, des Traumes und Wachens für einen Augenblick in sie hinübergeflossen ist – von woher? Denn was hätte es mit Mitleid zu tun, was mit begreiflicher menschlicher Gedankenverknüpfung, wenn ich an einem anderen Abend unter einem Nußbaum eine halbvolle Gießkanne finde, die ein Gärtnerbursche dort vergessen hat, und wenn mich diese Gießkanne und das Wasser in ihr, das vom Schatten des Baumes finster ist, und ein Schwimmkäfer, der auf dem Spiegel dieses Wassers von einem dunklen Ufer zum andern rudert, wenn diese Zusammensetzung von Nichtigkeiten mich mit einer solchen Gegenwart des Unendlichen durchschauert, von den Wurzeln der Haare bis ins Mark der Fersen mich durchschauert, daß ich in Worte ausbrechen möchte, von denen ich weiß, fände ich sie, so würden sie jene Cherubim, an die ich nicht glaube, niederzwingen, und daß ich dann von jener Stelle schweigend mich wegkehre und nach Wochen, wenn ich dieses Nußbaums ansichtig werde, mit scheuem seitlichen Blick daran vorübergehe, weil ich das Nachgefühl des Wundervollen, das dort um den Stamm weht, nicht verscheuchen will, nicht vertreiben die mehr als irdischen Schauer, die um das Buschwerk in jener Nähe immer noch nachwogen. In diesen Augenblicken wird eine nichtige Kreatur, ein Hund, eine Ratte, ein Käfer, ein verkümmerter Apfelbaum, ein sich über den Flügel schlängelnder Karrenweg, ein moosbewachsener Stein mir mehr, als die schönste, hingebendste Geliebte der glücklichsten Nacht mir je gewesen ist. Diese stummen und manchmal unbelebten Kreaturen heben sich mir mit einer solchen Fülle, einer solchen Gegenwart der Liebe entgegen, daß mein beglücktes Auge auch ringsum auf keinen toten Fleck zu fallen vermag. Es erscheint mir alles, alles, was es gibt, alles, dessen ich mich entsinne, alles, was meine verworrensten Gedanken berühren, etwas zu sein. Auch die eigene Schwere, die sonstige Dumpfheit meines Hirnes erscheint mir als etwas; ich fühle ein entzückendes, schlechthin unendliches Widerspiel in mir und um mich, und es gibt unter den gegeneinanderspielenden Materien keine, in die ich nicht hinüberzufließen vermöchte. Es ist mir dann, als bestünde mein Körper aus lauter Chiffern, die mir alles aufschließen. Oder als könnten wir in ein neues, ahnungsvolles Verhältnis zum ganzen Dasein treten, wenn wir anfingen, mit dem Herzen zu denken. Fällt aber diese sonderbare Bezauberung von mir ab, so weiß ich nichts darüber auszusagen; ich könnte dann ebensowenig in vernünftigen Worten darstellen, worin diese mich und die ganze Welt durchwebende Harmonie bestanden und wie sie sich mir fühlbar gemacht habe, als ich ein Genaueres über die inneren Bewegungen meiner Eingeweide oder die Stauungen meines Blutes anzugeben vermöchte.

Von diesen sonderbaren Zufällen abgesehen, von denen ich übrigens kaum weiß, ob ich sie dem Geist oder dem Körper zurechnen soll, lebe ich ein Leben von kaum glaublicher Leere und habe Mühe, die Starre meines Innern vor meiner Frau und vor meinen Leuten die Gleichgültigkeit zu verber-

gen, welche mir die Angelegenheiten des Besitzes einflö-
ßen. Die gute und strenge Erziehung, welche ich meinem seligen Vater verdanke, und die frühzeitige Gewöhnung, keine
Stunde des Tages unausgefüllt zu lassen, sind es, scheint mir,
allein, welche meinem Leben nach außen hin einen genügen-
den Halt und den meinem Stande und meiner Person ange-
messenen Anschein bewahren.

Ich baue einen Flügel meines Hauses um und bringe es
zustande, mich mit dem Architekten hie und da über die
Fortschritte seiner Arbeit zu unterhalten ich bewirtschafte
meine Güter, und meine Pächter und Beamten werden mich
wohl etwas wortkarger, aber nicht ungütiger als früher finden. Keiner von ihnen, der mit abgezogener Mütze vor
seiner Haustür steht, wenn ich abends vorüberreite, wird
eine Ahnung haben, daß mein Blick, den er respektvoll
aufzufangen gewohnt ist, mit stiller Sehnsucht über die
morschen Bretter hinstreicht, unter denen er nach den Re-
genwürmern zum Angeln zu suchen pflegt, durchs enge,
vergitterte Fenster in die dumpfe Stube taucht, wo in der
Ecke das niedrige Bett mit bunten Laken immer auf einen zu
warten scheint, der sterben will, oder auf einen, der geboren
werden soll; daß mein Auge lange an den häßlichen jungen
Hunden hängt oder an der Katze, die geschmeidig zwischen
Blumenscherben durchkriecht, und daß es unter all den
ärmlichen und plumpen Gegenständen einer bäurischen Le-
bensweise nach jenem einem sucht, dessen unscheinbare
Form, dessen von niemand beachtetes Daliegen oder -leh-
nen, dessen stumme Wesenheit zur Quelle jenes rätselhaften, wortlosen, schrankenlosen Entzückens werden kann.
Denn mein unbenanntes seliges Gefühl wird eher aus einem
fernen, einsamen Hirtenfeuer mir hervorbrechen als aus
dem Anblick des gestirnten Himmels; eher aus dem Zir-
pen einer letzten, dem Tode nahen Grille, wenn schon der

Herbstwind winterliche Wolken über die öden Felder hintreibt, als aus dem majestätischen Dröhnen der Orgel. Und ich vergleiche mich manchmal in Gedanken mit jenem Crassus, dem Redner, von dem berichtet wird, daß er eine zahme Muräne, einen dumpfen, rotäugigen, stummen Fisch seines Zierteiches, so über alle Maßen liebgewann, daß es zum Stadtgespräch wurde; und als ihm einmal im Senat Domitius vorwarf, er habe über den Tod dieses Fisches Tränen vergossen, und ihn dadurch als einen halben Narren hinstellen wollte, gab ihm Crassus zur Antwort: »So habe ich beim Tode meines Fisches getan, was Ihr weder bei Eurer ersten noch Eurer zweiten Frau Tod getan habt.«

Ich weiß nicht, wie oft mir dieser Crassus mit seiner Muräne als ein Spiegelbild meines Selbst, über den Abgrund der Jahrhunderte hergeworfen, in den Sinn kommt. Nicht aber wegen dieser Antwort, die er dem Domitius gab. Die Antwort brachte die Lacher auf seine Seite, so daß die Sache in einen Witz aufgelöst war. Mir aber geht die Sache nahe, die Sache, welche dieselbe geblieben wäre, auch wenn Domitius um seine Frauen blutige Tränen des aufrichtigsten Schmerzes geweint hätte. Dann stünde ihm noch immer Crassus gegenüber, mit seinen Tränen um seine Muräne. Und über diese Figur, deren Lächerlichkeit und Verächtlichkeit mitten in einem die erhabensten Dinge beratenden, weltbeherrschenden Senat so ganz ins Auge springt, über diese Figur zwingt mich ein unnennbares Etwas in einer Weise zu denken, die mir vollkommen töricht erscheint, im Augenblick, wo ich versuche sie in Worten auszudrücken.

Das Bild dieses Crassus ist zuweilen nachts in meinem Hirn, wie ein Splitter, um den herum alles schwärt, pulst und kocht. Es ist mir dann, als geriete ich selber in Gärung, würfe Blasen auf, wallte und funkelte. Und das Ganze ist eine Art fieberisches Denken, aber Denken in einem Material, das unmittelbarer, flüssiger, glühender ist als Worte. Es sind gleichfalls Wirbel, aber solche, die nicht wie die Wirbel der Sprache ins Bodenlose zu führen scheinen, sondern irgendwie in mich selber und in den tiefsten Schoß des Friedens.

Ich habe Sie, mein verehrter Freund, mit dieser ausgebreiteten Schilderung eines unerklärlichen Zustandes, der gewöhnlich in mir verschlossen bleibt, über Gebühr belästigt.

Sie waren so gütig, Ihre Unzufriedenheit darüber zu äußern, daß kein von mir verfaßtes Buch mehr zu Ihnen kommt, »Sie für das Entbehren meines Umganges zu entschädigen«. Ich fühlte in diesem Augenblick mit einer Bestimmtheit, die nicht ganz ohne ein schmerzliches Beigefühl war, daß ich auch im kommenden und im folgenden und in allen Jahren dieses meines Lebens kein englisches und kein lateinisches Buch schreiben werde: und dies aus dem einen Grund, dessen mir peinliche Seltsamkeit mit ungeblendetem Blick dem vor Ihnen harmonisch ausgebreiteten Reiche der geistigen und leiblichen Erscheinungen an seiner Stelle einzuordnen ich Ihrer unendlichen geistigen Überlegenheit überlasse: nämlich weil die Sprache, in welcher nicht nur zu schreiben, sondern auch zu denken mir vielleicht gegeben wäre, weder die lateinische noch die englische noch die italienische und spanische ist, sondern eine Sprache, von deren Worten mir auch nicht eines bekannt ist, eine Sprache, in welcher die stummen Dinge zu mir sprechen, und in welcher ich vielleicht einst im Grabe vor einem unbekannten Richter mich verantworten werde.

Ich wollte, es wäre mir gegeben, in die letzten Worte dieses voraussichtlich letzten Briefes, den ich an Francis Bacon schreibe, alle die Liebe und Dankbarkeit, alle die ungemessene Bewunderung zusammenzupressen, die ich für den größten Wohltäter meines Geistes, für den ersten Engländer meiner Zeit im Herzen hege und darin hegen werde, bis der Tod es bersten macht.

A. D. 1603, diesen 22. August.

Phi. Chandos

ÜBER CHARAKTERE IM ROMAN UND IM DRAMA
*Gespräch zwischen Balzac und Hammer-Purgstall
in einem Döblinger Garten im Jahre 1842*

HAMMER: Sie werden, Verehrtester, eine Frage gestatten, die mir seit langem auf der Zunge brennt. Verzeihen Sie meine Freiheit; Sie wissen, daß einer der glühendsten Bewunderer Ihrer stupenden Erzählungskunst vor Ihnen steht: aber werden Sie uns nicht jetzt, in der Vollkraft Ihrer schöpferischen Phantasie, eine gleiche, eine ähnliche Reihe von Werken für das Theater schenken?

Sie schweigen? Sie wollen mir nicht antworten? Soll ich vermuten, daß Sie die dramatische Form nicht lieben? daß Ihnen das Theater nichts bedeutet?

BALZAC: Im Gegenteil, Baron.

HAMMER: Bravo, bravo! Ich liebe das Theater grenzenlos und habe, als Deutscher, an dem unseren die größte Freude. Aber was könnte erst aus dem französischen werden, wenn Ihr Genius da die Zügel ergriffe und mit mächtigen Peitschenhieben den verfahrenen Karren in neue Geleise triebe.

BALZAC *(verbindlich)*: Ich weiß, Sie haben Schiller, Sie haben den Verfasser der »Ahnfrau«, Sie haben vor allem Raupach! Oh, das Theater! Ein schöner Traum.

HAMMER: Ihre Träume, mein Herr, pflegen Wirklichkeit zu werden. Und was könnte Sie in diesem Falle hindern? Verträge, Abmachungen mit Verlegern? Sie zerreißen sie, wie der Löwe seine Netze. Die Möglichkeit eines Mißerfolges? Ein Mißerfolg Balzacs? Balzac nicht der souveräne Herr seines Publikums? Balzac schwächer als ein Saal von zwei- oder dreitausend Menschen? Ja, sind es denn nicht Ihre Geschöpfe, die ihn füllen? Sehe ich nicht in jedem Rang die Physiognomien, die aus Ihrer Retorte hervorgegangen sind? Nehmen sie nicht alle Logen ein: die Herzogin von Maufrigneuse und die Prinzessin von Cadignan und die Grandlieus mit ihren Töchtern und der Herzog d'Hérouville, dieser Zwerg, und der Baron Nucingen mit seiner Frau, und die Rhétorés, und die Navarreins und die Lenoncourts! Sehe ich nicht im Halbdunkel, in der Loge von Madame d'Espard, den schönen Rubempré hinter der vor Eifersucht bleichen, nicht mehr jungen Madame de Bargeton? Steht nicht Rastignac im Orchester, das Genie des Ehrgeizes und der Rücksichtslosigkeit, und lorgniert Frau von Nucingen? Tritt jetzt nicht de Marsay zu ihm, ihm die Hand zu drücken, de Marsay, der, wie er, einmal Minister und Pair von Frankreich sein wird. Und jetzt Bianchon, der Arzt, und Claude Vignon, der Journalist, und Stidmann, der Bildhauer, und die polnischen Emigrierten, Laginski und Paz und Stenbock. Zeigen sie einander nicht die halbversteckte Proszeniumsloge, in der die märchenhafte Esther, die noch fast niemand kennt, von den ersten Schatten eines tragischen Kurtisanenlebens eingehüllt, auf Rubempré hinübersieht? Etalieren nicht zwischen den großen Damen andere Damen einen aufregenden, wie mit dem Fieber der Gegenwart imprägnierten Luxus: sehe ich nicht bei diesen, bei einer Josepha, einer Madame Schontz, einer Jenny Cadine, die Bixiou und de Lora aus und ein gehen, und erblicke ich nicht dort drüben, mit seiner schönen Tochter Victorine, Herrn Taillefer, den großen Industriellen, der einen Mord auf dem Gewissen hat, und sitzt dort unten nicht, verkleidet als spanischer Geistlicher, Haar, Bart, Haltung, Stimme, alles an ihm falsch, nur das unbezwingliche Auge lebendig, Vautrin, der Galeerensträfling? Ja, sehe ich denn irgend etwas anderes als diese Gestalten, die durch eine bewundernswerte Zauberei einander wie hundertfältige Spiegel ihr ganzes Leben, ihr Denken, ihre Leidenschaften, ihre Vergangenheit, ihre Zukunft tausendfach multipliziert zuwerfen?

Bei diesen Sätzen, bei dem so seltenen, wahren Enthusiasmus der Bewunderung, welche die Wangen des großen Orientalisten lebhafter färbte, bei dieser so starken, so ungezwungenen, fast unter vier Augen dargebrachten Huldigung konnte Balzac ein Lächeln nicht unterdrücken. Es war das schöne, seltene Lächeln reiner Befriedigung, das aus dem Gesicht nicht mit der Schnelligkeit des Wetterleuchtens, nicht zuckend, sondern langsam, wie der schöne Sonnenuntergang eines reinen Sommertages, wieder verschwindet. Es war das gleiche Lächeln, das den Mund Napoleons erleuchtete, als er, am Nachmittag von Austerlitz, die Wirkung sah, welche die nach seinem Befehl gerichteten Geschosse auf die Eisdecke der Teiche machten, die von Tausenden flüchtender Russen und Österreicher bedeckt war. Und vielleicht, ja sehr wahrscheinlich hatte dieses Lächeln in diesen beiden, äußerlich so verschiedenen Fällen den gleichen Ursprung: beide Male entsprang es der Seele eines großen Mannes, einer von Natur zur Eroberung bestimmten Seele, in dem Augenblick, als diese Seele ganz nahe vor sich die Möglichkeit sah, den stumpfen Widerstand Europas gegen ihr Genie übers Knie zu brechen wie ein Bündel dürrer Reiser. Die furchtbare Energie seiner mit dem Leben ringenden Seele war für einen Moment entspannt; seine Augen schweiften mit dem leichten Blick des Reisenden über die Hänge des Kahlenberges hin; in seiner Haltung war die undefinierbare Veränderung, Lässigkeit dessen, der in einer fremden Atmosphäre, unter dem Duft und Schatten fremder Bäume, mit fremden Menschen, die er vielleicht nie wieder sehen wird, freundlich und unbedrückt spricht: so gab sich Balzac dem Augenblick hin, in dessen vagem Inhalt

etwas von der Rast eines Eroberers an den Grenzen ferner
bezwungener Länder war, gab sich ihm so sehr hin, daß er
einige Sätze des Barons überhörte und nur dieses Ende einer
längeren Tirade auffing:

Wie! Alles was im Theater sitzt, die schöne Welt der Logen und des Parketts und das Paradies, alles soll die Spuren
der Löwentatze aufweisen, und nur die Bühne nicht?

BALZAC: O ja, ich liebe das Theater. Das Theater, wie ich
es verstehe. Das Theater, auf dem alles vorkommt, alles. Alle
Laster, alle Lächerlichkeiten, alle Sprechweisen! Wie armse-
lig, wie symmetrisch ist dagegen das Theater Victor Hugos.
Meines, das, welches ich träume, ist die Welt, das Chaos.
Und es hat einmal existiert, mein Theater, es hat existiert.
Lear auf der Heide, und der Narr neben ihm, und Edgar und
Kent und die Stimme des Donners in ihre Stimmen ver-
schlungen! Volpone, der sein Gold anbetet, und seine Die-
ner, der Zwerg, der Eunuch, der Hermaphrodit und der
Schurke! und die Erbschleicher, die ihm ihre Frauen und ihre
Töchter anbieten, die ihre Frauen und Töchter bei den Haa-
ren in sein Bett ziehen! Und die dämonische Stimme der
schönen Dinge, der verlockenden Besitztümer, der goldenen
Gefäße, der geschnittenen Steine, der wundervollen Leuchter, so vermengt mit den Menschenstimmen, wie dort der
Donner. Ja, es hat einmal ein Theater gegeben.

HAMMER: Sie meinen das englische um Fünfzehnhun-
dertneunzig?

BALZAC: Ja, die haben es gehabt. Auch später noch. Es
gibt nachzuckende Blitze. Kennen Sie das »Gerettete Venedig« von Otway?

HAMMER: Ich glaube, es in Weimar gesehen zu haben.

BALZAC: Mein Vautrin hält es für das schönste aller Theaterstücke. Ich gebe viel auf das Urteil eines solchen Menschen.

HAMMER: Ihre Lebhaftigkeit bei diesem Thema ist mir äußerst erfreulich. Wir werden, nun weiß ich es, eine comédie humaine auf der Bühne haben! Wir werden die Perücke von Vautrins Kopf fliegen und den entsetzlichen Schädel des Sträflings sich enthüllen sehen. Wir werden Goriot belauschen, wie er einsam in eiskalter Kammer die Vision seiner schönen Töchter sich heraufbeschwört. Was schütteln Sie den Kopf, mein Herr? Nichts kann nunmehr im Wege sein.

BALZAC: Nichts, scheinbar gar nichts. Auch in meinem Willen nichts, scheinbar. Auch fehlt es mir nicht an dramatischen Mitarbeitern. Sie können nicht von der Oper bis zum Palais Royal gehen, ohne deren einem oder zweien zu begegnen. Denn ich habe mir Mitarbeiter erschaffen wollen. Ich wollte in einen andern hineinkriechen. Aber ich hatte unrecht. Man kann sich nicht in die Haut eines Esels verstekken. Ich wollte etwas finden, was ich nicht in mir trug. Ich wollte eine Unehrlichkeit begehen, eine der versteckten großen Unehrlichkeiten. Es liegt im Wesen der meisten Schriftsteller, dergleichen Unehrlichkeiten in Masse zu begehen, und ganz straflos. Sie gleichen dem Reiter in der deutschen Ballade, der, ohne es zu wissen, über den gefrorenen Bodensee reitet. Aber sie erfahren es auch nachher nicht und fallen daher nicht tot um, wie dieser Reiter. Eine Kunstform gebrauchen, und ihr gerecht werden: welch ein Abgrund liegt dazwischen! Je größer man ist, desto klarer sieht man in diesen Dingen. Mögen andere die Formen vergewaltigen, ich für mein Teil, ich weiß, daß ich kein Dramatiker bin, ebensowenig wie –

(Hier nannte Herr von Balzac die Namen aller seiner Landsleute, welche im vorhergehenden Jahrzehnt einen großen, zum Teil einen europäischen Ruf eben durch ihre dramatischen Produkte erlangt hatten, und fuhr fort:)

Den Grund davon? Den innersten Grumd? Ich glaube vielleicht nicht, daß es Charaktere gibt. Shakespeare hat das geglaubt. Er war ein Dramatiker.

HAMMER: Sie glauben nicht, daß es Menschen gibt? Das ist gut! Sie haben deren etwa sechs- oder siebenhundert geschaffen; sie auf die Beine gestellt, da! und seither existieren sie.

BALZAC: Ich weiß nicht, ob das Menschen sind, die in einem Drama leben könnten. Ist Ihnen gegenwärtig, was man in der mineralogischen Wissenschaft eine Allotropie nennt? Derselbe Stoff erscheint zweimal im Reich der Dinge, in ganz verschiedener Kristallisationsform, ganz unerwartetem Gepräge. Der dramatische Charakter ist eine Allotropie des entsprechenden wirklichen. Ich habe im Goriot das Ereignis »Lear«, ich habe den chemischen Vorgang »Lear«, ich bin himmelweit entfernt von der Kristallisationsform »Lear«. – Sie sind, Baron, wie alle Österreicher, ein geborener Musiker. Sie sind zudem ein gelehrter Musiker. Lassen Sie mich Ihnen sagen, daß die Charaktere im Drama nichts anderes sind als kontrapunktische Notwendigkeiten. Der dramatische Charakter ist eine Verengerung des wirklichen. Was mich an dem wirklichen bezaubert, ist gerade seine Breite. Seine Breite, welche die Basis seines Schicksals ist. Ich habe es gesagt, ich sehe nicht den Menschen, ich sehe Schicksale. Und Schicksale darf man nicht mit Katastrophen verwechseln. Die Katastrophe als symphonischer Aufbau, das ist die Sache des Dramatikers, der mit dem Musiker so nahe verwandt ist. Das Schicksal des Menschen, das ist etwas, dessen Reflex vielleicht nirgends existierte, bevor ich meine Romane geschrieben hatte. Meine Menschen sind nichts als das Lackmuspapier, das rot oder blau reagiert. Das Lebende, das Große, das Wirkliche sind die Säuren: die Mächte, die Schicksale.

HAMMER: Sie meinen die Leidenschaften?

BALZAC: Nehmen Sie dieses Wort, wenn Sie es vorziehn, aber Sie müssen es in einer noch nie dagewesenen Weite nehmen und dann wieder es so verengen, so ins Besondere ziehen, wie es noch nie gebraucht worden ist. Ich sagte: »die Mächte«. Die Macht des Erotischen für den, welcher der Sklave der Liebe ist. Die Macht der Schwäche für den Schwachen. Die Macht des Ruhmes über den Ehrgeizigen. Nein, nicht *der* Liebe, *der* Schwäche, *des* Ruhmes: seiner ihn umstrickenden Liebe, seiner individuellen Schwäche, seines besonderen Ruhmes. Das, was ich meine, nannte Napoleon seinen Stern: das war es, was ihn zwang, nach Rußland zu gehen; was ihn zwang, dem Begriff »Europa« eine solche Wichtigkeit beizulegen, daß er nicht ruhen konnte, bis er »Europa« zu seinen Füßen liegen hatte. Das, was ich meine, nennen Unglückliche, die ihr Leben in einem Blitz überschauen, ihr Verhängnis. Für Goriot ist es in seinen Töchtern inkarniert. Für Vautrin in der menschlichen Gesellschaft, deren Fundamente er in die Luft sprengen will. Für den Künstler in seiner Arbeit.

HAMMER: Und nicht in seinen Erlebnissen?

BALZAC: Es gibt keine Erlebnisse, als das Erlebnis des eigenen Wesens. Das ist der Schlüssel, der jedem seine einsame Kerkerzelle aufsperrt, deren undurchdringlich dichte Wände freilich wie mit bunten Teppichen mit der Phantasmagorie des Universums behangen sind. Es kann keiner aus seiner Welt heraus. Haben Sie eine größere Reise auf einem Dampfschiffe gemacht? Entsinnen Sie sich da einer sonderbaren, beinahe Mitleid erregenden Gestalt, die gegen Abend aus einer Lücke des Maschinenraumes auftauchte und sich für eine Viertelstunde oben aufhielt, um Luft zu schöpfen? Der Mann war halbnackt, er hatte ein geschwärztes Gesicht und rote, entzündete Augen. Man hat Ihnen gesagt, daß es

der Heizer der Maschine ist. Sooft er heraufkam, taumelte
er; er trank gierig einen großen Krug Wasser leer, er legte
sich auf einen Haufen Werg und spielte mit dem Schiffs-
hund, er warf ein paar scheue, fast schwachsinnige Blicke
auf die schönen und fröhlichen Passagiere der Ersten Kajüte,
die auf Deck waren, sich an den Sternen des südlichen Himmels zu entzücken; er atmete, dieser Mensch, mit Gier, so
wie er getrunken hatte, die Luft, welche durchfeuchtet war
von einer in Tau vergehenden Nachtwolke und dem Duft
von unberührten Palmeninseln, der über das Meer heran-
schwebte; und er verschwand wieder im Bauch des Schiffes,
ohne die Sterne und den Duft der geheimnisvollen Inseln
auch nur bemerkt zu haben. Das sind die Aufenthalte des
Künstlers unter den Menschen, wenn er taumelnd und mit
blöden Augen aus dem feurigen Bauch seiner Arbeit hervor-
kriecht. Aber dieses Geschöpf ist nicht ärmer als die droben
auf dem Deck. Und wenn unter diesen Glücklichen droben,
unter diesen Auserwählten des Lebens, zwei Liebende wären, die, mit verschlungenen Fingern, aneinandergelehnt,
bedrückt von der Fülle ihres Inneren, das Hinstürzen unermeßlich ferner Sterne, wie sie der südliche Himmel in Gar-
ben, in Schwärmen, in Katarakten aus dem Bodenlosen ins
Bodenlose fallen läßt, nur wie den stärksten, bis an den
Rand des Daseins fortgepflanzten Pulsschlag ihrer Seligkeit
empfänden – auch an diesen gemessen, wäre er nicht der
Ärmere. Der Künstler ist nicht ärmer als irgend einer unter
den Lebenden, nicht ärmer als Timur der Eroberer, nicht
ärmer als Lucullus der Prasser, nicht ärmer als Casanova der
Verführer, nicht ärmer als Mirabeau, der Mann des Schicksals. Aber sein Schicksal ist nirgends als in seiner Arbeit. Er
soll sich nirgends anders seine Abgründe und seine Gipfel
suchen wollen: sonst wird er einen erbärmlichen Sandhügel
für einen Montblanc nehmen, ihn keuchend erklimmen, mit

verschränkten Armen droben stehen und das Gelächter aller sein, die zwanzig Jahre später leben. In seiner Arbeit hat er alles: er hat die namenlose Wollust der Empfängnis, den entzückenden Ätherrausch des Einfalls, und er hat die unerschöpfliche Qual der Ausführung. Da hat er Erlebnisse, für welche die Sprache kein Wort und die finstersten Träume kein Gleichnis haben. Wie der Geist aus der Flasche Sindbads des Seefahrers, wird er sich ausbreiten wie ein Rauch, wie eine Wolke und wird Länder und Meere beschatten. Und die nächste Stunde wird ihn zusammenpressen in seine Flasche, und, tausend Tode leidend, ein eingefangener Qualm, der sich selber erstickt, wird er seine Grenzen, die unerbittlichen, ihm gesetzten Grenzen, spüren, ein verzweifelnder Dämon in einem engen gläsernen Gefängnis, durch dessen unüberwindliche Wände er mit grinsender Qual die Welt draußen liegen sieht, die ganze Welt, über der er vor einer Stunde brütend schwebte, eine Wolke, ein ungeheurer Adler, ein Gott.

Aber bis zu einem solchen Punkt, aber so ganz und gar ist die Arbeit das ganze Schicksal des Künstlers, daß er ringsum in der ganzen Welt nur die Gegenbilder der Zustände wahrzunehmen imstande ist, die er unter den Qualen und Entzückungen des Arbeitens durchzumachen gewohnt ist. Die Dichter haben aus dem höchsten Wesen einen Dichter gemacht. Und so geschickt sind sie, in das Auf und Nieder aller menschlichen Seelen das Spiegelbild ihrer eigenen Ekstasen und Abspannungen hineinzudeuten, daß allmählich, mit der Zunahme der lesenden Menschen und der unheimlichen Ausgleichung der Stände, an welcher wir leiden, die sonderbarsten Erscheinungen auftreten werden, und zwar nicht vereinzelt, sondern in Masse. Um 1890 werden die geistigen Erkrankungen der Dichter, ihre übermäßig gesteigerte Empfindsamkeit, die namenlose Bangigkeit ihrer herabgestimmten Stunden, ihre Disposition, der symbolischen Gewalt auch unscheinbarer Dinge zu unterliegen, ihre Unfähigkeit, sich mit dem existierenden Worte beim Ausdruck ihrer Gefühle zu begnügen, das alles wird eine allgemeine Krankheit unter den jungen Männern und Frauen der oberen Stände sein. Denn der Künstler gleicht jenem Midas, unter dessen Händen alles zu Gold wurde. Der gleiche Fluch erfüllt sich, nur immerfort auf eine unendlich subtilere Weise. Benvenuto Cellini liegt im tiefsten Verlies der Engelsburg; er hat ein gebrochenes Bein, die Zähne fallen ihm aus den Kiefern, man läßt ihn seit Tagen ohne Nahrung; er meint zu sterben: da verdichten sich seine qualvollen Delirien zu einem schönen tröstenden Traum, er sieht die Sonne, aber ohne blendende Strahlen, als ein Bad des reinsten Goldes. Ihre Mitte bläht sich auf und strebt in die Höhe: es erzeugt sich daraus ein Christus am Kreuz aus derselben Materie; dem Kruzifix zur Seite eine schöne Heilige Jungfrau, in der gefälligsten Stellung und gleichsam lächelnd. Zu beiden Seiten zwei herrliche Engel, aus dem gleichen Material. Alles das sah er wirklich und dankte beständig Gott mit lauter Stimme. Er lag in der Agonie, aber er war der größte Goldschmied seines Jahrhunderts, und die Vision, in der ihm der Himmel seine Agonie versüßte, war die Vision einer Goldschmiedearbeit. Auf der Schwelle des Todes hingekrümmt, waren seine Träume aus keinem anderen Material als aus dem, in welchem seine Hände ein Kunstwerk zu schaffen vermochten. Und kennen Sie Frenhofer, den Maler?

HAMMER: Den Helden des »Chef-d'œuvre inconnu«? Gewiß.

BALZAC: Er ist der einzige Schüler des Mabuse. Er hat von seinem Meister das ungeheure Geheimnis der Form mitbekommen, der wirklichen Form, des aus Licht und Schatten modellierten menschlichen Körpers. Er weiß, daß die Kontur nicht existiert. Seine Studien haben die Leuchtkraft des Giorgione und das Inkarnat Tizians; und er verachtet diese Studien. Pourbus betet ihn an, und Nicolas Poussin, der ihn kennen lernt, zittert vor ihm wie vor einem Dämon. Dieser Mensch arbeitet seit zehn Jahren an einer nackten weiblichen Gestalt, und niemand hat das Bild zu Gesicht bekommen. Sie erinnern sich, wie die Geschichte weiter geht. Poussin ist so aufgewühlt, so umgeworfen von diesem Dämon der Malerei, daß er ihm seine Geliebte, ein entzückendes zwanzigjähriges, Wesen, als Modell anbietet. Man sagt, diese Gilette habe den schönsten Körper gehabt, auf den je die Augen eines Malers gefallen sind. Sie dem Alten anzubieten, war die rasendste Aufopferung der Liebe an die Kunst, an das Genie, an den Ruhm. Es war ein teuflischer Versuch, das Teuerste preiszugeben, um sich einzukaufen in die unmenschliche Herrlichkeit des Schaffens. Und der Alte? Er bemerkt sie kaum. Seit zehn Jahren lebt er in seinem Bild. In einem Delirium, das kaum mehr Pausen macht, fühlt er diesen gemalten Körper leben, fühlt die Luft ihn umspülen, fühlt diese Nacktheit atmen, schlafen, sich beseelen, dem Lebendig-Heraustreten sich nähern. Was könnte ihm eine lebende Frau, ein wirklicher Körper noch geben? Er sieht diesen wirklichen Frauenkörper, er sieht alle Formen und Farben, alle Schatten und Halbschatten und Harmonien der Welt überhaupt nur mehr als Negativ, in einem geheimen, nur ihm begreiflichen Bezug auf sein Werk. Die Welt ist ihm die Schale eines ausgegessenen Eies. Was von der Welt für seine Seele existierte, hat er in sein Bild hinübergetragen. Wie vergeblich, ihm eine Frucht, und wäre es die entzückendste dieser Erde, anzubieten, gegen welche sich die Tore seiner Seele für immer geschlossen haben. Welch ein groteskes und vergebliches Opfer. Da haben Sie den Künstler:

wenn er jung ist, wenn er sich der Kunst gibt: Poussin – und wenn er reif ist, wenn er nahezu Pygmalion ist, wenn seine Statue, seine Göttin, das Gebilde seiner Hände, anfängt, ihm entgegenzuschreiten: Frenhofer. Und Gilette: sie ist das Erlebnis, sie ist die Fülle der Erlebnisse, sie ist die süße Fülle der Möglichkeiten des Lebens: und der eine, der junge, ist bereit, sie preiszugeben, der andere hat keine Augen mehr, sie zu beachten.

Das Leben! Die Welt! Die Welt ist in seiner Arbeit, und seine Arbeit ist sein Leben. Sprechen Sie einem Spieler, einem wirklichen, in dem Augenblick, wo pointiert wird, von der Welt. Sprechen Sie einem Sammler davon, daß seine Frau in Krämpfen liegt, daß man seinen Sohn arretiert hat, daß man sein Haus anzündet, in dem Augenblick, wo seine Augen in der Butike eines Händlers ein Email des Nardon Penicaud aus Limoges entdecken, oder einen Wandschirm des Genre, das man Pompadour zu nennen anfängt, dessen Bronzen von Clodion modelliert sind. Er wird Sie ansehen mit dem Blick, mit dem Lear auf der Heide jeden ansieht, der ihn davon abbringen möchte, daß es undankbare Töchter sind, die Edgars Jammer und den Jammer jeder unglücklichen Kreatur veranlaßt haben. Jedes Auge findet manchmal diesen erhabenen Blick der Seele, die nicht begreifen will, daß es außer ihrer Angelegenheit etwas auf der Welt geben könne.

HAMMER *(bescheiden):* Lear sagt dies im dritten Akt; an dieser Stelle darf er als wahnsinnig betrachtet werden.

BALZAC: Das darf jeder Mensch, lieber Baron, und gerade in den schönen, in den erhabenen, in den wirklichen Momenten seines Lebens. Ebensosehr als Lear, meine ich natürlich, ebensosehr.

HAMMER: Wie, Herr von Balzac, Sie wollten Ihrem Genie so enge, so traurige Grenzen ziehen? Den Dunstkreis der pathologisch sich selbst verzehrenden Existenzen, das gräßlich blinde Um-sich-Fressen einer Manie, dieses Finstere und Beschränkte wollten Sie sich zum Gegenstand ihrer Darstellung wählen, anstatt ins bunte Menschenleben hineinzugreifen? Haben Sie nicht immer das Neue, immer das Interessante zu packen gewußt?

BALZAC: Mein Schaffen, Baron, hat nie andere Gesetze gekannt als diese, die ich Ihnen hier entwickle. Aber ich habe, sie mir selber zu entwickeln, nie den Drang gespürt. Es scheint, das philosophische Deutschland steckt mich an. Allein ich fürchte, Baron, Sie mißverstehen mich durchaus, wenn Sie vermuten, daß ich irgend ein Ding zwischen Himmel und Erde als außerhalb meines Stoffkreises liegend betrachte. Ich weiß nicht, was Sie »pathologisch« nennen: aber ich weiß, daß jede menschliche Existenz, die der Darstellung wert ist, sich selbst verzehrt und, um diesen Brand zu unterhalten, aus der ganzen Welt nichts als die ihrem Brennen dienlichen Elemente in sich saugt, wie die Kerze den Sauerstoff aus der Luft auffrißt. Ich weiß, wer das Wort »pathologisch« in bezug auf poetische Darstellung in die Mode gebracht hat: es ist Herr von Goethe, ein sehr großes Genie, vielleicht das größte, das Ihre Nation hervorgebracht hat, ein Mann, dessen Kraft, Armeen von Begriffen und Erkenntnissen aus einem Gebiet des Denkens ins andere zu werfen, nicht minder erstaunlich ist als diejenige, mit welcher Napoleon Armeen von Soldaten über den Po oder die Weichsel warf. Nur daß die Begriffe, mit denen er die strahlenden Pfeile seines Geistes in die Welt schnellte, sich von schwächeren Armen ebensowenig spannen lassen als der Bogen des Odysseus. Aber ich akzeptiere Ihr Wort: »pathologisch«, »maniakalisch« – alle lasse ich sie mir gefallen. Ja, die, Welt, die ich aus meinem Hirn hervorhole, ist bevölkert mit Wahnsinnigen. Alle sind sie so wahnsinnig, meine Geschöpfe, so verrannt in ihre fixen Ideen, so unfähig, das in der Welt zu sehen, was sie nicht mit dem Flackern ihres Blickes in die Welt hineinwerfen, so von Sinnen wie Lear, da er einen Strohwisch für Goneril nimmt. Aber so sind sie, weil sie Menschen sind. Es gibt für sie keine Erlebnisse darum, weil es überhaupt keine Erlebnisse gibt. Weil das Innere des Menschen ein sich selbst verzehrender Brand ist, ein Schmerzensbrand, ein Glasofen, in welchem die zähflüssige Masse des Lebens ihre Formen erhält, entzückend blumenhafte, wie die Stengelgläser der Insel Murano, oder heldenhafte, von metallischen Reflexen funkelnde, wie die Töpfereien von Deruta und Rhodus. Weil jede Generation bewußter als die vorhergegangene ist; weil eine eigene, mit jedem Atemzug des Lebens sich vollziehende Chemie das Leben immer mehr und mehr zersetzen wird, so daß selbst die Enttäuschungen, der Verlust der Illusionen, dieses unvermeidliche Erlebnis, nicht in einem Block in den tiefen Brunnen der Seele hineinstürzen wird, sondern zu Staub zerrieben, in Atomen, mit jedem Atemzug: so sehr, daß man um 1890 oder 1900 überhaupt nicht mehr verstehen wird, was wir mit dem Wort »Erlebnis« haben sagen wollen.

Pathologisch! Fassen wir nur gefälligst die Begriffe weit genug, und es werden die Hölle und der Himmel hineingehen. Ich gedenke wenigstens auf sie beide nicht zu verzichten.

Es ist in allem, in allem der Keim zu einem Fetisch, zu einem Gott, zu einem allumspannenden Gott. Lassen wir die Treue dem, der aus der Treue seinen Gott gemacht hat. Ich sehe auch den, der seinen Gott aus der Treulosigkeit gemacht hat. Man muß Beethoven neben Casanova oder Lauzun ins Auge zu fassen verstehen. Den, der keiner Frau bedurfte, neben dem, der alle Frauen brauchte. Alles ist ein Reich, und jeder ist der Napoleon in dem seinigen. Sie stoßen einander nicht, diese Reiche, es sind geistige Sphären: glücklich, der ihre Musik zu hören vermag.

Ja, es sind Dämonen, alle meine Geschöpfe, und ich habe das schwelende Feuer der Tollheit in ihre Köpfe gesetzt. Zugestanden! Aber auch mir zugestanden, lieber Baron, daß Ihr deutscher Musaget, Ihr Olympier, daß dieser Greis von Weimar ein Dämon gewesen ist, und keiner von den mindest unheimlichen. Ich will ihn nicht an seinem »Werther« fassen: er hat dieses Fieber seiner Jugend verleugnet. Aber der ganze Mensch, aber der ganze Dichter, aber das ganze Wesen! Ich könnte meinen, ihn gekannt zu haben: sein Auge muß unheimlicher gewesen sein als das Klingsors, des Magiers, unheimlicher als das Merlins, von dem es heißt, es habe wie ein bodenloser Schacht in die Tiefen der Hölle geführt, unheimlicher als das der Medusa. Er konnte töten, dieser ungeheure Mensch, mit einem Blick, mit einem Hauch seines Mundes, mit einem Zucken seiner olympischen Schultern: er konnte das Herz eines Menschen zu Stein erstarren lassen, er konnte eine Seele töten und dann sich abwenden, als ob nichts geschehen wäre, und dann hingehen zu seinen Pflanzen, zu seinen Steinen, zu seinen Farben, die er die Leiden und Taten des Lichtes nannte und mit denen er Gespräche führte, stark genug, um die Sterne des Himmels zum Wanken zu bringen. Es waren Zeiten, in welchen man ihn verbrannt hätte, und es waren noch andere Zeiten, in denen man ihn angebetet hätte. Er ließ es geschehen, daß sein Schicksal, das sein Wesen war, seinem Wesen, das sein Schicksal war, alle Opfer darbrachte, deren die Dämonen bedürfen. Was Napoleon seinen Stern nannte, das nannte er die Harmonie seiner Seele. Und dieses leuchtende Zauberschloß, das er aufbaute aus unvergänglichem Material, meinen Sie, es hatte keine Verliese, in denen Gefangene einem langsamen Tode entgegenwimmerten? Aber er geruhte, sie nicht zu hören, weil er groß war. Ja, wer hat denn Heinrich von Kleists Seele getötet, wer denn? Oh, ich sehe ihn, den Greis von Weimar. Ich werde ihn erzählen, ganz werde ich ihn erzählen. Er ist größer und unheimlicher als das trojanische Pferd, aber ich werde die Tore meines Werkes einstoßen und ihn hineinführen. Neben Séraphitus-Séraphita wird er stehen, wie auf dem Friedhofe von Pisa der schiefe Turm und das Baptisterium nebeneinander dastehen und einander anschauen, schweigend, gewaltig, den Jahrhunderten trotzend.

O ich sehe ihn, und welch ein schauderndes Entzücken, ihn zu sehen. Dort sehe ich ihn, wo er lebt, wo sein Leben ist: in den dreißig oder vierzig Bänden seiner, Werke, die er hinterlassen hat, nicht in dem Gewäsch seiner Biographen. Denn es kommt darauf an, die Schicksale dort zu sehen, wo sie in göttlicher Materie ausgeprägt sind. Ich kenne eine Frau, eine unberühmte Frau, die niemals berühmt sein wird: sie ist die Tochter eines geknechteten Landes; ein Dämon an Phantasie, ein Kind an Einfalt, ein Greis an Erfahrung, dem Hirn nach Mann, dem Herzen nach Weib; ihre Liebe, ihr Glaube, ihr Schmerz, ihre Hoffnung, ihre Träume sind wie Ketten, stark genug, eine Welt über dem bodenlosen Abgrund zu halten: und ihr Leben, ihr Schicksal, ihre Seele ist zuweilen in ihrem Gesichte geschrieben, für den, der es zu sehen vermag: so steht Goethes Schicksal in seinen Werken.

Die Schicksale dort lesen, wo sie geschrieben sind: das ist alles. Die Kraft haben, sie alle zu sehen, wie sie sich selber verzehren, diese lebenden Fackeln. Sie alle auf einmal zu sehen, gebunden an die Bäume des ungeheuren Gartens, den ihr Brand allein beleuchtet: und auf der obersten Terrasse stehen, der einzige Zuschauer, und in den Saiten der Leier die Akkorde suchen, die Himmel, Hölle und diesen Anblick zusammenbinden.

In diesem Augenblicke fuhr am äußeren Gartentor ein Landauer vor, in welchem Frau von Hanska, geborene Rzewuska, saß. Mit einer Bewegung wie Mirabeau warf sich Balzac herum, die Ankommende zwischen den Kastanien eintreten zu sehen; und es hätte niemand gewagt, ein Gespräch wieder aufnehmen zu wollen, welches eine so große Gebärde abgebrochen hatte.

DAS GESPRÄCH ÜBER GEDICHTE

> Es leben jetzt, die wenigen ausgenommen die selbst
> im Lyrischen etwas hervorbringen, keine fünf
> Menschen in Deutschland, welche über diese zar-
> testen Geburten der Seele ein Urteil hätten.
>
> *Hebbel, Brief* vom 27. IV. 1838.

GABRIEL: Ich habe dir hier aufs Fenster einen Band Gedichte gelegt.

CLEMENS: Keats?

GABRIEL: Nein, es sind deutsche Gedichte. Sie bilden
eine Einheit, so sind sie angeordnet. Das Ganze heißt »Das
Jahr der Seele«. Da ist der Herbst. Es beginnt mit dem
Herbst.

> Die Wespen mit den goldengrünen Schuppen
> Sind von verschlossnen Kelchen fortgeflogen
> Wir fahren mit dem Kahn in weitem Bogen
> Um bronzebraunen Laubes Inselgruppen.

CLEMENS: Das ist der Herbst. Aber lies ein Ganzes oder
gar nichts.

GABRIEL: Kannst du zuhören?

> Komm in den totgesagten Park und schau:
> Der Schimmer ferner lächelnder Gestade,
> Der reinen Wolken unverhofftes Blau
> Erhellt die Weiher und die bunten Pfade.
>
> Dort nimm das tiefe Gelb, das weiche Grau
> Von Birken und von Buchs: der Wind ist lau,
> Die späten Rosen welkten noch nicht ganz,
> Erlese, küsse sie und flicht den Kranz.

Vergiß auch diese letzten Astern nicht,
Den Purpur um die Ranken wilder Reben
Und auch was übrig blieb vom grünen Leben
Verwinde leicht im herbstlichen Gesicht.

CLEMENS: Es ist schön. Es atmet den Herbst. Obwohl es kühn ist, zu sagen, »der reinen Wolken unverhofftes Blau«, da diese Buchten von sehnsuchterregendem sommerhaften Blau ja *zwischen* den Wolken sind. Aber freilich nur an den Rändern *reiner* Wolken. Nirgends sonst auf dem ganzen verschlissenen rauhen Gefilde des herbstlichen Himmels. Goethe hätte dies »reiner Wolken« geliebt. Und »unverhofftes Blau« ist tadellos. Es ist schön. Ja, es ist der Herbst.
GABRIEL: Willst du noch mehr Herbst?

Vom Tore, dessen Eisenlilien rosten,
Entfliegen Vögel zum verdeckten Rasen
Und andre trinken frierend auf den Pfosten
Vom Regen aus den hohlen Blumenvasen.

Noch mehr?

Wir suchen nach den schattenfreien Bänken – –
Wir laben uns am langen milden Leuchten,

Wir fühlen dankbar, wie zum leisen Brausen
Von Wipfeln Strahlenspuren auf uns tropfen,
Und blicken nur und horchen, wenn in Pausen
Die reifen Früchte an den Boden klopfen.

CLEMENS: Ich bitte dich: lies ein Ganzes oder gar nichts.
GABRIEL: Willst du den Winter? Willst du den Sommer? Die abenteuernde Sehnsucht des Sommers? Die Beklom-

menheit des Sommers? Den Sommermorgen? Den Sommer-
abend?

> Der Hügel, wo wir wandeln, liegt im Schatten,
> Indes der drüben noch im Lichte webt,
> Der Mond auf seinen zarten grünen Matten
> Nur erst als kleine weiße Wolke schwebt.

> Die Straßen weithin deutend werden blasser,
> Den Wandrern bietet ein Gelispel Halt:
> Ist es vom Berg ein unsichtbares Wasser,
> Ist es ein Vogel, der sein Schlaflied lallt?

CLEMENS:

> Der Mond auf seinen zarten grünen Matten
> Nur erst als kleine weiße Wolke schwebt...

Ich sehe eine Landschaft meiner Kindheit. Es scheint ein
schönes Buch zu sein, dieses »Jahr«. Warum eigentlich:
»Jahr der Seele«? Ich liebe die einfachen Überschriften.

GABRIEL: Ich auch, darum scheint mir diese so ausge-
zeichnet. Denn hier ist ein Herbst, und mehr als ein Herbst.
Hier ist ein Winter, und mehr als ein Winter. Diese Jahres-
zeiten, diese Landschaften sind nichts als die Träger des
Anderen.

Sind nicht die Gefühle, die Halbgefühle, alle die geheim-
sten und tiefsten Zustände unseres Inneren in der selt-
samsten Weise mit einer Landschaft verflochten, mit einer
Jahreszeit, mit einer Beschaffenheit der Luft, mit einem
Hauch? Eine gewisse Bewegung, mit der du von einem hohen Wagen abspringst; eine schwüle sternlose Sommer-
nacht; der Geruch feuchter Steine in einer Hausflur; das

Gefühl eisigen Wassers, das aus einem Laufbrunnen über deine Hände sprüht: an ein paar tausend solcher Erdendinge ist dein ganzer innerer Besitz geknüpft, alle deine Aufschwünge, alle deine Sehnsucht, alle deine Trunkenheiten. Mehr als geknüpft: mit den Wurzeln ihres Lebens festgewachsen daran, daß – schnittest du sie mit dem Messer von diesem Grunde ab, sie in sich zusammenschrumpften und dir zwischen den Händen zu nichts vergingen. Wollen wir uns finden, so dürfen wir nicht in unser Inneres hinabsteigen: draußen sind wir zu finden, draußen. Wie der wesenlose Regenbogen spannt sich unsere Seele über den unaufhaltsamen Sturz des Daseins. Wir besitzen unser Selbst nicht: von außen weht es uns an, es flieht uns für lange und kehrt uns in einem Hauch zurück. Zwar – unser »Selbst«! Das Wort ist solch eine Metapher. Regungen kehren zurück, die schon einmal früher hier genistet haben. Und sind sies auch wirklich selber wieder? Ist es nicht vielmehr nur ihre Brut, die von einem dunklen Heimatgefühl hierher zurückgetrieben wird? Genug, etwas kehrt wieder. Und etwas begegnet sich in uns mit anderem. Wir sind nicht mehr als ein Taubenschlag.

CLEMENS: Seltsam, daß dich dieser Gedankengang darauf führt. Ich bin auf einem anderen Wege darauf gekommen, auf einem ganz anderen: es ist schwer, nicht daran zu zweifeln, daß es in der menschlichen Natur irgend eine Wesenheit gibt. Furchtbar ist es, die Gewalt der Äußerlichkeiten zu erwägen: es muß unendlich schwer sein, ein Drama zu schreiben, und unendlich hart, über einen Mörder zu Gericht zu sitzen.

GABRIEL: Aber es ist wundervoll, wie diese Verfassung unseres Daseins der Poesie entgegenkommt: denn nun darf sie, statt in der engen Kammer unseres Herzens, in der ganzen ungeheueren, unerschöpflichen Natur wohnen. Wie

Ariel darf sie sich auf den Hügeln der heroischen purpur-
strahlenden Wolken lagern und in den zitternden Wipfeln
der Bäume nisten; sie darf sich vom wollüstigen Nachtwind
hinschleifen lassen und sich auflösen in einen Nebelstreif, in
den feuchten Atem einer Grotte, in das flimmernde Licht
eines einzelnen Sternes. Und aus allen ihren Verwandlungen, allen ihren Abenteuern, aus allen Abgründen und allen
Gärten wird sie nichts anderes zurückbringen als den zitternden Hauch der menschlichen Gefühle. Treibe sie, die wie
Ariel keines Schlafes bedarf, empor, hoch über die dumpfe
schlaftrunkene Erde, dorthin, wo an dem lichten Himmel
ein einzelner Stern, ein heiliger Wächter, sich kühn und treu
entzündet, stets an der gleichen Stelle, über dem zitternden
Lichtabgrund im Westen, der dem Durchgang der Sonne
nachbebt: laß sie aus Geisternähe, aus einer Höhe, die kein
Adler kreisend erklimmt, dies Schauspiel in sich saugen –
und wenn sie herabtaumeln wird, zurück zu dir, wird sie
beladen sein mit einem ungeheuren, aber einem menschlichen Gefühl. Denn sie hat keine Grenzen ihres Fluges, aber
in ihrem Wesen ist sie begrenzt: wie könnte sie aus irgend
einem Abgrund der Welten etwas anderes zurückbringen als
menschliche Gefühle, da sie doch selbst nichts anderes ist als
die menschliche Sprache!

CLEMENS: Sie ist doch nicht ganz die Sprache, die Poesie.
Sie ist vielleicht eine gesteigerte Sprache. Sie ist voll von Bildern und Symbolen. Sie setzt eine Sache für die andere.

GABRIEL: Welch ein häßlicher Gedanke! Sagst du das im
Ernst? Niemals setzt die Poesie eine Sache für eine andere,
denn es ist gerade die Poesie, welche fieberhaft bestrebt ist,
die Sache selbst zu setzen, mit einer ganz anderen Energie als
die stumpfe Alltagssprache, mit einer ganz anderen Zauber-
kraft als die schwächliche Terminologie der Wissenschaft.
Wenn die Poesie etwas tut, so ist es das: daß sie aus jedem

Gebilde der Welt und des Traumes mit durstiger Gier sein Eigenstes, sein Wesenhaftestes herausschlürft, so wie jene Irrlichter in dem Märchen, die überall das Gold herauslekken. Und sie tut es aus dem gleichen Grunde: weil sie sich von dem Mark der Dinge nährt, weil sie elend verlöschen würde, wenn sie dies nährende Gold nicht aus allen Fugen, allen Spalten in sich zöge.

CLEMENS: Es gibt also keine Vergleiche? Es gibt keine Symbole?

GABRIEL: Oh, vielmehr, es gibt nichts als das, nichts anderes. Aber ich glaube, ich langweile dich, wir wollen von etwas anderem sprechen. Wir könnten ausgehen, willst du? Wie du willst. Da ist noch ein schönes Gedicht, aus denen des »Sommers«.

> Gemahnt dich noch das schöne Bildnis dessen,
> Der nach den Schluchtenrosen kühn gehascht,
> Der über seiner Jagd den Tag vergessen,
> Der von der Dolden vollem Seim genascht?

> Der nach dem Parke sich zur Ruhe wandte,
> Trieb ihn ein Flügelschillern allzuweit,
> Der sinnend saß an jenes Weihers Kante
> Und lauschte in die tiefe Heimlichkeit.

> Und von der Insel moosgekrönter Steine
> Verließ der Schwan das Spiel des Wasserfalls
> Und legte in die Kinderhand, die feine,
> Die schmeichelnde, den schlanken Hals.

CLEMENS: Ja, das ist schön. Das ist der Zauberkreis der Kindheit, in dem reinen tiefen Spiegel unstillbarer Sehnsucht aufgefangen. Wie rein es ist! Es schwebt wie eine freie leichte kleine Wolke hoch über einem Berg. Wie rein es ist! Es drückt einen grenzenlosen Zustand so einfach aus.

GABRIEL: Das tun alle Gedichte, alle guten zum mindesten. Alle drücken sie einen Zustand des Gemütes aus. Das ist die Berechtigung ihrer Existenz. Alles andere müssen sie anderen Formen überlassen: dem Drama, der Erzählung. Nur diese können Situationen schaffen. Nur diese können das Spiel der Gefühle zeigen.

CLEMENS: Ich meine, dieses Gedicht drückt einen Zustand so ganz einfach aus. Es bedient sich keines Symbols. Ich erinnere ein anderes, das du früher gerne hattest. Zwei Schwäne kamen vor. War es nicht von Hebbel?

GABRIEL: Es ist von Hebbel. Dieses ist es:

Von dunkelnden Wogen
Hinunter gezogen,
Zwei schimmernde Schwäne, sie gleiten daher:
Die Winde, sie schwellen
Allmählich die Wellen,
Die Nebel, sie senken sich finster und schwer.

Die Schwäne sie meiden
Einander und leiden,
Nun tun sie es nicht mehr: sie können die Glut
Nicht länger verschließen,
Sie wollen genießen,
Verhüllt von den Nebeln, gewiegt von der Flut.

Sie schmeicheln, sie kosen,
Sie trotzen dem Tosen
Der Wellen, die Zweie in Eins verschränkt:
Wie die sich auch bäumen,
Sie glühen und träumen,
In Liebe und Wonne zum Sterben versenkt.

Nach innigem Gatten
Ein süßes Ermatten.
Da trennt sie die Woge, bevor sies gedacht.
Laßt ruhn das Gefieder!
Ihr seht euch nicht wieder,
Der Tag ist vorüber, es dämmert die Nacht.

Mein Freund, auch dieses Gedicht drückt einen Zustand aus
und nichts weiter, einen tiefen Zustand des Gemüts, voll
banger Wollust, voll trauervoller Kühnheit.

CLEMENS: Und diese Schwäne? Sie sind ein Symbol? Sie
bedeuten –

GABRIEL: Laß mich dich unterbrechen. Ja, sie bedeuten, aber sprich es nicht aus, was sie bedeuten: was immer
du sagen wolltest, es wäre unrichtig. Sie bedeuten hier
nichts als sich selber: Schwäne. Schwäne, aber freilich gesehen mit den Augen der Poesie, die jedes Ding jedesmal
zum erstenmal sieht, die jedes Ding mit allen Wundern seines Daseins umgibt: dieses hier mit der Majestät seiner
königlichen Flüge; mit der lautlosen Einsamkeit seines
strahlenden weißen Leibes, auf schwarzem Wasser trauer-
voll, verachtungsvoll kreisend; mit der wunderbaren Fabel
seiner Sterbestunde ... Gesehen mit diesen Augen sind die
Tiere die eigentlichen Hieroglyphen, sind sie lebendige geheimnisvolle Chiffren, mit denen Gott unaussprechliche
Dinge in die Welt geschrieben hat. Glücklich der Dichter,
daß auch er diese göttlichen Chiffren in seine Schrift ver-
weben darf –

CLEMENS: Und dennoch glaubte ich dich sagen zu hören,
daß die Poesie niemals eine Sache für eine andere setzt.

GABRIEL: Niemals tut sie das. Wenn sie das täte, müßte
man sie austreten wie ein häßliches schwelendes Irrlicht.
Was wollte sie dann neben der gemeinen Sprache? Verwir-

rung stiften? Papierblüten an einen lebendigen Baum hängen?

CLEMENS: Und diese Schwäne? und alle deine andern Chiffren?

GABRIEL: Es sind Chiffren, welche aufzulösen die Sprache ohnmächtig ist. Verstehst du mich? Jener herbstliche Park, diese von der Nacht umhüllten Schwäne – du wirst keine Gedankenworte, keine Gefühlsworte finden, in welchen sich die Seele jener, gerade jener Regungen entladen könnte, deren hier ein Bild sie entbindet. Wie gern wollte ich dir das Wort »Symbol« zugestehen, wäre es nicht schal geworden, daß michs ekelt. Man müßte ein Gespräch wie dieses mit Kindern, mit Frommen oder mit Dichtern führen können. Dem Kind ist alles ein Symbol, dem Frommen ist Symbol das einzig Wirkliche und der Dichter vermag nichts anderes zu erblicken.

CLEMENS: Du springst: – die Symbole des Glaubens? Wir sprachen von Gedichten.

GABRIEL: Das tue ich noch. Aber ich möchte ein vom tiefsten Geist der Sprache geprägtes Wort erst von seiner Lehmkruste reinigen. Weißt du, was ein Symbol ist?... Willst du versuchen dir vorzustellen, wie das Opfer entstanden ist? Mir ist, als hätten wir früher einmal darüber gesprochen. Ich meine das Schlachtopfer, das hingeopferte Blut und Leben eines Rindes, eines Widders, einer Taube. Wie konnte man denken, dadurch die erzürnten Götter zu begütigen? Es bedarf einer wunderbaren Sinnlichkeit um dies zu denken, einer bewölkten lebenstrunkenen orphischen Sinnlichkeit. Mich dünkt, ich sehe den ersten, der opferte. Er fühlte, daß die Götter ihn haßten: daß sie die Wellen des Gießbaches und das Geröll der Berge in seinen Acker schleuderten; daß sie mit der fürchterlichen Stille des Waldes sein Herz zerquetschen wollten; oder er fühlte, daß die gierige

Seele eines Toten nachts mit dem Wind hereinkam und sich auf seine Brust setzte, dürstend nach Blut. Da griff er, im doppelten Dunkel seiner niedern Hütte und seiner Herzensangst, nach dem scharfen krummen Messer und war bereit, das Blut aus seiner Kehle rinnen zu lassen, dem furchtbaren Unsichtbaren zur Lust. Und da, trunken vor Angst und Wildheit und Nähe des Todes, wühlte seine Hand, halb unbewußt, noch einmal im wolligen warmen Vließ des Widders. – Und dieses Tier, dieses Leben, dieses im Dunkel atmende, blutwarme, ihm so nah, so vertraut – auf einmal zuckte dem Tier das Messer in die Kehle, und das warme Blut rieselte zugleich an dem Vließ des Tieres und an der Brust, an den Armen des Menschen hinab: und einen Augenblick lang muß er geglaubt haben, es sei sein eigenes Blut; einen Augenblick lang, während ein Laut des wollüstigen Triumphes aus seiner Kehle sich mit dem ersterbenden Stöhnen des Tieres mischte, muß er die Wollust gesteigerten Daseins für die erste Zuckung des Todes genommen haben: er muß, einen Augenblick lang, in dem Tier gestorben sein, nur so konnte das Tier für ihn sterben. Daß das Tier für ihn sterben konnte, wurde ein großes Mysterium, eine große geheimnisvolle Wahrheit. Das Tier starb hinfort den symbolischen Opfertod. Aber alles ruhte darauf, daß auch er in dem Tier gestorben war, einen Augenblick lang. Daß sich sein Dasein, für die Dauer eines Atemzugs, in dem fremden Dasein aufgelöst hatte. – Das ist die Wurzel aller Poesie: wie durchsichtig im Großen: denn was ist klarer, als daß sich mein Fühlen in Hamlet auflöst, solange Hamlet auf der Bühne steht und mich hypnotisiert? Aber wie durchsichtig auch im Kleinen: faßt mich, für eines Gedankenblitzes Dauer, nicht das Gefieder jener Schwäne so gut wie Hamlets Haut? Aber es wirklich zu glauben, zu glauben, daß es wirklich so ist! Diese Magie ist uns so furchtbar nahe: nur darum ist es so schwer, sie zu erkennen. Die Natur hat kein anderes Mittel, uns zu fassen, uns an sich zu reißen, als diese Bezauberung. Sie ist der Inbegriff der Symbole, die uns bezwingen. Sie ist, was unser Leib ist, und unser Leib ist, was sie ist. Darum ist Symbol das Element der Poesie, und darum setzt die Poesie niemals eine Sache für eine andere: sie spricht Worte aus, um der Worte willen, das ist ihre Zauberei. Um der magischen Kraft willen, welche die Worte haben, unseren Leib zu rühren, und uns unaufhörlich zu verwandeln.

CLEMENS: Mir entschwindet, was du mit dem Menschen wolltest, der das Blut des Tieres anstatt seines eigenen vergoß?

GABRIEL: Er vollbrachte eine symbolische Handlung. Er starb in dem Tiere, Clemens, weil er sich einen Augenblick lang in dies fremde Dasein aufgelöst hatte, weil einen Augenblick lang wirklich sein Blut aus der Kehle des Tieres gequollen war. –

CLEMENS: Du sagst *wirklich*, Gabriel?

Eine Pause

CLEMENS: Er starb in dem Tier. Und wir lösen uns auf in den Symbolen. So meinst du es?

GABRIEL: Freilich. Soweit sie die Kraft haben, uns zu bezaubern.

CLEMENS: Woher kommt ihnen diese Kraft? Wie konnte er in dem Tier sterben?

GABRIEL: Davon, daß wir und die Welt nichts Verschiedenes sind.

CLEMENS: Etwas Seltsames liegt in dem Gedanken, etwas Beunruhigendes.

GABRIEL: Im Gegenteil, etwas unendlich Ruhevolles. Es ist das einzig Süße, einen Teil seiner Schwere abgeben zu sehen, und wäre es nur für die mystische Frist eines Hauches. In unserem Leib ist das Alldumpf zusammengedrückt: wie selig, sich tausendfach der furchtbaren Wucht zu entladen.

CLEMENS: Und dennoch, ist mir, muß es Gedichte geben, die schön sind ohne diese schwüle Bezauberung. Es gibt Lieder von Goethe, welche leicht sind wie ein Hauch und einfach wie eine Mozartsche Melodie. Es gibt antike Gedichte, welche so sind wie ein dunkles Weinblatt gegen den blauen Abendhimmel. Die Anthologie ist voll von solchen. Du kennst sie besser als ich.

GABRIEL: Ich kenne sie: Der Gärtner Lamon opfert dem Priapus die schönsten Früchte: in den Bastkorb legt er schöne gezackte Blätter und darauf den Granatapfel, den aufgesprungenen, dem das feuchte, zitternde, purpurne Fleisch die tausend süßen Kerne umhüllt; runzlige Feigen legt er dazu und die rötlich schimmernde erdbeerduftende Traube, und flaumige Quitten, die reifende Nuß, die schon ihr grünes Gehäuse sprengt, und saftgeschwellte Gurken: so legt er es auf den Altar des Gottes anstatt eines Gebetes für sein eigenes Leben und für die Gesundheit seiner Bäume. Und Niko, die Zauberin, opfert der Kypris den amethystnen Kreisel, umsponnen mit Fäden purpurner Wolle, den zauberkräftigen Kreisel, mit dem sie Männer heranzieht über das Meer, Mädchen hervorlockt aus der Kammer. Ein Mädchen setzt der toten Zikade, die zwei Jahre in ihrer Schlafkammer wohnte, ein Grabmal. Fischer ziehen das schwere Netz empor und finden einen vom Meer verschlungenen Mann, zur Hälfte verzehrt von Fischen. Und sie begraben ihn und die Fische mit ihm unter dem spärlichen Sand des Felsenstrandes; daß die Erde ihn ganz zurücknehme, begraben sie mit ihm die Fische, die ihn angenagt, die von ihm gezehrt haben. Eine schwellende Traube liegt auf dem Altar der Aphrodite, das Dankgeschenk für eine süße, gnädig gewährte Nacht, liegt da, überantwortet der göttlichen Gewalt, nackt, allein, und nicht mehr breitet die Mutter um sie die freundlichen Ranken, umschattet nicht mehr ihren nackten jungen Leib mit Blättern, die süß duften, voll lauen heimlichen Dunkels.

CLEMENS: Und die, welche keltern! und die, welche lieben! weißt du keines Wort für Wort?

GABRIEL: Die, welche keltern, fühlen sich wie die Götter. Es ist ihnen, als wäre Bacchus mitten unter ihnen beim nächtlichen Werk. Als stampfte er neben ihnen, das lange Gewand hinaufgenommen bis übers Knie, im roten Saft, dessen Hauch schon trunken macht. Gleichzeitig sind sie Badende und Tanzende: und die Trunkenheit ihres Tanzes ist es, die ihnen das Bad immer höher und höher steigen macht. Stromweis fließt von der Kelter der Most; wie kleine Schiffe schaukeln die hölzernen Schöpfbecher auf der purpurnen Flut. Da bückt sich die schöne Rhodanta tief zur Kelter hinab, und schon ist ihr das weiße leinene Gewand durchnäßt, schon glänzt es triefend ihr um Brust und Hüften:

Da schlug jeglichem höher die Brust, und keiner
                         von uns war,
Welcher dem Bacchus nicht und Aphroditen erlag.

Im dunstigen Dunkel, unter Schreien, unter taumelndem Fackelschein, unterm Sprühen des Blutes der Traube, ist auf einmal Aphrodite aus dem Purpurschaum geboren: Bacchus hob sich aus der Kelter, wild wie eine springende Welle, und durchtränkte ein Gewand, daß es niederfloß wie eine leuchtende Nacktheit, und schuf aus einem Mädchen die Göttin, um deren Leib Verlangen und Entzücken fließt.

CLEMENS: Und jene süßen, schamlosen? Jenes, wo sie

die Gewänder tauschen und einander aufs neue fester umschlingen? Und jenes, wo sie ineinander verflochten sind und die Götter herausfordern, wo sie sich einander in die Arme sehnen und das Netz des Hephästos um sich herum wünschen und die Götter und Menschen sich herbeiwünschen, sie zu sehen, sie zu beneiden? Sind sie nicht alle schön, diese Gedichte, einfach und schön wie die schönen Muscheln mit rosigem Mund? Sind sie nicht so schön wie schöne flache Trinkschalen aus Onyx und Jadestein? Nicht schön wie ein kupfernes getriebenes Becken, bis an den Rand mit lauterem Wasser gefüllt? Wie die steinerne Brücke, die in einem Bogen über den Bergfluß hinsetzt? Wie das geschwungene Joch der pflügenden Stiere? Und hat Goethe sie nicht geliebt wie nichts zweites auf der Welt? War er nicht selig, als er sie fand, wie der Wanderer, wenn er die Berghalde niederklimmt und zwischen Moos und Gestein, eine Herberge der Eidechsen, ein wundervolles marmornes Gebilde findet, das leuchtende Trümmer eines Götterbildes, die feine gebietende Hand, oder die strahlende Schulter mit dem Knoten des Gewandes? Hat er nicht von da an die Töne seiner Jugend verschmäht und alles in diese Pansflöte gehaucht? Wurden nicht von da an das odysseische Schiff und die leierförmig gekrümmte Bucht, wurden nicht der Fruchtkorb, der Kranz, der marmorne Brunnenrand, das Bett, auf dem Tibull nach der Geliebten seufzte, wurden nicht Pferch und Speicher Vergils, und die idyllischen Weiden des Bion, wurden nicht alle diese geformten Gebilde, alle diese Dinge, welche die Hand der Götter geformt hat, welche wie getriebene Arbeit von den Hämmern des Hephästos den funkelnden kreisrunden Schild der Erde zieren, wurden sie nicht die Heimat seiner Seele? Fühlte er sich nicht dem Bildner näher verwandt als dem Redner? Wen hat er so gepriesen wie jenen, der mit kunstreichen Händen den Brustschmuck der ephesischen Diana schuf? In den Euphrat kühn zu greifen, die Flut in den Händen zu ballen, das war ihm Dichten. Spottete er nicht der Schweifenden? Der ewig Sehnenden? Derer, denen nichts frommt, als ein unablässiges Dürsten nach dem Durste? War ihm nicht die Natur die ewige Bildnerin? Waren ihm nicht alle Kräfte, alle Dämonen, selber die Schmerzen noch Bildner? Antworte mir, Gabriel, ist der geformte Gedanke nicht schön? Hat er nicht den Glanz des Lebens verzehnfacht in sich, wie die Perlen den feuchten Schimmer der nackten Hand in sich saugen und zehnfach widerstrahlen?

GABRIEL: Ja, der Gedanke ist etwas Schönes und du hast so großes Recht, ihn der Perle und dem Edelstein zu vergleichen. Diesen beiden gleicht er, die schöner sind als alles Blühen und Leben, weil sie über das Blühen und Leben und Sterben hinaus sind. Und für eine junge Welt, die daliegt in Blindheit, ist er das Wunder der Wunder. Was ein Vogel in der Luft für den Seemann, für den, der die Hundswache hat und allein dalehnt, in den Mantel gewickelt: totenstill das schwere dunkle Meer und darüber nicht Nacht nicht Tag; über den grauen kahlen Inseln hängen Wolkenbänke, regungslos, als hingen sie hier seit Tausenden von Jahren, Inseln der Luft; das Deck, die Raaen überziehen sich mit einem blauen dunstigen Licht, das an ihnen herunterfließt und in die Atmosphäre hineinsickert; unerträglich ist die wortlose Erwartung, die Stummheit der lichtlosen, der schattenlosen Welt: was hier der Flügelschlag eines wundervollen Meervogels ist, der heransegelt hoch im Osten, königlich die Schwingen schlagend, der erste Abglanz des heraufblitzenden Tages funkelnd auf ihm: das ist für eine frühe dumpfe Welt der Gedanke. Wir aber sind reicher an Gedanken, als der endlose Meeresstrand an Muscheln. Was uns not tut, ist der Hauch.

Wovon unsere Seele sich nährt, das ist das Gedicht, in welchem, wie im Sommerabendwind, der über die frischgemähten Wiesen streicht, zugleich ein Hauch von Tod und Leben zu uns herschwebt, eine Ahnung des Blühens, ein Schauder des Verwesens, ein Jetzt, ein Hier und zugleich ein Jenseits, ein ungeheueres Jenseits. Jedes vollkommene Gedicht ist Ahnung und Gegenwart, Sehnsucht und Erfüllung zugleich. Ein Elfenleib ist es, durchsichtig wie die Luft, ein schlafloser Bote, den ein Zauberwort ganz erfüllt; den ein geheimnisvoller Auftrag durch die Luft treibt: und im Schweben entsaugt er den Wolken, den Sternen, den Wipfeln, den Lüften den tiefsten Hauch ihres Wesens und der Zauberspruch aus seinem Munde tönt getreu und doch wirr, durchflochten mit den Geheimnissen der Wolken, der Sterne, der Wipfel, der Lüfte. Und Goethe? Seine Taten sind vielfältig wie die Taten eines wandernden Gottes. Er gleicht dem Herakles, dessen Abenteuer, jedes eingehüllt in eine Glorie, jedes wohnend in einer anderen Landschaft, nichts voneinander wissen. Die Lieder seiner Jugend sind nichts als ein Hauch. Jedes ist der entbundene Geist eines Augenblickes, der sich aufgeschwungen hat in den Zenith und dort strahlend hängt und alle Seligkeit des Augenblickes rein in sich saugt und verhauchend sich löst in den klaren Äther. Und die Gedichte seines Alters sind zuweilen wie die dunklen tiefen Brunnen, über deren Spiegel Gesichte hingleiten, die das aufwärts starrende Auge nie wahrnimmt, die für keinen auf der Welt sichtbar werden als für den, der sich hinabbeugt auf das tiefe dunkle Wasser eines langen Lebens. Meinst du wirklich, er habe immer und immer den geformten Gedanken ans Licht der Sonne gehoben wie eine gestielte Schale aus Sardonyx und Chrysopras? Hör zu:

Sagt es niemand, nur den Weisen,
Weil die Menge gleich verhöhnet,
Das Lebendge will ich preisen,
Das nach Flammentod sich sehnet.

In der Liebesnächte Kühlung,
Die dich zeugte, wo du zeugtest,
Überfällt dich fremde Fühlung,
Wenn die stille Kerze leuchtet.

Nicht mehr bleibest du umfangen
In der Finsternis Beschattung
Und dich reißet neu Verlangen
Auf zu höherer Begattung.

Keine Ferne macht dich schwierig,
Kommst geflogen und gebannt
Und zuletzt, des Lichts begierig,
Bist du, Schmetterling, verbrannt.

Und so lang du das nicht hast
Dieses: Stirb und werde!
Bist du nur ein trüber Gast
Auf der dunklen Erde.

Hörst du diesen Laut, wie von einem verzauberten Nacht-
vogel hineingesungen in das Zimmer, wo einer stirbt? Man
sagt, er habe es in der Nacht gemacht, in welcher Christine
Vulpius gestorben war. Das wirkliche Erlebnis der Seele,
welche Worte möchten es ausdrücken, wenn nicht bezau-
berte! Ein Augenblick kommt und drückt aus tausenden
und tausenden seinesgleichen den Saft heraus, in die Höhle
der Vergangenheit dringt er ein und den tausenden von

dunklen erstarrten Augenblicken, aus denen sie aufgebaut ist, entquillt ihr ganzes Licht: was niemals da war, nie sich gab, jetzt ist es da, jetzt gibt es sich, ist Gegenwart, mehr als Gegenwart; was niemals zusammen war, jetzt ist es zugleich, ist es beisammen, schmilzt ineinander die Glut, den Glanz und das Leben. Die Landschaften der Seele sind wunderbarer als die Landschaften des gestirnten Himmels: nicht nur ihre Milchstraßen sind Tausende von Sternen, sondern ihre Schattenklüfte, ihre Dunkelheiten sind tausendfaches Leben, Leben, das lichtlos geworden ist durch sein Gedränge, erstickt durch seine Fülle. Und diese Abgründe, in denen das Leben sich selber verschlingt, kann ein Augenblick durchleuchten, entbinden, Milchstraßen aus ihnen machen. Und diese Augenblicke sind die Geburten der vollkommenen Gedichte, und die Möglichkeit vollkommener Gedichte ist ohne Grenzen wie die Möglichkeit solcher Augenblicke. Wie wenige gibt es dennoch, Clemens, wie sehr wenige. Aber daß ihrer überhaupt welche entstehen, ist es nicht wie ein Wunder? Daß es Zusammenstellungen von Worten gibt, aus welchen, wie der Funke aus dem geschlagenen dunklen Stein, die Landschaften der Seele hervorbrechen, die unermeßlich sind wie der gestirnte Himmel, Landschaften, die sich ausdehnen im Raum und in der Zeit, und deren Anblick abzuweiden in uns ein Sinn lebendig wird, der über alle Sinne ist. Und dennoch entstehen solche Gedichte ...

SCHILLER

(I)

Das Große feiert sich selber. Wenn man es nennt, so ist es, als nennt man den Namen erhabener Berge und gewaltiger, über dem Meer getürmter Städte vor denen, die dort waren, und eines mehreren bedarf es nicht. König Philipp und der Großinquisitor. Das Hinausgehen Maria Stuarts zum Tode, an Leicesters Arm. Die Reden der Bauern, die sich gegen Habsburg verschwören, auf der Höhe ihrer Berge, über den Ländern, über dem Qualm der Städte. Franz Moors Verzweiflung. Der Präsident im Hause des Musikus. Wallensteins Schlafengehen. Demetrius vor dem Reichstag. Groß. Wie das Herankommen und Zerschäumen einer großen Woge. Und alles, was vorher kommt, vor diesen ganz großen Momenten, von gleicher Art: wie starke Wellenschwünge. Das Nie-Auslassen einer sehr großen Kraft, ein ungeheures, rastloses Vorwärtsgehen, wie das Meer gegen den Strand. Und die gleichen Wellenschwünge überall: auch in jenen frühesten Gedichten, über die man zu lächeln pflegt, auch dort jenes, das Ehrfurcht gebietet: der arme Militärzögling, öd, dumpf, von Gott und der Welt verlassen, dürftig gehalten wie nicht der Lehrling im Handwerk, nicht der Hirte hinterm Vieh: und ruft in seiner Brust das Weltall herauf, die ewigen Mächte ... »Acheronta movebo!«

Ein Anwalt und ein Konquistador. Vielleicht war den Deutschen seinerzeit der große Anwalt näher, vielleicht ist den Deutschen dieser Zeit der große erobernde Abenteurer näher. Der Anwalt nahm die Partei der Freiheit vor Königsthronen, die Partei eines Königs vor dem Thron der Freiheit. Es klingt wie herausgerissen aus dem Leben eines gefährlichen Sophisten: er aber durfte es tun, denn er war ein Mann. Der Abenteurer – ich nehme das Wort in seinem großen Sinn, und er war der größte, den die Geschichte des Geistes kennt – durchstürmte die Weltanschauungen und richtete sich in ihnen ein, wie in unterjochten Provinzen. Die Welt Kants, die Welt der Alten, die Welt des Katholizismus: er wohnte in jeder von ihnen, wie Napoleon in jeder Hauptstadt Europas residiert hat: fremd und doch gebietend. Seine Heimat war immer woanders, sein Dasein Fortschreiten. Wenn man in ihm ist, ist man im Freien: im gewaltigen Feld, wo geistige Ströme sich kreuzen. Mit Goethe ist man zuweilen im Herzen der Dinge. Goethe und er stehen zueinander wie der Gärtner und der Schiffer. Aber in großen Nächten reckte der stille Gärtner seine Hand zu den Sternen empor und war mit ihnen vertraut wie mit den Blumen seines Gartens, und der Schiffer hatte nichts als sein mutvolles Herz und sein Schiff, mit dem die Winde spielten.

Der Bildner der Jugend. Ich weiß nicht. Es wäre denkbar, daß Männer – Männer von anderem Stoff als die Ankläger des Sokrates – ihn in ihrem Herzen den Verführer der Jugend nannten. Es heißt ein altes Wort: Que philosopher c'est apprendre à mourir. Nun, Max Piccolomini, der des Kaisers bestes Regiment in den Tod hineinreitet, weil er an der Welt irre geworden ist, er ist kein Lehrer dafür, wie man zu sterben hat. Mercutio ist schon ein besserer, Brutus noch ein besserer. (Es geht eine Linie von diesem Sterben des Mercutio zu dem, wie Gordon in Khartum starb.) Max ist auch kein Lehrer dafür, wie man zu leben hat. Und auch Mortimer nicht, auch Karl Moor nicht, auch Wallenstein nicht, wahrhaftig. Da ist Götz schon ein besserer (auch er lehnt sich auf) und der schlichte Franz Lerse und Georg, der Reiterjunge. Auch Friedrich Prinz von Homburg, trotz allem.

Und Julia Capulet und unsere Hero, und Gretchen und das Käthchen von Heilbronn bessere als jene Verwirrerinnen der Gefühle: Thekla, Johanna, Berta. Und dennoch: aber man muß die Unreife haben, die Gestalten noch nicht zu sehen, nur ihren Schwung zu fühlen, oder man muß die Reife haben, die Gestalten nicht mehr zu sehen, nur das, was hinter ihnen ist, dann fühlt man ein Etwas, dem sich junge Herzen geben müssen wie die Segel dem Wind (dem Morgenwind, der sie hinaustreibt ins offene Meer und von keinem Ziel noch weiß): unbedingte Größe. Sich groß zu fassen wissen, und wäre es auf dem Schafott, wäre es im Augenblick, da man so unüberlegt und unmoralisch als möglich handelt, dies ist etwas, dies ist viel, unendlich viel. Wissen, daß man ein großer Herr ist, weil man ein Mensch ist, nichts als das, dies lehrt doch vielleicht zu leben und zu sterben. Nicht die Gestalten also, aber etwas, das in ihnen ist: mehr ihre Allüren als ihre Handlungen, die nicht immer ganz aus ihnen fließen, mehr ihr Ton als ihre Argumente. Das Fürstliche, das ihnen aufgeprägt ist und sie zu Brüdern und Schwestern macht: Könige auf ihrer Scholle diese freien Bauern, ein Heeresfürst dieser Wallenstein, ein Fürst der Ruchlosen Franz Moor, Maria eine Königin der Tränen, fürstlich auch das Hirtenmädchen, alle von königlichem Blut. Also dennoch ein Bildner des menschlichen Fühlens, nicht wie jene, die eine Welt gaben, Homer, Shakespeare, Michelangelo, Rembrandt, auch nicht wie jener, der eine Welt und sich in uns verknüpfte, Goethe, sondern indem er sich selbst hergab, nicht in den Gestalten, sondern durch die Gestalten hindurch, hinter den Gestalten: »Das Leben selber wendend an dieses Bild des Lebens.« Ein Bildner der Jugend also dennoch, ein atheniensischer, kein spartanischer: der große Schüler des Rousseau und des Euripides.

Der große Schüler des Rousseau und des Euripides, nicht

geringer als einer von ihnen. Ein Geist, der in großer Weise sich Resultate aneignete. Der die Sittlichkeit Kants, die Hingerissenheit und Fülle des Katholizismus, die Gebundenheit der Antike in sein Bauwerk hineinnahm, wie die normännischen Seekönige ihre Burgen aus antikem und sarazenischem Getrümmer aufrichteten. Der mit seinem Adlerblick nirgends Schranken sah, nicht der Zeiten, nicht der Länder. Niemand hatte weniger Ehrfurcht als er vor diesen wesenlosen Grenzen, über die unsere Seele kaum hinzufliegen wagt. Als der Tod ihn umwarf, lagen da die Entwürfe zu zehn Stücken: in einem war Rußland aufgebaut – uns das unzugänglichste, wesenhafteste aller Länder, von betäubendem Duft der Eigenart erfüllt, gleich jenem verschlossenen Garten des Hohenliedes –, in einem lebte der Malteserorden, eines war ein Gemälde des unterirdischen Paris, gezogen aus dem Pitaval, ein Gewebe aus Verbrechen, Familie, Polizei, ein antizipierter Balzac. Er meinte zu verstehen, was immer in einer Menschenbrust vorgegangen war. Und so meinte er, verstanden zu werden. Er, den alles Gewordene faszinierte. Er, von dem Goethe – und Goethe kannte ihn etwas – sagte: »Es ist ein Glück, daß Calderon erst nach seinem Tod in allgemeine Aufnahme gekommen ist. Ihm wäre er gefährlich geworden.« Ihn nennt jetzt da und dort eine Stimme »den deutschesten der Dichter«. Da und dort wird den Nationen mitgeteilt, daß er ihnen ein Fremder ist und sie ihm ewig Fremde. Er, der aus dem Herzen ihrer Geschichte seine Stoffe nahm: das Mädchen von Orléans, Maria Stuart, Demetrius. Er, der diese Schranken so verachtete, daß er eines fremden Volkes König vor eines fremden Volkes Tribunal verteidigen wollte. Er, der einzige esprit envahisseur, den die Deutschen geboren haben, und von dessen Tiraden die Seele der unterdrückten Italiener lebte, der Ungarn, der Polen, er, den sie alle verstanden, Puschkin, Mickiewicz, Petöfi, Carlyle, er, der dem Heraufdröhnen von Napoleons Heeren so viel verdankt wie Balzac ihrem Hinabdröhnen, er, durch dessen Schaffen eine schnurgerade Linie geht von Corneille zu Victor Hugo, zu Sardou und zu Scribe (jawohl, zu Scribe), ihn gerade absperren? Gerade ihn mit Schranken umgeben? Ich weiß nicht, was ich aus solcher Politik machen soll. Jedenfalls ist es Politik des Augenblicks.

Alles in allem sind wir das einzige Volk in Europa, das ein Theater hat. Nichts, was sich mit dem der Griechen vergleichen ließe – wer ist so wenig bei Sinnen, dies anzunehmen –, auch nichts von der Lebendigkeit, der Echtheit, der Wirklichkeit des Elisabethinischen Theaters, immerhin aber etwas, das nicht ganz ohne große Linie ist, von einer gewissen Distanz gesehen. Von einer gewissen Distanz gesehen, war für Dezennien das deutsche Theater erfüllt von dem Werk Schillers. Und dann, nach einer Ohnmacht, die nicht der Tod war, sondern innere Umbildung, war es für Dezennien (die nicht vorüber sind) erfüllt von dem Werk Wagners. Man muß diese Dinge so sehen, daß sie ihre Größe zeigen und nicht ihre Niedrigkeit: sonst müßte man ersticken. Und in Größe gesehen, haben die Deutschen dort, wo jahrzehntelang Karl Moors Trotz und Maria Stuarts große Fassung ihre Wahrheit – oder die Wahrheit ihrer Seele – war, nun eine andere Wahrheit ihrer Seele: Siegfried, der sich aus den Stükken von seines Vaters Schwert singend Schwert und Schicksal schmiedet. Haben statt jenes Dranges diese Töne, statt jenes Greifens nach den Sternen dieses Wühlen in den Tiefen. Haben für Großes Größeres: denn zwischen beiden Welten liegt großes Geheimnis, liegt Schopenhauer, liegt ein Hereinlassen des Todes in die Welt, ein Nacktwerden und Großwerden der Seele, liegt jene Trunkenheit, um derentwillen die Romantiker ihr Selbst und ihre Kunst wie Perlen im Wein des Lebens zergehen ließen. Abseits aber – ich vergesse ihn nicht – steht Friedrich Hebbel. Steht und dauert, von tiefer Einsamkeit umflossen, wie eine Felseninsel, deren innerer Kern ein glühender Fruchtgarten ist: hier spricht die Blume und es spricht das Gestein, ja, der tiefste Schmerz trägt hier Früchte wie ein großer, in Nacht wurzelnder Baum. Hier landen nicht die Vielen der Deutschen, aber die Besten erreichen schwimmend diesen Strand, von Geschlecht zu Geschlecht, und es pflücken doch immer Hände diese Früchte, deren Saft die Pulse stocken und fliegen macht, und sehen doch immer Augen diese Blumen, über deren Schönheit und Seltenheit manchmal die Sinne erstarren.

(II)

Kein Deutscher ist wie er so ganz Bewegung. Sein Adjektiv ist wie in der Hast des Laufes errafft, sein Hauptwort ist der schärfste Umriß des Dinges, von oben her im Fluge gesehen, alle Gewalt seiner Seele ist beim Verbum. Sein Rhythmus ist andringend, fortreißend, weiterstrebend, sein Entwurf kühn und groß wie sein Rhythmus, und der Aufbau harmonisch über dem Entwurf wie ein Haus über dem Grundriß. Seine Gedanken jagt er zu einem Ziel, seine Betrachtung zu einem Äußersten, Höchsten, seine Gestalten zu einem großen Entschluß, einem großen Abenteuer oder einem großen Untergang. Sein Leben und sein Tod gleicht dem des Fackelläufers, der in sich verzehrt aber mit brennendem Licht ans Ziel kam, sterbend hinstürzte und so stürzend, so sterbend ein ewiges Sinnbild blieb. Etwas treibt die Deutschen immer wieder zu ihm zurück: und nun da sie Schiffe bauen, tun sie vielleicht zum erstenmal etwas, das ihn wirklich feiert; denn seine Werke gleichen am meisten von allen Dingen der Erde den großen Schiffen, deren Wucht Schönheit, und deren Da-

sein Bewegung ist, die immer ihr Ziel wissen, nie ins Ungewisse schweifen, Länder an Länder binden und vorwärts-
strebend den Rand der Erde adeln.

DER DICHTER UND DIESE ZEIT
Ein Vortrag

Man hat Ihnen angekündigt, daß ich zu Ihnen über den Dichter und diese Zeit sprechen will, über das Dasein des Dichters oder des dichterischen Elementes in dieser unserer Zeit, und manche Ankündigungen, höre ich, formulieren das Thema noch ernsthafter, indem sie von dem Problem des dichterischen Daseins in der Gegenwart sprechen. Diese Kunstworte streifen schon das Gebiet des Technisch-Philosophischen und zwingen mich im vorhinein, alle nach dieser Richtung orientierten Erwartungen zu zerstören, die ich sonst im Verlauf dieser Stunde grausam enttäuschen müßte. Es fehlen mir völlig die Mittel und ebensosehr die Absicht, in irgendwelcher Weise Philosophie der Kunst zu treiben. Ich werde es nicht unternehmen, den Schatz Ihrer Begriffe um einen, auch nur einen neuen Begriff zu bereichern. Und ebensowenig werde ich an einem der festen Begriffe, auf denen Ihre Anschauung dieser ästhetischen Dinge ruhen mag, woanders sie auf Begriffen ruht und nicht, wie ich heimlich und bestimmt hoffe, auf einem chaotischen Gemenge von verworrenen, komplexen und inkommensurablen inneren Erlebnissen, … keineswegs, sagte ich, werde ich an einem dieser Begriffe Kritik zu üben versuchen. Diese Mauern irgend zu versetzen, ist nicht mein Ehrgeiz; mein Ehrgeiz ist nur, aus ihnen an so verschiedenartigen Punkten als möglich, und an möglichst unerwarteten, wieder hervorzutreten und Sie dadurch in einer nicht unangenehmen Weise zu befremden. Ich meine einfach: es würde mich freuen, wenn es mir gelänge, Ihnen fühlbar zu machen, daß dieses Thema nicht nur in dieser Stunde in der Atmosphäre dieser Versammlung, in diesem künstlichen Licht einen künstlichen rund nach Minuten gemessenen Bestand hat, sondern daß es sich um ein Element Ihres geistigen Daseins handelt, das nicht als gewußtes, sondern als gefühltes, gelebtes, in Tausenden von Momenten Ihres Daseins da ist und Wirkung ausstrahlt.

Über den Begriff der Gegenwart sind wir jeder Verständigung enthoben: Sie wie ich sind Bürger dieser Zeit, ihre Myriaden sich kreuzender Schwingungen bilden die Atmosphäre, in der ich zu Ihnen spreche, Sie mich hören, und in die wir wiederum hinaustreten, wenn wir diesen Saal verlassen. Ja sie regiert noch unsere Träume und gibt ihnen die Mischung ihrer Farben und nur im tiefen todesähnlichen Schlaf meinen wir zu sein, wo sie nicht ist. Den Begriff des Dichters bringen Sie mir, das weiß ich, als einen sicher in Ihnen ruhenden und reich erfüllten entgegen. Es schwingt in ihm etwas von der Fassung, die die deutschen Dichter zu Anfang des letztvergangenen Jahrhunderts ihm gegeben haben (die man nicht immerfort mit einem so unzulänglichen und abstumpfenden Wort die »romantischen« nennen sollte); aber die Gewalt, die der ungeheure Gedanke »Goethe« über Ihre Seele besitzt, schnellt seine Grenzen hinaus ins kaum mehr Absehbare; und es ist etwas von der pathetischen Erscheinung Hölderlins unter den Elementen, die in Ihnen oszillierend dies Gedankending »Dichter« zusammensetzen, und etwas von der nicht zu vergessenden Allüre Byrons; etwas von dem verschwundenen namenlosen Finder eines alten deutschen Liedchens und etwas von Pindar. Sie denken »Shakespeare« und daneben ist für einen inneren Augenblick alles andere verloschen, aber der nächste Augenblick stellt das unendlich komplexe oszillierende Gedankending wieder her und Sie denken ohne zu trennen ein amalgamiertes Etwas aus Dante, Lenau und dem Verfasser einer rührenden Geschichte, die Sie mit vierzehn Jahren gelesen haben.

An dies Gewebe aus den Erinnerungsbildern der subtilsten Erlebnisse, an dies in Ihnen appelliere ich, an dies Unausgewickelte und an keinen geklärten Begriff, keine abgezogene Formel. Dies in Ihnen ist lebendig und dem Lebendigen möchte ich diese Stunde hindurch verbunden bleiben. Diesem lebendigen Begriff denke ich nichts hinzuzufügen und noch weniger meine ich ihn einzuschränken. Ich selber trage ihn in mir ebenso unausgewickelt, wie ich ihn bei Ihnen voraussetze. Am wenigsten wüßte ich ihn von vorneherein nach unten abzugrenzen, ja diese haarscharfe Absonderung des Dichters vom Nicht-Dichter erscheint mir gar nicht möglich. Ich würde mir sagen müssen, daß die Produkte von Menschen, die kaum Dichter zu nennen sind, manchmal nicht ganz des Dichterischen entbehren, und umgekehrt scheint mir zuweilen das, was sehr hohe und unzweifelhafte Dichter geschaffen haben, nicht frei von undichterischen Elementen. Es scheint mir in diesen Dingen eine illiberale Auffassung nicht möglich und immer ziemlich nah am Lächerlichen. Ich frage mich, ob Boileau dem Mann, der die Manon Lescaut schuf, wenn er ihn erlebt hätte, ja ich frage mich, ob Lessing, der sein Zeitgenosse war, diesem Manne den Namen eines Dichters konzediert hätte, und ich sehe, wie unbedeutend, wie unhaltbar diese Scheidungen sind, die der Zeitgeschmack oder der persönliche Hochmut der Produzierenden zwischen dem Dichter und dem bloßen Schriftsteller anstellt. Und doch ist es mir in anderen Augenblicken und in einem anderen Zusammenhang völlig klargeworden, daß jene strengste Goethesche Erkenntnis wahr ist und daß ein unvollkommenes Kunstwerk nichts ist; daß in einem höheren Sinn nur die vollkommenen Kunstwerke, diese seltenen Hervorbringungen des Genius existieren. Sie

werden sich fragen, wie diese Erkenntnis und jene Duldung
beieinanderwohnen können, aber doch können sie das; es
gibt Anschauungen, die zwischen ihnen vermitteln, und es
erfordert nur eine gewisse Reife, sie in sich zu vereinen –
aber nur dieser Duldung, dieser Nichtabgrenzung werde ich
mich in unserer Unterhaltung zu bedienen haben. Ich werde
es hier nicht zu berühren brauchen, ob ich vielleicht einen
einzigen Menschen in dieser Epoche für einen ganzen Dichter halte und die anderen nur für die Möglichkeiten von
Dichtern, für dichterisch veranlagte Individuen, für dichterische Materie. Denn mir ist es nur um das Dasein des
dichterischen Wesens in unserer Epoche zu tun.

Ich glaube, vielmehr ich weiß es, daß der Dichter, oder die
dichterische Kraft, in einem weitherzigen Sinn genommen,
in dieser Epoche da ist, wie sie in jeder anderen da war. Und
ich weiß, daß Sie mit dieser Kraft und ihren Wirkungen unaufhörlich rechnen, vielleicht ohne es Wort zu haben. Es ist
dies das Geheimnis, es ist eines von den Geheimnissen, aus
denen sich die Form unserer Zeit zusammensetzt: daß in ihr
alles zugleich da ist und nicht da ist. Sie ist voll von Dingen,
die lebendig scheinen und tot sind, und voll von solchen, die
für tot gelten und höchst lebendig sind. Von ihren Phänome-
nen scheinen mir fast immer die außer dem Spiele, welche
nach der allgemeinen Annahme im Spiele wären, und die,
welche verleugnet werden, höchst gegenwärtig und wirksam. Diese Zeit ist bis zur Krankheit voll unrealisierter
Möglichkeiten und zugleich ist sie starrend voll von Dingen,
die nur um ihres Lebensgehaltes willen zu bestehen scheinen
und die doch nicht Leben in sich tragen. Es ist das Wesen
dieser Zeit, daß nichts, was wirkliche Gewalt hat über die
Menschen, sich metaphorisch nach außen ausspricht, sondern alles ins Innere genommen ist, während etwa die Zeit,

die wir das Mittelalter nennen und deren Trümmer und Phantome in unsere hineinragen, alles, was sie in sich trug, zu einem ungeheuren Dom von Metaphern ausgebildet aus sich ins Freie emportrieb.

Waren sonst Priester, Berechtigte, Auserwählte die Hüter dieser Sitte, jener Kenntnis, so ruht dies alles jetzt potentiell in allen: wir könnten manches ins Leben werfen, wofern wir ganz zu uns selbst kämen... wir könnten dies und jenes wissen... wir könnten dies und jenes tun. Keine eleusinischen Weihen und keine sieben Sakramente helfen uns empor: in uns selber müssen wir uns in höheren Stand erheben, wo uns dies und jenes zu tun nicht mehr möglich, ja auch dies und jenes zu wissen nicht mehr möglich: dafür aber dies und jenes sichtbar, verknüpfbar, möglich, ja greifbar, was allen anderen verborgen. Dies alles geht lautlos vor sich und so wie zwischen den Dingen. Es fehlt in unserer Zeit den repräsentativen Dingen an Geist, und den geistigen an Relief.

Wofern das Wort Dichter, die Erscheinung des Dichters in der Atmosphäre unserer Zeit irgend ein Relief nimmt, so ist es kein angenehmes. Man fühlt dann etwas Gequollenes, Aufgedunsenes, etwas, das mehr von Bildungsgefühlen getragen ist als von irgendwelcher Intuition. Man wünscht sich diesen Begriff ins Leben zurückzuholen, ihn zu »dephlegmatisieren«, zu »vivifizieren«, wie die beiden schönen Kunstworte des Novalis heißen. Welchen lebhaften und liebenswürdigen Gebrauch machte nicht eine frühere deutsche Epoche (ich denke an die jungen Männer und Frauen von 1770) von dem Worte Genie, mit dem sie das gleiche bezeichnen wollte: das dichterische Wesen. Denn sie dachten dabei keineswegs an das Genie der Tat und nie und nimmer hätten sie ihr Lieblingswort auf den angewandt, der vor allem würdig war, es zu tragen in seiner funkelndsten und unheimlichsten Bedeutung: auf Friedrich den Großen. Welchen lebensvollen und imponierenden Gebrauch macht der Engländer heute, und macht ihn seit sechs Generationen, von seinem »man of genius«. Er schränkt ihn nicht auf seine Dichter ein; und doch haftet allen denen, von denen er ihn braucht, etwas Dichterisches an, ihnen oder ihren Schicksalen. Er bedenkt sich nicht, ihn auch auf einen Mann anzuwenden, der nicht von der allerseltensten geistigen Universalität ist. Aber es muß eine Gestalt sein, aus der etwas Außerordentliches hervorblitzt, etwas Unvergleichliches von Kühnheit, von Glück, von Geisteskraft oder von Hingabe. Es ist etwas Grandioses um einen Begriff, unter dem der Sprachgeist Milton und Nelson zusammenzufassen gestattet, Lord Clive und Samuel Johnson, Byron und Warren Hastings, den jüngeren Pitt und Cecil Rhodes.

Es kommt so wenig auf die Worte an und so viel auf die Prägung, die der Sprachgeist eines Volkes ihnen aufdrückt. Wie kraftlos nimmt sich neben »man of genius« und dem Ton, den sie in das Wort zu legen wissen, dem männlichen, selbstsicheren, ich möchte sagen, dem soldatischen oder seemännisch stolzen Ton, wie kraftlos nimmt sich daneben unser »Genie« aus, wie gelehrtenhaft, wie engbrüstig-pathetisch, vorgebracht mit der heuchlerischen Exaltation der Schulstube. Es haftet dem Wort in unserem Sprachgebrauch etwas an, als vertrüge es die freie Luft nicht, und doch ist es das einzige Wort, unter dem wir Johann Sebastian Bach und Kant und Bismarck, Kleist, Beethoven und Friedrich den Zweiten zusammen begreifen können. Aber es bleibt empfindlichen Ohren ein fatales Wort. Es hat ganz und gar nicht mehr den jugendlichen Glanz von 1770 und es hat auch nicht den dunklen ehernen Glanz, vergleichbar dem finsteren Schimmer alter Waffen, den die Abnützung des großen Lebens den feierlichen und ehrwürdigen Worten großer Nationen zu geben vermag und der die einfachen Bezeichnungen der Ämter, die trockensten Überschriften und Inschriften Roms mit einer Größe umwittert, die uns das Herz klopfen macht. Dieses Wort »Genie«, wenn man es in unseren Zeitungen findet, in den Nekrologen oder Würdigungen von toten Dichtern oder Philosophen, wo es das höchste Lob bedeuten soll, so erscheint es mir – ich meine auch dort, wo es an seinem Platz ist – undefinierbar dünn, würdelos, kraftlos. Es ist ein höchst unsicheres Wort, und es ist, als würde es immer von Leuten mit schlechtem Gewissen gebraucht. Es ist nahe daran, ein prostituiertes Wort zu sein, dieses Wort, das die höchste geistige Erscheinung bezeichnen soll – ist dies nicht seltsam?

Wenn ich es gebraucht finde in seiner Distanzlosigkeit (und in »man of genius« liegt immer soviel Distanz zwischen einem großen Volk und einem großen einzelnen), so fällt mir immer zugleich um des Gegensatzes willen die schöne, jede Distanzlosigkeit ablehnende methodistische Maxime ein: »Vergiß nicht, mein Freund: ein Mann kann weder gelobt noch herabgesetzt werden«, »my friend, a man can neither be praised nor insulted«. Es scheint mir, wenn die Deutschen von ihren Dichtern sprechen, sowohl von denen, die unter ihnen leben, als von denen, die tot sind und ihr zweites strahlenderes Leben unter uns führen, so sagen sie viel Schönes und zuweilen bricht aus breiten, etwas schlaffen Äußerungen ein Funken des glühendsten Verständnisses hervor; aber irgend etwas, ein Ton, der mehr wäre als alles gehäufte Lob und alle eindringende Subtilität, scheint mir zu fehlen: ein menschlicher Ton, ein männlicher Ton, ein Ton des Zutrauens und der freien ungekünstelten Ehrfurcht, eine Betonung dessen, was Männer an Männern am höchsten stellen müssen: Führerschaft. Selbst Goethe gegenüber, selbst ihm gegenüber sind es einzelne, die sich diese Haltung in sich selbst erobern, und diesen einzig möglichen, einzig würdigen Ton in sich ausbilden, welcher nicht der Ton von Schulmeistern ist, sondern der Ton von Gentlemen. Denn vor allem ist es unter der Würde toter wie lebendiger Dichter, ein anderes Lob anzunehmen als das reelle des Zutrauens lebendiger Menschen. Aber das Wesen unserer Epoche ist Vieldeutigkeit und Unbestimmtheit. Sie kann nur auf Gleitendem ausruhen und ist sich bewußt, daß es Gleitendes ist, wo andere Generationen an das Feste glaubten. Ein leiser chronischer Schwindel vibriert in ihr. Es ist in ihr vieles da, was nur wenigen sich ankündigt, und vieles nicht da, wovon viele glauben, es wäre da. So möchten sich die Dichter zuweilen fragen, ob sie da sind, ob sie für ihre Epoche denn irgend wirklich da sind. Ob, bei so manchem hergebrachten, schematischen Lob, das für sie abfällt, das einzige reelle Lob, das anzunehmen nicht unter ihrer Würde ist, das Zutrauen der lebendigen Menschen, die Anerkennung irgend einer Führerschaft in ihnen, irgendwo für sie bereitliegt. Aber es könnte auch sein, und das wäre um so schöner, wäre einer Zeit, die jede Ostentation und jede Rhetorik von sich abgetan hat, um so würdiger, daß dieses einzige reelle Lob den Dichtern gerade in unserer Zeit unaufhörlich dargebracht würde, aber in einer so versteckten, so indirekten Weise, daß es erst einigen Nachdenkens, einiger Welterfahrung bedürfte, um dies versteckte Rechnen mit dem Dichter, dies versteckte Ersehnen des Dichters, dies versteckte Flüchten zu dem Dichter wahrzunehmen. Und es ist heute an dem, daß die Dinge so liegen, wenn ich nicht irre. Und hier zwingt mich meine Art, wie ich diese Dinge sehe, Sie zunächst sicherlich zu befremden durch die Behauptung, daß das Lesen, die maßlose Gewohnheit, die ungeheuere Krankheit, wenn Sie wollen, des Lesens, dieses Phänomen unserer Zeit, das man zu sehr der Statistik und Handelskunde überläßt und dessen subtilere Seiten man zu wenig betrachtet, nichts anderes ausdrückt als eine unstillbare Sehnsucht nach dem Genießen von Poesie. Dies muß Sie befremden und Sie sagen mir, daß in keiner früheren Zeit das Poetische eine so bescheidene Rolle gespielt hätte, als es in der Lektüre unserer Zeit spielt, wo es verschwindet unter der ungeheueren Masse dessen, was gelesen wird. Sie sagen mir, daß meine Behauptung vielleicht auf die Zuhörer der arabischen Märchenerzähler passe oder allenfalls auf die Zeitgenossen der »Prinzessin von Clèves« oder die Generation des Werther, doch sicherlich gerade am wenigsten auf unsere Zeit, die Zeit der wissenschaftlichen Handbücher, der Reallexika und der unzählbaren Zeitschriften, in denen für Poesie kein Raum ist. Sie erinnern mich, daß es die Kinder und die Frauen sind, die heute Dramen und Gedichte lesen. Aber ich habe um die Erlaubnis gebeten, von Dingen zu sprechen, die nicht ganz an der Oberfläche liegen, und ich möchte, daß wir für einen Augenblick daran denken, wie verschieden das Lesen unserer Zeit von dem ist, wie frühere Zeiten gelesen haben. Um so ruheloser, zielloser, unvernünftiger das Lesen unserer Zeit ist, um so merkwürdiger scheint es mir. Wir sind unendlich weit entfernt von dem ruhigen Liebhaber der schönen Literatur, von dem Amateur einer populären Wissenschaft, von dem Romanleser, dem Memoirenleser einer früheren, ruhigeren Zeit. Gerade durch sein Fieberhaftes, durch seine Wahllosigkeit, durch das rastlose Wieder-aus-der-Hand-Legen der Bücher, durch das Wühlende, Suchende scheint mir das Lesen in unserer Epoche eine Lebenshandlung, eine des Beachtens werte Haltung, eine Geste.

Ich sehe beinahe als die Geste unserer Zeit den Menschen mit dem Buch in der Hand, wie der kniende Mensch mit gefalteten Händen die Geste einer anderen Zeit war. Natürlich denke ich nicht an die, die aus bestimmten Büchern etwas

Bestimmtes lernen wollen. Ich rede von denen, die je nach der verschiedenen Stufe ihrer Kenntnisse ganz verschiedene Bücher lesen, ohne bestimmten Plan, unaufhörlich wechselnd, selten in einem Buch lang ausruhend, getrieben von einer unausgesetzten, nie recht gestillten Sehnsucht. Aber die Sehnsucht dieser, möchte es scheinen, geht durchaus nicht auf den Dichter. Es ist der Mann der Wissenschaft, der diese Sehnsucht zu stillen vermag, oder für neunzig auf hundert unter ihnen der Journalist. Sie lesen noch lieber Zeitungen als Bücher, und obwohl sie nicht bestimmt wissen, was sie suchen, so ist es doch sicherlich keineswegs Poesie, sondern es sind seichte, für den Moment beruhigende Aufschlüsse, es sind die Zusammenstellungen realer Fakten, es sind faßliche und zum Schein neue »Wahrheiten«, es ist die rohe Materie des Daseins. Ich sage dies so, wie wir es geläufig sagen und leichthin glauben; aber ich glaube, nein ich weiß, daß dies nur der Schein ist. Denn sie suchen mehr, sie suchen etwas anderes, diese Hunderttausende, in den Tausenden von Büchern, die sich von Hand zu Hand weiter geben, bis sie beschmutzt und zerlesen auseinanderfallen: sie suchen etwas anderes als die einzelnen Dinge, die in der Luft hängenden kurzatmigen Theorien, die ihnen ein Buch nach dem anderen darbietet: sie suchen, aber es ist ihnen keine Dialektik gegeben, subtil genug, um sich zu fragen und zu sagen, was sie suchen; keine Übersicht, keine Kraft der Zusammenfassung: das einzige, wodurch sie ausdrücken können, was in ihnen vorgeht, ist die stumme beredte Gebärde, mit der sie das aufgeschlagene Buch aus der Hand legen und ein neues aufschlagen. Und dies muß so weitergehen: denn sie suchen ja von Buch zu Buch, was der Inhalt keines ihrer tausend Bücher ihnen geben kann: sie suchen etwas, was zwischen den Inhalten aller einzelnen Bücher schwebt, was diese Inhalte in eins zu verknüpfen vermöchte. Sie schlingen die realsten, die entseelteste aller Literaturen hinunter und suchen etwas höchst Seelenhaftes. Sie suchen immerfort etwas, was ihr Leben mit den Adern des großen Lebens verbände in einer zauberhaften Transfusion lebendigen Blutes. Sie suchen in den Büchern, was sie einst vor den rauchenden Altären suchten, einst in dämmernden von Sehnsucht nach oben gerissenen Kirchen. Sie suchen, was sie stärker als alles mit der Welt verknüpfe, und zugleich den Druck der Welt mit eins von ihnen nehme. Sie suchen ein Ich, an dessen Brust gelehnt ihr Ich sich beruhige. Sie suchen, mit einem Wort, die ganze Bezauberung der Poesie. Aber es ist nicht ihre Sache, sich dessen Rechenschaft zu geben, noch auch ist es ihre Sache, zu wissen, daß es der Dichter ist, den sie hinter dem Tagesschriftsteller, hinter dem Journalisten suchen. Denn wo sie suchen, dort finden sie auch, und der Romanschreiber, der sie bezaubert, der Journalist, der ihnen das eigene Leben schmackhaft macht und die grellen Lichter des großen Lebens über den Weg wirft, den sie täglich früh und abends gehen – ich habe wirklich nicht den Mut und nicht den Wunsch, ihn von dem Dichter zu sondern. Ich weiß keinen Zeilenschreiber, den elendesten seines Metiers, auf dessen Produkte nicht, so unwürdig er dieses Lichtes sein mag, für ein völlig unverwöhntes Auge, für eine in der Trockenheit des harten Lebens erstickende Phantasie etwas vom Glanz der Dichterschaft fiele, einfach dadurch, daß er sich, und wäre es in der stümperhaftesten Weise, des wundervollsten Instrumentes bedient: einer lebendigen Sprache. Freilich, er erniedrigt sie wieder, er nimmt ihr soviel von ihrer Hoheit, ihrem Glanz, ihrem Leben als er kann; aber er kann sie niemals so sehr erniedrigen, daß nicht die zerbrochenen Rhythmen, die Wortverbindungen, die seiner Feder, ihm zu Trotz, zur Verfügung stehen, die Bilder, die in seinem Geschreibe freilich das Prangerstehen lernen, noch da und dort in eine ganz junge, eine ganz rohe Seele wie Zauberstrahlen fallen könnten. (Und gibt es nicht ihrer mehr Jugendschicksale, die denen Kaspar Hausers gleichen, als man ahnen möchte, in den ungeheuren Einöden, die unsere menschenwimmelnden Städte sind?)

Da ich an das mächtige Geheimnis der Sprache erinnert habe, so habe ich mit einem Mal das enthüllt, worauf ich Sie führen wollte. Vermöge der Sprache ist es, daß der Dichter aus dem Verborgenen eine Welt regiert, deren einzelne Glieder ihn verleugnen mögen, seine Existenz mögen vergessen haben. Und doch ist er es, der ihre Gedanken zueinander und auseinander führt, ihre Phantasie beherrscht und gängelt; ja noch ihre Willkürlichkeiten, ihre grotesken Sprünge leben von seinen Gnaden. Diese stumme Magie wirkt unerbittlich wie alle wirklichen Gewalten. Alles, was in einer Sprache geschrieben wird, und, wagen wir das Wort, alles, was in ihr gedacht wird, deszendiert von den Produkten der wenigen, die jemals mit dieser Sprache schöpferisch geschaltet haben. Und alles, was man im breitesten und wahllosesten Sinn Literatur nennt, bis zum Operntextbuch der vierziger Jahre, bis hinunter zum Kolportageroman, alles deszendiert von den wenigen großen Büchern der Weltliteratur. Es ist eine erniedrigte, durch zuchtlose Mischungen bis zum Grotesken entstellte Deszendenz, aber es ist Deszendenz in direkter Linie. So sind es doch wirklich die Dichter, immer nur die Dichter, die Worte, die ihr Hirn für immer vermählt, für immer zu Antithesen auseinander gestellt hat, die Figuren, die Situationen, in denen sie das ewige Geschehen symbolisierten, so sind es immer nur die Dichter, mit denen es die Phantasie der Hunderttausende zu tun hat, und der Mann auf dem Omnibus, der die halbgelesene Zeitung in der Arbeiterbluse stecken hat, und der Ladenschwengel und das Nähmädchen, die einander den Kolportageroman leihen, und alle die unzähligen Leser der wertlosen Bücher, ist es nicht seltsam zu denken, daß sie doch irgendwie in diesen Stunden, wo ihr Auge über die schwarzen Zeilen fliegt, mit den Dichtern sich abgeben, die Gewalt der Dichter erleiden, der einsamen Seelen, von deren Existenz sie nichts ahnen, von deren wirklichen Produkten ein so tiefer Abgrund sie und ihresgleichen trennt! Und deren Seelenhaftes, deren Wärme, bindend die auseinanderfliegenden Atome, deren Magie doch das einzige ist, was auch noch diese Bücher zusammenhält, aus jedem von ihnen eine Welt für sich macht, eine Insel, auf der die Phantasie wohnen kann. Denn ohne diese Magie, die ihnen einen Schein von Form gibt, fielen sie auseinander, wären tote Materie und auch nicht die Hand des Rohesten griffe nach ihnen.

Aber nach den Büchern, in denen die Wissenschaft die Ernte ihrer arbeitsamen Tage und Nächte aufhäuft, greifen Tausende von Händen unaufhörlich; diese Bücher und ihre Deszendenz scheinen es vor allen zu sein, die aus den feineren, den zusammengesetzteren Köpfen ihre Adepten gemacht haben. Und gehe ich nicht zu weit, wenn ich hier abermals eine versteckte Sehnsucht nach dem Dichter wahrzunehmen behaupte, eine Sehnsucht, die, so widersinnig wie manche Regungen der Liebe, von dem Gegenstand ihres heimlichen Wünschens sich gerade abzukehren, ihm für immer den Rücken zu wenden vorgibt? Aber sind es denn nicht wirklich nur und allein die wenigen, welche in einer Wissenschaft arbeiten, die ihr wirkliches Wesen in ihr suchen, ihr strenges, abgeschlossenes, von einem Abgrund ewiger Kälte umflossenes Dasein – und wäre für die unerprobten suchenden Seelen der vielen diese Kälte nicht so fürchterlich, daß sie sich daran verbrennen würden, und für ewig diesen Ort meiden?

Daß es Menschen gibt, die zu leben vermögen in einer Luft, die von der Eiseskälte des unendlichen Raumes beleckt wird, ist ein Geheimnis des Geistes, ein Geheimnis, wie es andererseits die Existenz der Dichter ist, und daß es Geister gibt, die unter dem ungeheuren Druck des ganzen angesammelten Daseins zu leben vermögen – wie ja die Dichter tun. Aber es ist nicht die Sache der vielen, es kann nicht ihre Sache sein. Denn sie stehen im Leben und aus der Wissenschaft, in ihrem reinen strengen Sinn genommen, führt kein Weg ins Leben zurück. Ihr wohnt ein Streben inne, wie den Künsten ein Streben innewohnt, reine Kunst zu werden, wofür man (aber es ist nur gleichnisweise zu verstehen) gesagt hat: sie streben danach, Musik zu werden. Dies Streben, sich zur Mathematik emporzuläutern, dies, wenn Sie wollen, ist das einzig noch Menschliche an den Wissenschaften, dies ist, wenn Sie wollen, ihre bleibende Durchseelung mit Menschlichkeit: denn so tragen sie das menschliche Messen ins Universum, und es bleibt, wie in dem alten Axiom, der Mensch das Maß aller Dinge. Aber hier auch schon schwingt sich der Weg ins Eisige und Einsame. Und nicht nach glühendem Frost der Ewigkeit treibt es die vielen, die nach diesen Büchern greifen und wiederum greifen; sie sind keine Adepten und auf ewig sind ihrem ruhelosen fragenden begierigen Gewimmel die Vorhöfe zugewiesen. Wonach ihre Sehnsucht geht, das sind die verknüpfenden Gefühle; die Weltgefühle, die Gedankengefühle sind es, gerade jene, welche auf ewig die wahre strenge Wissenschaft sich versagen muß, gerade jene, die allein der Dichter gibt. Sie, die nach den Büchern der Wissenschaft und der Halbwissenschaft greifen, so wie jene anderen nach den Romanen greifen, nach dem Zeitungsblatt, nach jedem bedruckten Fetzen, sie wollen nicht schaudernd dastehen in ihrer Blöße unter den Sternen. Sie ersehnen, was nur der Dichter ihnen geben kann, wenn er um ihre Blöße die Falten seines Gewandes schlägt. Denn Dichten, das Wort steht irgendwo in Hebbels Tagebüchern, Dichten heißt die Welt wie einen Mantel um sich schlagen und sich wärmen. Und an dieser Wärme wollen sie teilhaben und darum sind es die Trümmer des Dichterischen, nach denen sie haschen, wo sie der Wissenschaft zu huldigen meinen; nach fühlendem Denken, denkendem Fühlen steht ihr Sinn, nach Vermittlung dessen, was die Wissenschaft in grandioser Entsagung als unvermittelbar hinnimmt. Sie aber suchen den Dichter und nennen ihn nicht.

So ist der Dichter da, wo er nicht da zu sein scheint, und ist immer an einer anderen Stelle als er vermeint wird. Seltsam wohnt er im Haus der Zeit, unter der Stiege, wo alle an ihm vorüber müssen und keiner ihn achtet. Gleicht er nicht dem fürstlichen Pilger aus der alten Legende, dem auferlegt war, sein fürstliches Haus und Frau und Kinder zu lassen und nach dem Heiligen Lande zu ziehen; und er kehrte wieder, aber ehe er die Schwelle betrat, wurde ihm auferlegt, nun als ein unerkannter Bettler sein eigenes Haus zu betreten und zu wohnen, wo das Gesinde ihn wiese. Das Gesinde wies ihn unter die Treppe, wo nachts der Platz der Hunde ist. Dort haust er und hört und sieht seine Frau und seine Brüder und seine Kinder, wie sie die Treppe auf und nieder steigen, wie sie von ihm als einem Verschwundenen, wohl gar einem Toten sprechen und um ihn trauern. Aber ihm ist auferlegt, sich nicht zu erkennen zu geben, und so wohnt er unerkannt unter der Stiege seines eigenen Hauses.

Dies unerkannte Wohnen im eigenen Haus, unter der Stiege, im Dunkel, bei den Hunden; fremd und doch daheim; als ein Toter, als ein Phantom im Munde aller, ein Gebieter ihrer Tränen, gebettet in Liebe und Ehrfurcht; als ein Lebendiger gestoßen von der letzten Magd und gewiesen zu den Hunden; und ohne Amt in diesem Haus, ohne Dienst, ohne Recht, ohne Pflicht, als nur zu lungern und zu liegen und in sich dies alles auf einer unsichtbaren Waage abzuwiegen, dies alles immerfort bei Tag und Nacht abzuwiegen und ein ungeheueres Leiden, ungeheures Genießen zu durchleben, dies alles zu besitzen wie niemals ein Hausherr sein Haus besitzt – denn besitzt der die Finsternis, die nachts auf der Stiege liegt, besitzt er die Frechheit des Koches, den Hochmut des Stallmeisters, die Seufzer der niedrigsten Magd? Er aber, der gespenstisch im Dunkeln liegt, besitzt alles dies: denn jedes von diesen ist eine offene Wunde an seiner Seele und glüht einmal als ein Karfunkelstein an seinem himmlischen Gewand – dies unerkannte Wohnen, es ist nichts als ein Gleichnis, ein Gleichnis, das mir zugeflogen ist, weil ich vor nicht vielen Wochen diese Legende in dem alten Buch »Die Taten der Römer« gelesen habe, – aber ich glaube, es hat die Kraft, uns hinüberzuleiten, daß ich Ihnen von dem spreche, was nicht minder phantastisch ist und doch so ganz zu dem gehört, was wir Wirklichkeit, was wir Gegenwart zu nennen uns beruhigen: zu dem, wie ich den Dichter wohnen sehe im Haus dieser Zeit, wie ich ihn hausen und leben fühle in dieser Gegenwart, dieser Wirklichkeit, die zu bewohnen uns gegeben ist.

Er ist da, und es ist niemandes Sache, sich um seine Anwesenheit zu bekümmern. Er ist da und wechselt lautlos seine Stelle und ist nichts als Auge und Ohr und nimmt seine Farbe von den Dingen, auf denen er ruht. Er ist der Zuseher, nein, der versteckte Genosse, der lautlose Bruder aller Dinge, und das Wechseln seiner Farbe ist eine innige Qual: denn er leidet an allen Dingen, und indem er an ihnen leidet, genießt er sie. Dies Leidend-Genießen, dies ist der ganze

Inhalt seines Lebens. Er leidet, sie so sehr zu fühlen. Und er leidet an dem einzelnen so sehr als an der Masse; er leidet ihre Einzelheit und leidet ihren Zusammenhang; das Hohe und das Wertlose, das Sublime und das Gemeine; er leidet ihre Zustände und ihre Gedanken; ja bloße Gedankendinge, Phantome, die wesenlosen Ausgeburten der Zeit leidet er, als wären sie Menschen. Denn ihm sind Menschen und Dinge und Gedanken und Träume völlig eins: er kennt nur Erscheinungen, die vor ihm auftauchen und an denen er leidet und leidend sich beglückt. Er sieht und fühlt; sein Erkennen hat die Betonung des Fühlens, sein Fühlen die Scharfsichtigkeit des Erkennens. Er kann nichts auslassen. Keinem Wesen, keinem Ding, keinem Phantom, keiner Spukgeburt eines menschlichen Hirns darf er seine Augen verschließen. Es ist als hätten seine Augen keine Lider. Keinen Gedanken, der sich an ihn drängt, darf er von sich scheuchen, als sei er aus einer anderen Ordnung der Dinge. Denn in seine Ordnung der Dinge muß jedes Ding hineinpassen. In ihm muß und will alles zusammenkommen. Er ist es, der in sich die Elemente der Zeit verknüpft. In ihm oder nirgends ist Gegenwart.

Aber die Gewebe sind durchsetzt mit noch feineren Fäden, und wenn kein Auge sie wahrnimmt, sein Auge darf sie nie verleugnen. Ihm ist die Gegenwart in einer unbeschreiblichen Weise durchwoben mit Vergangenheit: in den Poren seines Leibes spürt er das Herübergelebte von vergangenen Tagen, von fernen nie gekannten Vätern und Urvätern, verschwundenen Völkern, abgelebten Zeiten; sein Auge, wenn sonst keines, trifft noch – wie könnte er es wehren? – das lebendige Feuer von Sternen, die längst der eisige Raum hinweggezehrt hat. Denn dies ist das einzige Gesetz, unter dem er steht: keinem Ding den Eintritt in seine Seele zu wehren, und was ein Mensch ist, ein lebendiger, der die Hände gegen ihn reckt, das ist ihm, nichts Fremderes, der flimmernde Sternenstrahl, den vor dreitausend Jahren eine Welt entsandt und der heute das Auge ihm trifft, und im Gewebe seines Leibes das Nachzucken uralter, kaum mehr zu messender Regung. Wie der innerste Sinn aller Menschen Zeit und Raum und die Welt der Dinge um sie her schafft, so schafft er aus Vergangenheit und Gegenwart, aus Tier und Mensch und Traum und Ding, aus Groß und Klein, aus Erhabenem und Nichtigem die Welt der Bezüge.

Er schafft. Dumpfe Schmerzen, eingeschränkte Schicksale können sich für lange auf seine Seele legen und sie mit Leid innig durchtränken und zu einer anderen Stunde wird er den gestirnten Himmel in seiner aufgeschlossenen Seele spiegeln. Er ist der Liebhaber der Leiden und der Liebhaber des Glücks. Er ist der Entzückte der großen Städte und der Entzückte der Einsamkeit. Er ist der leidenschaftliche Bewunderer der Dinge, die von ewig sind, und der Dinge, die von heute sind. London im Nebel mit gespenstigen Prozessionen von Arbeitslosen, die Tempeltrümmer von Luxor, das Plätschern einer einsamen Waldquelle, das Gebrüll ungeheuerer Maschinen: die Übergänge sind niemals schwer für ihn und er überläßt das vereinzelte Staunen denen, deren Phantasie schwerfälliger ist – denn er staunt immer, aber er ist nie überrascht, denn nichts tritt völlig unerwartet vor ihn, alles ist, als wäre es schon immer dagewesen, und alles ist auch da, alles ist zugleich da. Er kann kein Ding entbehren, aber eigentlich kann er auch nichts verlieren, nicht einmal durch den Tod. Die Toten stehen ihm auf, nicht wann er will, aber wann sie wollen, und immerhin, sie stehen ihm auf. Sein Hirn ist der einzige Ort, wo sie für ein Zeitatom nochmals leben dürfen und wo ihnen, die vielleicht in erstarrender Einsamkeit hausen, das grenzenlose Glück der Lebendigen zuteil wird: sich mit allem, was lebt, zu begegnen.

Die Toten leben in ihm, denn für seine Sucht, zu bewundern, zu bestaunen, zu begreifen, ist dies Fortsein keine Schranke. Er vermag nichts, wovon er einmal gehört, wovon ein Wort, ein Name, eine Andeutung, eine Anekdote, ein Bild, ein Schatten je in seine Seele gefallen, jemals völlig zu vergessen. Er vermag nichts in der Welt und zwischen den Welten als non avenu zu betrachten. Was ihn angehaucht hat und wäre es aus dem Grab, darum buhlt er im stillen. Es ist ihm natürlich, Mirabeau um seiner Beredsamkeit willen und Friedrich den Zweiten um seiner grandiosen Einsamkeit willen und Warren Hastings um seines Mutes willen und den Prinzen von Ligne um seiner Höflichkeit willen zu lieben, und Maria Antoinette um des Schafottes willen und den heiligen Sebastian um der Pfeile willen. Aber daneben läuft seine Phantasie noch jedem obskuren Abenteurer, von dem das Zeitungsblatt meldet, um seiner Abenteuer willen nach, dem Reichen um seines Reichtums, dem Armen um seiner Armut willen. Jeder Stand wünscht seinen Pindar, aber er hat ihn auch. Der Dichter, wenn er an dem Haus des Töpfers vorüberkommt oder an dem Haus des Schusters und durchs Fenster hineinsieht, ist so verliebt ins Handwerk des Töpfers oder des Schusters, daß er nie von dem Fenster fortkäme, wäre es nicht, weil er dann wieder dem Jäger zusehen muß oder dem Fischer oder dem Fleischhauer.

Ich höre manchmal im Gespräch oder in einer Zeitung klagen, daß einzelnes, was des Schilderns wert wäre, von den Dichtern unserer Zeit nicht geschildert werde, zum Beispiel die Inhalte mancher Industrien oder dergleichen. Aber wofern in diesen Betrieben das Leben eine eigene Form annimmt, einen neuen Rhythmus durch ein besonderes Zusammensein oder ein besonderes Isoliertsein der Menschen, wofern in diesen Betrieben die einzelnen Menschen oder viele zugleich in ein besonderes Verhältnis zur Natur treten, besondere Lichter auf sie fallen, die unendliche Symbolhaftigkeit der Materie neue unerwartete Schatten und Scheine auf die Menschen gießt, so werden sich die Dichter auf dies neue Ding, auf dies neue Gewebe von Dingen stürzen, vermöge der tiefen Leidenschaft, die sie treibt, jedes neue Ding dem Ganzen, das sie in sich tragen, einzuordnen, vermöge ihrer unbezähmbaren Leidenschaft, alles was da ist in ein Verhältnis zu bringen. Denn sie sind solche Schattenbeschwörer ohne Maß, sie machen ihren Helden nicht mehr bloß aus Alexander und Cäsar, nicht mehr bloß aus der neuen Heloise und dem Werther, nein: das unscheinbarste Dasein, die dürftigste Situation wird ihren immer schärferen Sinnen seelenhaft; wo nur aus fast Wesenlosem die schwächste Flamme eine eigenen Daseins, eines besonderen Leidens schlägt, sind sie nahe und weben sich das Unbelebte und den Dunstkreis, der es umschwimmt, zu einer gespenstigen Wesenheit zusammen.

Er kann ja an keinem noch so unscheinbaren Ding vorüber: daß es etwas in der Welt gibt wie das Morphium, und daß es je etwas gegeben hat wie Athen und Rom und Karthago, daß es Märkte von Menschen gegeben hat und Märkte von Menschen gibt, das Dasein Asiens und das Dasein von Tahiti, die Existenz der ultravioletten Strahlen und die Skelette der vorweltlichen Tiere, diese Handvoll Tatsachen und die Myriaden solcher Tatsachen aus allen Ordnungen der Dinge sind für ihn immer irgendwie da, stehen irgendwo im Dunkel und warten auf ihn und er muß mit ihnen rechnen. Er lebt, und das unaufhörlich, unter einem Druck unmeßbarer Atmosphären, wie der Taucher in der Tiefe des Meeres, und es ist die seltsamste Organisation einer Seele, daß sie diesem Druck standhält. Er darf nichts von sich ablehnen. Er ist der Ort, an dem die Kräfte der Zeit einander auszugleichen verlangen. Er gleicht dem Seismographen, den jedes Beben, und wäre es auf Tausende von Meilen, in Vibrationen versetzt. Es ist nicht, daß er unaufhörlich an alle Dinge der Welt dächte. Aber sie denken an ihn. Sie sind in ihm, so beherrschen sie ihn. Seine dumpfen Stunden selbst, seine Depressionen, seine Verworrenheiten sind unpersönliche Zustände, sie gleichen den Zuckungen des Seismographen, und ein Blick, der tief genug wäre, könnte in ihnen Geheimnisvolleres lesen als in seinen Gedichten. Seine Schmerzen sind innere Konstellationen, Konfigurationen der Dinge in ihm, die er nicht die Kraft hat zu entziffern. Sein unaufhörliches Tun ist ein Suchen von Harmonien in sich, ein Harmonisieren der Welt, die er in sich trägt. In seinen höchsten Stunden braucht er nur zusammenzustellen, und was er nebeneinanderstellt wird harmonisch.

Aber Sie wollen diese Harmonie genießen, und die Dichter dieser Zeit, möchte es Ihnen manchmal scheinen, bleiben sie Ihnen schuldig. Die Dichter, hören Sie mich versichern, führen alle Dinge zusammen, sie reinigen die dumpfen Schmerzen der Zeit, unter ihnen wird alles zum Klang und alle Klänge verbinden sich: und doch – Sie haben allzu viele dieser Bücher gelesen, es waren dichterische Bücher, es war die Materie des Dichters in ihnen, aber nichts von dieser höchsten Magie. Den zersplitterten Zustand dieser Welt wollten Sie fliehen und fanden wieder Zersplittertes. Sie fanden alle Elemente des Daseins bloßgelegt: den Mechanismus des Geistes, körperliche Zustände, die zweideutigen Verhältnisse der Existenz, alles wüst daliegend wie den Materialhaufen zu einem Hausbau. Sie fanden in diesen Büchern die gleiche Atomisierung, Zersetzung des Menschlichen in seine Elemente, Disintegration dessen, was zusammen den hohen Menschen bildet, und Sie wollten doch in den Zauberspiegel sehen, aus dem Ihnen das Wüste als ein Gebautes, das Tote als ein Lebendiges, das Zerfallene als ein Ewigblühendes entgegenblicken sollte. Das Dichterische in allen diesen Versuchen fühlen Sie wohl, aber wie, fragen Sie sich, wäre damit schon Dichterschaft beglaubigt?

Geht nicht von diesen dichterischen Seelen noch größere fieberhaftere Unruhe aus, anstatt Beruhigung? sind sie nicht wie sensible Organe dieses großen Leibes, vermöge welcher die disparaten anstürmenden Forderungen noch wilder die Seele zerwühlen? schaffen sie nicht Phantome, wo sie hinblicken, und beseelen verwirrend und unheimlich auch die zerfallenden Teile der Gebilde? Dies fragen Sie sich immer lauter, während Sie das Geschriebene aufnehmen, und mit Ungeduld, und fühlen sich gewaltsam herausgefordert, »auf die dürftige Geburt der Zeit den Maßstab des Unbedingten anzuwenden« und von denen, die die Dichter ihrer Zeit sein möchten, die höchste, die einzig unerläßliche dichterische Leistung zu verlangen, die Synthese des Inhaltes der Zeit. Dem dichterischen Element, der dichterischen Essenz, womit, Sie gestehen es mir gerne zu, diese Epoche nicht minder durchsetzt sein mag als eine andere, wollen Sie nicht länger Ihr bloßes Vorhandensein zugute halten – und Sie verlangen Resultate.

Sie finden in dem Werke Schillers, Sie finden, wenn auch minder leicht zu dechiffrieren, in dem Werk Hebbels jeweils die Summe einer Epoche gezogen, Sie sind nahe dem Punkte, wo Sie dem geheimnisvollen Novalis das gleiche zugestehen werden – und Sie begreifen es durchaus, daß ich von Goethe in diesem Zusammenhang nur darum nicht spreche, sein Werk nicht zuerst hier genannt habe, weil es nicht bloß die Synthese einer begrenzten Epoche, sondern zweier zusammenstoßender Zeitalter vollzieht und in diesem Betracht uns heute noch unabsehbar ist. Aber ein Gleiches, wohin Sie sich wenden, bleiben die Dichter dieser Zeit Ihnen schuldig. Und es möchte Ihnen scheinen, als wäre diesem Schuldigbleiben noch ein eigentümlich leichter Trotz beigemengt, ein bewußter Egoismus der Haltung, ein Sich-Wegwenden von dem, was die lautesten Fragen der Zeit zu sein scheinen, ein Versteckenspiel. Sie sehen, und sehen mit Befremden, wie wenig sich die Dichter ihres Amtes zu erinnern scheinen; wie sie es, mit einem Hochmut, an dem etwas wie Verachtung haftet, anderen Personen überlassen, für Augenblicke den Anwalt und den Rhetor der Zeit zu spielen. Es ist, als läge ein Abgrund zwischen ihrer Haltung und der Haltung Schillers, der so sehr der beredte, der bewußte Herold seiner Epoche war, zwischen ihrer Haltung und der Hebbels, der, schlaflosen Auges im Dunkel stehend, stets die Waage der Werte in seiner Hand auf und nieder gehen fühlte. Es ist, als seien sie sich in einer seltsamen Begrenztheit nur des unerschöpflichen Erlebnisses ihrer Dichterschaft bewußt und nie und nimmer des Amtes, das auf sie gelegt ist. Als sei ihnen, wenn sie ihre Werke schaffen, nur und einzig um die allergeheimnisvollste persönlichste Lust zu tun, um ein hastiges Baden im Leben, ein Ansichreißen und Wiederfahrenlassen der funkelnden Welle des Lebens. Als suchten sie in ihrem Schaffen – wenn wir die abgewandte, geheimnisvoll beleuchtete Seite dieser Dinge betrachten wollen – nur ein Ausruhen, ein krankhaftes Sich-in-irgendein-Bett-Werfen, nach endlosem Umhergewirbeltwerden; wie der Satan Karamasows sich sehnte, im Leib einer dicken dritthalb Zentner schweren Kaufmannsfrau sich zu verkörpern und an alles zu glauben, woran sie glaubt.

Diese Art, dies zu sehen, diese mehr gefühlte als gedankenhafte Abneigung – mir ist manchmal, als fühlte ich sie schweben, diese leise Spannung der Ungeduld, dies unausgesprochene Urteil einer Zeit über ihre Dichter, die da sind und die doch nicht für sie da zu sein scheinen. Die unaufhörlich in den Elementen der Zeit untertauchen und sich niemals über die Elemente zu erheben scheinen. Deren ewige Hingabe an den Stoff (und es macht so wenig Unterschied, ob es sich um den Stoff der äußeren Welt oder der inneren handelt) etwas ausdrückt wie ein Verzichten auf Synthese, ein Sich-Entziehen, eine unwürdige und unbegreifliche Resignation.

Mir ist manchmal, als ruhte das Auge der Zeit, ein strenger, fragender, schwer zu ertragender Blick, auf dem Dasein der vielen Dichter wie auf einer seltsamen unheimlichen Vision. Und als fühlten die Dichter diesen Blick auf sich, fühlten ihre Vielzahl, ihre Gemeinsamkeit, ihre Schicksalsverkettung und die Unbegreiflichkeit und doch die dumpfe Notwendigkeit ihres Tuns. Und diesem Tun ist keine Formel zu finden, aber es steht unter dem Befehl der Notwendigkeit, und es ist, als bauten sie alle an einer Pyramide, dem ungeheueren Wohnhaus eines toten Königs oder eines ungeborenen Gottes.

Denn sie sind nun einmal da. Sind da und sind auf eine Sache in der Welt gestellt: die Unendlichkeit der Erscheinungen leidend zu genießen und aus leidendem Genießen heraus die Vision zu schaffen; zu schaffen in jeder Sekunde, mit jedem Pulsschlag, unter einem Druck, als liege der Ozean über ihnen, zu schaffen, von keinem Licht angeleuchtet, auch von keinem Grubenlämpchen, zu schaffen, umtost von höhnenden, verwirrenden Stimmen; zu schaffen aus keinem anderen Antrieb heraus als aus dem Grundtrieb ihres Wesens, zu schaffen den Zusammenhang des Erlebten, den erträglichen Einklang der Erscheinungen, zu schaffen wie die Ameisen, wieder verstört, wieder schaffend, zu schaffen wie die Spinne, aus dem eigenen Leib den Faden hervorspinnend, der über den Abgrund des Daseins sie trägt.

Aber dies ist, was jeder für sich zu geben hat – doch ihrer sind viele und sie fühlen einander (wie könnten sie einander nicht fühlen, da sie jeden Druck der Luft fühlen, da sie das Wehen des Atems von einem fühlen, der seit tausend Jahren tot ist?), sie fühlen einander leben, fühlen ihrer aller Hände gemeinsam an einem Gewebe, ihrer tausend Hände nebeneinander im Dunkeln, ziehend an einem endlosen Seil. Und diesem Tun ist keine Formel zu finden, aber es steht unter dem Befehl der Notwendigkeit. Und auf diesem ganzen lautlosen Tun und Treiben ruht, möchte es uns scheinen, der strenge fragende Blick der Zeit ... Wie aber, wenn niemand diesen Blick zu erwidern hätte, niemand nicht heute und nicht späterhin dieser Frage eine Antwort schuldig wäre?

Wachen wir nicht manchmal aus dem Schlaf auf, meinen aufzuwachen, hören alles, sehen alles, und sind doch im Tiefsten betäubt, von den geheimen heilsamen Giften des Schlafes erfüllt, und liegen eine kurze Weile und unser zum Schein so waches Denken starrt in irgend eine Tiefe unseres Daseins mit einem furchtbaren eisernen qualvollen Blick? Nichts hält diesem Blicke stand. Wie trag ich das? fragt eine Stimme gräßlich in uns. Wie leb ich und trage das und mache nicht ein Ende mit mir? Denn es gibt keine erträgliche Antwort. Der Tag wird kommen, mit Morgenglocken und Vogelstimmen, das Licht wird lebendig werden, doch dies wird nicht anders sein. Aber ein einziges Wiedereinschlafen und dies ist fort, weggetilgt mit süßem Balsam des Lebens. So ist es mir, als schlüge aus einem Schlaf, im Innersten von geheimnisvoll wirksamen Giften betäubt, nur dann und wann die Zeit die Augen auf und heftete diesen furchtbaren fragenden Blick auf dies alles. Aber es ist der bohrende Blick eines Schlafenden und niemand, weder heute noch späterhin, wird ihm Antwort schuldig sein.

Niemals wieder wird eine erwachte Zeit von den Dichtern, weder von einem einzelnen, noch von ihnen allen zusammen, ihren erschöpfenden rhetorischen Ausdruck, ihre in begrifflichen Formeln gezogene Summe verlangen. Dazu hat das Jahrhundert, dem wir uns entwinden, uns die Phänomene zu stark gemacht; zu gewaltig angefacht den Larventanz der stummen Erscheinungen; zu mächtig hat sich das wortlose Geheimnis der Natur und der stille Schatten der Vergangenheit gegen uns hereinbewegt. Eine erwachte Zeit wird von den Dichtern mehr und Geheimnisvolleres verlangen. Ein ungeheurer Prozeß hat das Erlebnis des Dichters neu geprägt und damit zugleich das Erlebnis jenes, um dessen Willen der Dichter da ist: des einzelnen. Der Dichter und der, für den Gedichtetes da ist, sie gleichen beide nicht mehr denselben Figuren aus irgendwelcher vergangenen Epoche. Ich will nicht sagen, wieweit sie mehr dem Priester und dem Gläubigen zu gleichen scheinen oder dem Geliebten und dem Liebenden nach dem Sinne Platons oder dem Zauberer und dem Bezauberten. Denn diese Vergleiche verdecken soviel als sie enthüllen von einem unfaßlichen Verhältnis, in dem die so verschiedenen Magien aller dieser Verhältnisse sich mischen mit noch anderen namenlosen Elementen, die dem heutigen Tag allein gehören.

Aber dies unfaßliche Verhältnis ist da. Das Buch ist da, voll seiner Gewalt über die Seele, über die Sinne. Das Buch ist da und flüstert, wo Lust aus dem Leben zu gewinnen ist und wie Lust zerrinnt, wie Herrschaft über die Menschen gewonnen wird und wie die Stunde des Todes soll ertragen werden. Das Buch ist da und in ihm der Inbegriff der Weisheit und der Inbegriff der Verführung. Es liegt da und schweigt und redet und ist um soviel zweideutiger, gefährlicher, geheimnisvoller, als alles zweideutiger, machtvoller und geheimnisvoller ist in dieser über alle Maßen unfaßlichen, dieser im höchsten Sinne poetischen Zeit. Es hat keinen Sinn, eine wohlfeile Antithese zu machen und den Büchern das Leben entgegenzustellen. Denn wären die Bücher nicht ein Element des Lebens, ein höchst zweideutiges, entschlüpfendes, gefährliches, magisches Element des Lebens, so wären sie gar nichts und es wäre nicht des Atems wert, über sie zu reden. Aber sie sind in der Hand eines jeden etwas anderes, und sie leben erst, wenn sie mit einer lebendigen Seele zusammenkommen. Sie reden nicht, sondern sie antworten, dies macht Dämonen aus ihnen. Die Zeit kommt um ihre Synthese, aber in tausend dunklen Stunden versagen sich dem einzelnen nicht die tiefentsprungenen Quellen, – und ich weiß es schon nicht mehr, wenn ich diese Dinge in ihrem geheimen, schöneren Zusammenhang betrachte, ob ich noch von dürftigen Geburten sprechen darf, wo immerhin nach öden Zeiten aus der Seele Geborenes wiederum auf die Seele wirkt. Nie haben vor diesen Tagen Fordernde so ihr ganzes Ich herangetragen an Gedichtetes; so wie auf den Dichtern selbst liegt auch auf ihnen der Zwang, nichts draußen zu lassen. Es ist ein Ringen, ein Chaos, das sich gebären will in denen, die sich gierigen Auges auf die Bücher niederbeugen, wie in denen, die die Bücher hervorgebracht haben. In den Lesenden, von denen ich rede (den Einzelnen, Seltenen und doch nicht so Seltenen, wie man denken möchte), auch in ihnen will, als wäre es in einem Lebensbade, alles Dunkle sich erlösen, alles Zwiespältige sich vergessen, will alles zusammenkommen. Auch ihnen erlöst sich, wie dem Schaffenden, die Seele vom Stofflichen, nicht indem sie es verschmäht, sondern indem sie es mit solcher Intensität erfaßt, daß sie hindurchdringt. Auch ihnen ist in ihren höchsten Augenblicken nichts fern, nichts nah, kein Stand der Seele unerreichbar, kein Niedriges niedrig. Auch ihnen widerfährts wie dem Dichter und ihr Atmen in solchen

Augenblicken ist schöpferische Gewalt. Auch sie lesen in diesen seltenen Stunden, die ein Erlebnis sind, und die nicht gewollt werden können, nichts, woran sie nicht glauben, wie die Dichter es nicht ertragen, zu gestalten, woran sie nicht glauben. Ich sage »glauben« und ich sage es in einem tieferen Sinn, als in dem es, fürchte ich, in der Hast dieser ihrem Ende zustrebenden Rede zu Ihnen hinklingt. Ich meine es nicht als das Sich-Verlieren in der phantastischen Bezauberung des Gedichteten, als ein Vergessen des eigenen Daseins über dem Buche, eine kurze und schale Faszination. Es ist das Gegenteil, was ich zu sagen meinte: ich dachte das Wort in der ganzen Tiefe seines Sinnes zu nehmen. In seiner vollen religiösen Bedeutung meine ich es: als ein Fürwahrhalten über allen Schein der Wirklichkeit, ein Eingreifen und Ergriffensein in tiefster Seele, ein Ausruhen im Wirbel des Daseins. So glauben die Dichter das was sie gestalten, und gestalten das was sie glauben. Das All stürzt dahin, aber ihre Visionen sind die Punkte, die ihnen das Weltgebäude tragen. Dies Wort Visionen aber hinzunehmen, wie ich es gebe, es an keinen vorgefaßten Begriff zu binden, die wahre Durchdringung der engsten Materie ebenso unter diesen Begriff zu fassen wie das ungeheure zusammenfassende Schauen des kosmischen Geschehens – dies muß ich Ihnen anvertrauen: denn Sie sitzen vor mir, viele Menschen, und ich weiß nicht, zu wem ich rede: aber ich rede nur für die, die mit mir gehen wollen, und nicht für den, der sich sein Wort gegeben hat, dies alles von sich abzulehnen. Ich kann nur für die reden, für die Gedichtetes da ist. Die, durch deren Dasein die Dichter erst ein Leben bekommen. Denn sie sind ewige Antwortende und ohne die Fragenden ist der Antwortende ein Schatten. Freilich, es handelt sich vor allem um das Leben und um die Lebendigen, um die Männer und Frauen dieser Zeit handelt es sich, die einzigen, die für uns wirklich sind;

um deren willen allein die Vergangenheit und Zukunft da zu sein scheint; um deren willen Sonnen verglüht sind und Sonnen sich gebildet haben; um deren willen Urzeiten waren und ungeheuere Wälder und Tiere ohne Maß; um deren willen Rom hingestürzt ist und Karthago, damit sie heute leben sollten und atmen wie sie leben und atmen, und gehüllt sein in dies lebendige Fleisch und das Feuchte ihrer Augen glänzend an ihnen und ihr Haar um ihre Stirn in solcher Weise gelegt, wie es nun gelegt ist. Um diese handelt es sich und ihre Schmerzen und ihre Lust, ihre Verschlingungen und ihre Einsamkeiten. Aber es ist eine sinnlose Antithese, diesen, die leben, das Gedichtete gegenüberzustellen als ein Fremdes, da doch das Gedichtete nichts ist als eine Funktion der Lebendigen. Denn es lebt nicht: es wird gelebt. Für die aber, die jemals hundert Seiten von Dostojewski gelebt haben oder gelebt die Gestalt der Ottilie in den »Wahlverwandtschaften« oder gelebt ein Gedicht von Goethe oder ein Gedicht von Stefan George, für die sage ich nichts Befremdliches, wenn ich ihnen von diesem Erlebnis spreche als von dem religiösen Erlebnis, dem einzigen religiösen Erlebnis vielleicht, das ihnen je bewußt geworden ist. Aber dies Erlebnis ist unzerlegbar und unbeschreiblich. Man kann daran erinnern, aber nicht es dem Unberührten nahebringen. Wer zu lesen versteht, liest gläubig. Denn er ruht mit ganzer Seele in der Vision. Er läßt nichts von sich draußen. Für einen bezauberten Augenblick ist ihm alles gleich nah, alles gleich fern: denn er fühlt zu allem einen Bezug. Er hat nichts an die Vergangenheit verloren, nichts hat ihm die Zukunft zu bringen. Er ist für einen bezauberten Augenblick der Überwinder der Zeit. Wo er ist, ist alles bei ihm und alles von jedem Zwiespalt erlöst. Das einzelne ist ihm für vieles: denn er sieht es symbolhaft, ja das eine ist ihm für alles, und er ist glücklich ohne den Stachel der Hoffnung. Er vergißt sich nicht, er hat

sich ganz, diesen einzigen Augenblick: er ist sich selber
gleich.

Ich höre des öfteren, man nennt irgendwelche Bücher natu-
ralistische und irgendwelche psychologische und andere
symbolistische, und noch andere ebenso nichtssagende Namen. Ich glaube nicht, daß irgend eine dieser Bezeichnungen
den leisesten Sinn hat für einen, der zu lesen versteht. Ich
glaube auch nicht, daß ein anderer Streit, mit dem die Luft
erschüttert wird, irgend eine Bedeutung für das innere Leben der lebendigen Menschen hat, ich meine den Streit über
die Größe und die Kleinheit der einzelnen Dichter, über
die Abstufungen unter ihnen, und darüber, ob die lebendigen Dichter um so viel geringer sind als die toten. Denn ich
glaube, für den einzelnen, für den, der das Erlebnis des Lesenden kennt, für ihn wandeln tote Dichter mitten unter den
Lebendigen und führen ihr zweites Leben. Für ihn gibt es *ein*
Zeichen, das dem dichterischen Gebilde aufgeprägt ist: daß
es geboren ist aus der Vision. Sonst kümmern ihn keine Un-
terscheidungen. Er wartet nicht auf den großen Dichter. Für
ihn ist immer der Dichter groß, der seine Seele mit dem Un-
meßbaren beschenkt. Die einzige Unterscheidung, die er
fällt, ist die zwischen dichterischen Büchern und den unzähligen anderen Büchern, den sonderbaren Geburten der
Nachahmung und der Verworrenheit. Aber auch in ihnen
noch ehrt er die Spur des dichterischen Geistes und die Möglichkeit, daß aus ihnen in ganz junge, ganz rohe Seelen ein
Strahl sich senke. Er wartet nicht, daß die Zeit in einem
beredten Dichter, einem Beantworter aller Fragen, einem
Herold und einem Anwalt, ihre für immer gültige Synthese
finde. Denn in ihm und seinesgleichen, an tausend verborgenen Punkten vollzieht sich diese Synthese: und da er sich
bewußt ist, die Zeit in sich zu tragen, einer zu sein wie alle,

einer für alle, ein Mensch, ein einzelner und ein Symbol zugleich, so dünkt ihm, daß, wo er trinkt, auch das Dürsten der Zeit sich stillen muß. Ja, indem er der Vision sich hingibt und zu glauben vermag an das, was ein Dichter ihn schauen läßt – sei es menschliche Gestalt, dumpfe Materie des Lebens, innig durchdrungen, oder ungeheuere Erscheinung orphischen Gesichtes –, indem er symbolhaft zu erleben vermag die geheimnisvollste Ausgeburt der Zeit, das Entstandene unter dem Druck der ganzen Welt, das, worauf der Schatten der Vergangenheit liegt und was zuckt unter dem Geheimnis der drängenden Gegenwart, indem er es erlebt, das Gedicht, das seismographische Gebilde, das heimliche Werk dessen, der ein Sklave ist aller lebendigen Dinge und ein Spiel von jedem Druck der Luft: indem er an solchem innersten Gebilde der Zeit die Beglückung erlebt, sein Ich sich selber gleich zu fühlen und sicher zu schweben im Sturz des Daseins, entschwindet ihm der Begriff der Zeit und Zukunft geht ihm wie Vergangenheit in einzige Gegenwart herüber.

Wir hatten dieses Buch in Händen, da wir Knaben waren;
und da wir zwanzig waren, und meinten weit zu sein von der
Kinderzeit, nahmen wir es wieder in die Hand, und wieder
hielt es uns, wie sehr hielt es uns wieder! In der Jugend unseres Herzens, in der Einsamkeit unserer Seele fanden wir uns
in einer sehr großen Stadt, die geheimnisvoll und drohend
und verlockend war, wie Bagdad und Basra. Die Lockungen
und die Drohungen waren seltsam vermischt; uns war unheimlich zu Herzen und sehnsüchtig; uns grauste vor innerer
Einsamkeit, vor Verlorenheit, und doch trieb ein Mut und
ein Verlangen uns vorwärts und trieb uns einen labyrinthi-
schen Weg, immer zwischen Gesichtern, zwischen Möglichkeiten, Reichtümern, düstern, halbverhüllten Mienen, halb-
offenen Türen, kupplerischen und bösen Blicken in den
ungeheuren Bazar, der uns umgab: wie glichen wir diesen
weit von der Heimat verirrten Prinzen, diesen Kaufmanns-
söhnen, deren Vater gestorben ist, und die sich den Verfüh-
rungen des Lebens preisgeben, wie meinten wir ihnen zu
gleichen; gleich einer magischen Tafel, worauf eingelegte
Edelsteine, wie Augen glühend, wunderliche und unheimliche Figuren bilden, so brannte das Buch in unseren Händen: wie die lebendigen Zeichen dieser Schicksale verschlun-
gen ineinanderspielten, tat sich in unserem Inneren ein
Abgrund von Gestalten und Ahnungen, von Sehnsucht und
Wollust auf. Nun sind wir Männer, und dieses Buch kommt
uns zum dritten Male entgegen, und nun sollen wirs erst
wirklich besitzen.

Was uns früher vor Augen gekommen ist, waren Bearbeitungen und Nacherzählungen und wer kann ein poetisches
Ganzes bearbeiten, ohne seine eigentümlichste Schönheit,

seine tiefste Kraft zu zerstören? Das eigentliche Abenteuer freilich ist unverwüstlich und bewahrt, nacherzählt und wiederum nacherzählt, seine Kraft aber hier sind nicht bloß Abenteuer und Begebenheiten, hier ist eine poetische Welt – und wie wäre es uns, wenn wir den Homer nur aus der Nacherzählung seiner Abenteuer kennten. Hier ist ein Gedicht, woran freilich mehr als einer gedichtet hat; aber es ist wie aus einer Seele heraus, es ist ein Ganzes, es ist eine Welt durchaus. Und was für eine Welt! Der Homer möchte in manchen Augenblicken daneben farblos und unnaiv erscheinen. Hier ist Buntheit und Tiefsinn, Überschwang der Phantasie und schneidende Weltweisheit; hier sind unendliche Begebenheiten, Träume, Weisheitsreden, Schwänke, Unanständigkeiten, Mysterien; hier ist die kühnste Geistigkeit und die vollkommenste Sinnlichkeit in eins verwoben. Es ist kein Sinn in uns, der sich nicht regen müßte, vom obersten bis zum tiefsten; alles was in uns ist, wird hier belebt und zum Genießen aufgerufen.

Es sind Märchen über Märchen, und sie gehen bis ans Fratzenhafte, ans Absurde; es sind Abenteuer und Schwänke, und sie gehen bis ins Groteske, ins Gemeine; es sind Wechselreden, geflochten aus Rätseln und Parabeln, aus Gleichnissen, bis ins Ermüdende: aber in der Luft dieses Ganzen ist das Fratzenhafte nicht fratzenhaft, das Unzüchtige nicht gemein, das Breite nicht ermüdend, und das Ganze ist nichts als wundervoll: eine unvergleichliche, eine vollkommene, eine erhabene Sinnlichkeit hält das Ganze zusammen.

Wirklich, wir kannten nichts, da wir nur die Begebenheiten aus diesem Buche kannten; sie konnten uns grausig und gespenstisch scheinen; es war nur, weil sie aus der Luft ihres Lebens gerissen waren. In diesem Buche ist kein Platz für Grausen: das ungeheuerste Leben erfüllt es durch und durch. Die ungeheuerste Sinnlichkeit ist hier Element. Sie ist in diesem Gedicht, was das Licht in den Bildern von Rembrandt, was die Farbe auf den Tafeln Tizians ist. Wäre sie irgendwo eingeschränkt und durchbräche an einzelnen Stellen diese Schranken, so könnte sie beleidigen; da sie ohne Schranken dies Ganze, diese Welt durchflutet, ist sie eine Offenbarung.

Wir bewegen uns aus der höchsten in die niedrigste Welt, vom Kalifen zum Barbier, vom armseligen Fischer zum fürstlichen Kaufherrn, und es ist *eine* Menschlichkeit, die uns umgibt, mit breiter, leichter Woge uns hebt und trägt; wir sind unter Geistern, unter Zauberern, unter Dämonen und fühlen uns wiederum zu Hause. Eine nie hinfällige Gegenständlichkeit malt uns die herrlich mit Fliesen belegte Halle, malt uns den Springbrunnen, malt uns den von Ungeziefer wimmelnden Kopf einer alten Räubermutter; stellt den Tisch hin, deckt ihn mit schönen Schüsseln, tiefen Gefäßen, läßt uns die Speisen riechen, die fetten und die gewürzten und die süßen, und die in Schnee gekühlten Tränke aus Granatkernen, geschälten Mandeln, stark mit Zucker und duftendem Gewürz angesetzt, stellt mit der gleichen Lust uns den Buckel des Buckligen hin und die Scheußlichkeit böser alter Männer mit geiferndem Munde und schielenden Augen; läßt den Eseltreiber reden und den Esel, den verzauberten Hund und das eherne Standbild eines toten Königs, jeden voll Weisheit, voll Wahrheit; malt mit der gleichen Gelassenheit, nein, mit dem gleichen ungeheuern Behagen das Packzeug eines abgetriebenen Esels, den Prachtzug eines Emirs und von Gebärde zu Gebärde, schrankenlos, die erotische Pantomime der Liebenden, die nach tausend Abenteuern endlich ein erleuchtetes, starkduftendes Gemach vereinigt.

Wer möchte versuchen, ein durchaus wundervolles Gewebe, wie dieses, aufzutrennen? Und dennoch fühlen wir uns verlockt, dem Kunstmittel nachzuspüren, welches an tausend Stellen angewandt sein muß, daß eine so ungeheure Masse des Stoffes, mit der äußersten Realität behandelt, uns mit ihrer Wucht nicht beklemme, ja auf die Dauer unerträglich werde. Und das Gegenteil tritt ein: je länger wir lesen, desto schöner geben wir dieser Welt uns hin, verlieren uns im Medium der unfaßlichsten, naivsten Poesie und besitzen uns erst recht; wie man, in einem schönen Wasser badend, seine Schwere verliert, das Gefühl seines Leibes aber als ein genießendes, zauberisches, erst recht gewahr wird. Dies führt uns in die innerste Natur orientalischer Poesie, ja ins geheime Weben der Sprache; denn dies Geheimnisvolle, das uns beim höchsten gehäuften Lebensanschein von jeder Beklemmung, jeder Niedrigkeit entlastet, ist das tiefste Element morgenländischer Sprache und Dichtung zugleich: daß in ihr alles Trope ist, alles Ableitung aus uralten Wurzeln, alles mehrfach denkbar, alles schwebend. Die erste Wurzel ist sinnlich, primitiv, konzis, gewaltig; in leisen Überleitungen gehts von ihr weg zu neuen verwandten, kaum mehr verwandten Bedeutungen; aber auch in der entferntesten tönt noch etwas nach vom Urklang des Wortes, schattet noch wie in einem trüben Spiegel das Bild der ersten Empfindung. Von diesem ihrem Wesen sehen wir die Sprache und die Poesie – auf dieser Stufe sind sie eines – hier den unbewußtesten und unbegrenztesten Gebrauch machen. In einer schrankenlosen Gegenständlichkeit der Schilderung scheint die Materie überwuchtend auf uns einzudringen: aber was uns so nahekommt, daß es uns beleidigen könnte, wofern es nur auf den nächsten Wortsinn beschränkt wäre, löst sich vermöge der Vieldeutigkeit des Ausdrucks in einen Zaubernebel auf, daß wir hinter dem nächsten Sinn einen anderen ahnen, von dem jener übertragen ist. Den eigentlichen, ersten verlieren wir deswegen nicht aus dem Auge; aber wo er gemein war, verliert er sein gemeines Geheimnis, und oft bleiben wir mit dem aufnehmenden Gefühl in der Schwebe zwischen dem, was er versinnlicht, und einem Höheren dahinter, das bis zum Großartigen, zum Erhabenen uns blitzschnell hinleitet. Ich meine es einfach und möchte verstanden werden. Aber da ich von einer Trope, von einer übertragenen Bedeutung rede, so wird der Verstand des Lesers seine angewohnte Bahn gehen und nicht dorthin, wo ich ihn haben will, und wird an einen transzendentalen Sinn, eine verborgene höhere Bedeutung denken, wo ich ein weit minder künstliches und weit schöneres, das ganze Gewebe dieser Dichtungen durchsetzendes Phänomen aufzeigen möchte: diese Sprache – und es ist die Sache einer vortrefflichen Übersetzung, daß wir durch sie hindurch die Nacktheit der Originalsprache müssen spüren können wie den Leib einer Tänzerin durch ihr Gewand –, diese Sprache ist nicht zur Begrifflichkeit abgeschliffen; ihre Bewegungsworte, ihre Gegenstandsworte sind Urworte, gebildet, ein grandioses, patriarchalisches Leben, ein nomadisches Tun und Treiben, lauter sinnliche, gewaltige, von jeder Gemeinheit freie, reine Zustände sinnlich und naiv, unbekümmert und kraftvoll hinzustellen. Von einem solchen urtümlichen Weltzustand sind wir hier weit entfernt, und Bagdad und Basra sind nicht die Gezelte der Patriarchen. Aber noch ist die Entfernung keine solche, daß nicht eine unverwüstete, von Anschauung strotzende Sprache diesen modernen Zustand an jenen uralten tausendfach zu knüpfen vermöchte. Um eine laszive Gebärde, einen frechen Griff nach der Schüssel, ein gieriges Fressen und Hinunterschlingen köstlicher Speisen, eine brutale Züchtigung, eine fast tierische Regung von Furcht oder Gier nur bloß auszudrücken, sind ihr keine anderen als jene Urworte und Wendungen zur Verfügung, an denen immer etwas Großartiges hängt, etwas Ehrfurchtgebietendes und Naives, etwas von geheiligter Natur, grandiosen Zuständen, ewiger Reinheit. Es ist keine Ausschmückung gewollt, keine Hindeutung auf Höheres, kein Gleichnis; kein anderes Gleichnis zumindest, als eines, das dienen solle, das Sinnliche noch sinnlicher, das Lebendige noch lebhafter zu malen: es wird nicht der Mund groß aufgetan, um eine höhere Welt herbeizurufen, es ist nur wie ein Atmen durch die Poren, aber wir atmen durch die Poren dieser naiv poetischen Sprache die Luft einer uralt-heiligen Welt, die von Engeln und Dämonen durchschwebt wird und in der die Tiere des Waldes und der Wüste ehrwürdig sind wie Erzväter und Könige. So wird das Gemeine, die schamlose Einzelheit, ja das Schimpfwort nicht selten wie ein Fenster, durch das wir in eine geheimnisvoll erleuchtete Ahnenwelt, ja in noch höhere Geheimnisse hineinzublicken meinen.

Sehen wir so die grenzenlose Sinnlichkeit von innen her mit eigenem Lichte sich erleuchten, so ist zugleich dies Ganze mit einer poetischen Geistigkeit durchwoben, an der wir mit dem lebhaftesten Entzücken vom ersten Gewahrwerden zum vollen Begriff uns steigern. Eine Ahnung, eine Gegenwart Gottes liegt auf allen diesen sinnlichen Dingen, die unbeschreiblich ist. Es ist über dieser Wirrnis von Menschlichem, Tierischem und Dämonischem immer das strahlende Sonnenzelt ausgespannt oder der heilige Sternenhimmel. Und wie ein sanfter, reiner, großer Wind wehen die ewigen, einfachen, heiligen Gefühle: Gastlichkeit, Frömmigkeit, Liebestreue, durch das Ganze hin. Da ist, um von tausend Seiten eine aufzuschlagen, in der Geschichte von Allischar und der treuen Summurud, ein Augenblick, den ich nicht für irgendeine erhabene Stelle unserer ehrwürdigsten Bücher tauschen möchte. Und es ist fast nichts. Der Liebende will seine Geliebte befreien, die ein böser alter Christ ihm gestohlen hat. Er hat das Haus ausgekundschaftet, er ist um Mitternacht unter dem Fenster, ein Zeichen ist verabredet, er soll es nur geben, doch muß er noch eine kurze Frist warten. Da überfällt ihn so ungelegen als unwiderstehlich, als hätte das Geschick aus dem Dunkel ihn lähmend angehaucht, ein bleierner Schlaf. »Sitzend im Dunkel der Mauer, unter dem Fenster«, heißt es, »schlief er ein. Ruhm und Preis Ihm, den niemals Schlummer befällt.«

Ich weiß nicht, welchen Zug aus Homer oder Dante ich neben diese Zeilen stellen möchte: so aus dem Nichts in ein wirres Abenteuer hinein das Gefühl Gottes aufgehen zu lassen wie den Mond, wenn er über den Rand des Himmels heraufkommt und in das Menschenleben hineinblickt. Was aber wäre von den Weisheitsreden der Vögel und anderen Tiere zu sagen, von den tiefsinnigen Antworten der wunderbaren Jungfrauen, von den ans Herz gehenden Sprüchen und Wahrheiten, die sterbende Väter und alte weise Könige ins Ohr der jungen Menschen träufeln, und von den unerschöpflichen Wechselreden, mit denen die Liebenden ihr Glück und die Last ihres Entzückens gleichsam von sich entfernen, über sich hinausheben, dem Dasein zurückgeben. Und wie sie ihr Glück über sich heben, indem sie es in den Worten der Dichter, in den Worten heiliger Bücher aussprechen, so hebt der Knabe seine Schüchternheit, der Bettler seine Armut, der Durstende seinen Durst über sich hinaus. Indem die frommen, reinen Worte der Dichter in jedem Munde sind wie die Luft, an der jeder Anteil hat, ist von allen Dingen die Niedrigkeit genommen; über Tausenden verflochtener Geschicke schwebt rein und frei ihr Ewiges, in ewig schönen, unvergänglichen Worten ausgesprochen. Diese Abenteuer, deren ganzer Inhalt ein gieriges Trachten ist, ein verworrenes Leiden und ein unbedingtes Genießen, scheinen nur um der erhabenen, über ihnen schwebenden Gedichte willen da – aber was wären diese Gedichte, was wären sie uns, wenn sie nicht aus einer Lebenswelt hervorstiegen?

Unvergleichlich ist diese Lebenswelt, und durchsetzt von einer unendlichen Heiterkeit, einer leidenschaftlichen, kindlichen, unauslöschlichen Heiterkeit, die alles durcheinanderschlingt, alles zueinanderbringt, den Kalifen zum armen Fischer, den Dämon zum Hökerweib, die Schönste der Schönen zum buckligen Bettler, Leib zu Leib und Seele zu Seele. Wo hatten wir unsere Augen, da wir dies Buch ein Labyrinth und voll Unheimlichkeit fanden! Es ist unsäglich fröhlich. Noch das böse Tun, das böse Geschehen umgaukelt es mit unendlicher Heiterkeit. Der Liebende will seine Geliebte befreien; er ist um Mitternacht unter den Fenstern; sie, im Dunkeln, harrt seines Zeichens, da überfällt ihn ein bleierner Schlaf. Ein riesenhafter Kurde, der grausamste, schändlichste Räuber von vierzig, gerät in die Straße, sieht den Schlafenden, erlauscht die Harrende; er klatscht aufs Geratewohl in die Hände, die schöne Summurud läßt sich auf seine Schultern hinab, und er galoppiert dahin, die schöne leichte Last tragend, als wäre es nichts. Sie wundert sich seiner Kraft. »Ist dies Allischar?« fragt sie sich, »der da unter mir hintrabt, unermüdlicher als ein junger Gaul? Kann dies mein Liebster sein, der mir schrieb, er wäre vor Gram und Sehnsucht nach mir abgezehrt und matt, nahe am Tod?« Und er galoppiert dahin, und sie wird ängstlicher, und da er ihr nicht antwortet, fährt sie ihm mit der Hand ins Gesicht: »da war es das Gesicht des greulichen Kurden, rauh und stachlig, es war anzufühlen wie die Schnauze eines Schweines, das in seiner Gier ein Huhn lebendig verschluckt hat, und die Schwanzfedern stehen ihm zum Halse heraus«. Es ist frevelhaft, das einzelne so herauszureißen – aber diese

Situation, diese Erwägung, dies Nachdenken der Schönen, während sie durch die Nacht hinsaust auf den Schultern des wüsten Räubers, dieser Augenblick der Entdeckung und dies unglaubliche Gleichnis, das uns mit eins in den hellen Tag, ins Gehöfte hinausweist und das man nicht vergißt – ich weiß nicht, wo ähnliches zu finden wäre, außer dann und wann an den heitersten, naivsten, frechsten Stellen der Komödien des bezaubernden Lope de Vega. Wo hatten wir unsere Sinne, als wir dies Buch unheimlich fanden! Es ist ein Irrgarten, aber ein Irrgarten der Lust. Es ist ein Buch, das ein Gefängnis zum kurzweiligen Aufenthalt machen könnte. Es ist, was Stendhal davon sagte. Es ist das Buch, das man immer wieder völlig sollte vergessen können, um es mit erneuter Lust immer wieder zu lesen.

ANTWORT AUF DIE »NEUNTE CANZONE« GABRIELE D'ANNUNZIOS

Wien, 1. Februar [1912]

Sie sind es müde, d'Annunzio, Ihre Rhetorik in den Dienst schöner Dinge zu stellen. Diese letzten zwanzig Jahre hindurch haben Sie es für Ihr Vorrecht gehalten, der Herold reiner, schöner und glorreicher Erinnerungen zu sein. Sie waren die öffentliche und melodische Stimme Ihres Landes, wenn der Geburtstag eines Ihrer bezaubernden Musiker sich nach hundert Jahren erneuerte oder wenn einem anderen großen Sohne Italiens ein Denkmal geweiht wurde. Man hörte Ihre Stimme, wenn ein Schiff vom Stapel lief und wenn ein alter Kirchturm einstürzte. Ihre Hymnen waren ohne Zahl, aber keine entbehrte eines würdigen Gegenstandes. Der Lobspruch war Ihr eigentliches Metier. »Lobsprüche« ist der Titel Ihres schönsten Buches. Ihre Kandidatenrede, als Sie Parlamentarier werden wollten, war ein Lob des Akkerbauers, gewürzt mit Zitaten aus Hesiod und Virgil; und Sie wurden gewählt; und als Sie im Parlament aus Ihrer Bank aufstanden, um sich, kurz entschlossen, auf den Bänken der Gegenpartei niederzulassen, so zweifle ich nicht, daß Sie an diesem Tage zwei unvergleichliche Lobreden gehalten haben: die eine auf die Partei, der Sie den Rücken kehrten, die andere auf die, der Sie sich zuwandten. Sie haben seitdem die wundervollen Städte Ihres Landes, eine nach der andern, verherrlicht: ihre Türme und ihre Mauern, ihre Rathäuser und ihre Tore; die dunklen und erhabenen Erinnerungen ihrer Geschichte, die Mienen ihrer Frauen. Nach den großen Städten haben Sie die kleineren Städte gepriesen und dann die einzelnen Punkte der Landschaft. Sie haben die liebliche Mündung des Arno verherrlicht und die Fischerhütte am ravennatischen Strand, in der Garibaldi sich verbarg; die Schluchten des Apennin und die reiche Ebene um Bologna; die Biegungen der Küste, die Linien der Flüsse, die Straßen und die Kreuzwege, die Bäume, die Aquädukte, die Vieh- herden, die Lavaströme, die Friedhöfe, die Aussichtspunkte. Ihre Poesie vereinigte zuweilen den Schwung Pindars mit der Zuverlässigkeit des Baedeker, und man war erstaunt und be- unruhigt, wenn man gelegentlich unter einem Ölbaum saß oder in einen Feldweg einbog, den Sie nicht für die Ewigkeit festgehalten hatten.

Damals waren Sie ein Dichter, ein bewundernswerter Dichter, ein bewundernswerter italienischer Dichter. (Nicht so sehr vielleicht der Nachfolger des erhabenen Leopardi oder des reinen, großen Manzoni, als die kompletteste Wiedergeburt eines Francesco Redi oder Giambattista Ma- rini, die beide große, schwelgerische, bewundernswerte und bewunderte italienische Dichter waren.) Dann kam eine Phase, da waren Sie der lateinische Dichter, der lateinische Dichter katexochen. Später dann waren Sie, das fällt ins vorige Frühjahr, Franzose und französischer Dichter. Zwi- schendurch waren Sie, glaube ich, argentinischer Dichter. *Ich weiß nicht, was Sie heute sind.*

Ich weiß wirklich nicht, wer oder was man sein muß, um diese Neunte Canzone zu schreiben oder, wenn man das Unglück gehabt hat, sie zu schreiben, um sie dann nicht in derselben Stunde zu verbrennen. Ich weiß wirklich nicht, wer oder was man sein muß, um an einem Produkt dieser Art festzuhalten, wenn man einen Verleger hat, der Men- schenverstand genug besitzt, dieses Produkt mit beiden Händen von sich abzuwehren, wenn eine Redaktion, mit der man hinlänglich liiert ist, einem die Publikation dieses Produktes rundweg ablehnt, wenn die Regierung des eige- nen Landes dieser Redaktion und diesem Verleger durch ein Verbot zu Hilfe kommt und wenn die ernsthaftesten patriotischesten Zeitungen des eigenen Landes der Regierung zubilligen, sie habe bei dieser Beschlagnahme »mehr aus menschlichem Schamgefühl als aus politischer Vorsicht« gehandelt.

Ich frage mich, wer oder was man sein muß, um in einem so ernsten Moment so unrecht und so unpolitisch, so wenig menschlich und zugleich so grotesk zu handeln. Ich frage mich, wie es möglich ist, ohne Haß die Gebärde des Hasses zu grimassieren, ohne Erregung die Grenzen des Anstandes zu überschreiten und mit den Erinnerungen einer höchst ernsthaften Vergangenheit ein solches Spiel zu treiben. Ich frage mich, wie man, wenn man Tyrtäos spielt, so viel vom Pulcinella an sich haben kann, wie man die alberne Anekdote, die stereotype alte Lüge, die Gebärde des Komödianten und die infime Beredsamkeit des agent provocateur durcheinandermischen und wie man es darauf anlegen kann, durch Terzinen mit dem Effekt des »patriotischen« Kinematographen zu wetteifern.

Vor allem aber, wie man in einem für sein eigenes Volk kritischen und ernsten Augenblick mit bewußter Unaufrichtigkeit die Vergangenheit mit der Gegenwart vermengen kann. Diese Vergangenheit ist so sehr Vergangenheit als nur etwas, sie ist welthistorische Vergangenheit. Sie umfaßt ein Jahrtausend: denn sie ist ein Block von Legnano bis Pavia, von Pavia bis Lodi, von Lodi bis Custozza. Wir sind gestanden, wo unsere historische Mission uns hingestellt hatte, und hundertundfünfzig Schlachtfelder bezeugen – Schlachtfelder, von denen Sie für hundertundfünfzig Oden Gebrauch machen können –, daß wir ziemlich fest gestanden sind. Wir hatten dieses Land als Erbe der Vergangenheit und haben uns betragen, wie es unsere Schuldigkeit war. Als das Geschick, das diesen tausendjährigen Kampf gewollt hatte, auch sein Ende wollte, vermöge der im Innern des Geschehens tätigen Kräfte, deren Hervortreten wir die geschichtlichen Ideen nennen, da löste sich diese Umklammerung. Diese Lösung hat einen welthistorischen Namen; aber durch eine geheimnisvolle Fügung, die durch ihre symbolische Tiefe und Zartheit gelegentlich Ihrer Poesie eine Lektion geben könnte, führt dieses Ende einen Namen, der weder Ihnen noch uns wehtut: denn es heißt nicht Custozza und Lissa, sondern Königgrätz.

Ohne Schmerz und mit keinem anderen Gefühl als Ehrfurcht bleiben wir auch, d'Annunzio, in Ihren Dörfern vom Cadorin bis zur Brianza vor den Marmortafeln stehen, auf denen die Namen der braven Leute zu lesen sind, die im Kampf gegen brave Leute für die Freiheit und Einheit von Italien gefallen sind. Nicht als Fremde gehen wir dort umher, wahrhaftig nicht als haßerfüllte Fremde stehen wir auf dem blutgetränkten Hügel bei Vicenza oder in dem Gefilde von Peschiera, wo so viele Tote lagen; denn in diesem Jahrtausend ist viel Blut durcheinandergeflossen, auf Schlachtfeldern viel und auch bei Hochzeiten, und vielleicht fließt mehr von Dantes Blut, von dem lombardischen Blut des großen Dante in den Adern des einen oder andern von uns als in den Ihrigen. Denn wirklich, denke ich Sie in diesem Augenblick, Sie als einen lebendigen Menschen und diesen Menschen als den, der diese »Neunte Canzone« ausgesonnen und hingeschrieben hat, so fühle ich nichts von einem Italiener, nichts von wahrem italienischem Geist mir Aug in Auge. Auch dieser Geist ist ein historisch Gegebenes: er blickt uns an aus den Gesichtern großer weltkluger Päpste; er sieht aus den Zügen des Machiavell, und in dem Sohn der Lätitia Bonaparte ist viel von ihm. Italienisch sein heißt hart und fein und klar sein, das Gegebene sehen, wie es ist, mit uralten Bauernaugen, und sich das Beste davon nehmen.

Italienisch ist der zarte und strenge Kontur des Mantegna, italienisch die kühne, aber irdische Spekulation des Lionardo, italienisch das Argument eines Paolo Sarpi, italienisch die Politik von Cavour und Mazzini. Italienisch ist die strenge, scharfe Linie in der Poesie des Alfieri, des Giusti. Italienisch ist es, klar zu wollen, hartnäckig festzuhalten, mit Einfachheit zu leben, und wenn es sein muß, mit Anstand, in Bescheidenheit zu sterben, so wie jetzt von braven Männern in der Cyrenaika gestorben wird.

Schreiend schlecht passen Ihre Terzinen zu allen diesen Dingen. Wer das Unglück hatte, sie in die Hand zu bekommen, hat nichts in der Hand, was italienischen Geist atmet. Ich sehe nicht das Endglied der Reihe, an deren Anfang Dante steht. Ich sehe keinen italienischen Dichter und keinen italienischen Patrioten. Ich sehe Casanova, den das Spielerglück verlassen hat, Casanova mit fünfzig Jahren, Casanova in keinem glücklichen Moment, Casanova kriegerisch geschminkt und über dem notdürftig zugeknöpften Schlafrock die Leier des Tyrtäos.

Und indem ich nichts zu sehen vermag, was zu der Reihe würdiger und vornehmer italienischer Gesichter paßt, welche die Erinnerung spontan mir heraufgerufen hat, frage ich mich, wessen Züge mir da wie aus einem halberblindeten Spiegel entgegenkommen, frage mich: ist dies nicht das *zweite italienische Gesicht*, symbolisch wie das erste – ein Gesicht, das einmal existierte, aber verschwunden zu sein schien –, das Gesicht des Pasquino, das Gesicht des Pietro Aretin, und diese Gebärde der »Neunten Canzone«, diese Schmähung aus dem Dunkeln, dieser Dolchstoß in den Rücken des alliierten Mannes, dieses Höhnen und Provozieren unter dem Schutze anderer, dieses Ausnützen einer durch die Situation gegebenen Straflosigkeit, diese ganze würdelose Gebärde des Pasquillanten – ist dies nicht die symbolische Gebärde zu diesem symbolischen Gesicht? Aber dieses zweite italienische Gesicht gehört den Jahrhunderten an, die Ihr die Jahrhunderte der Sklaverei nennt – und nun, da Ihr die Herren seid in Eurem Lande, ist es *unmöglich* geworden, dieses Gesicht, und niemand und nichts dürfte heute in Italien so *unmöglich* sein, sich als so unmöglich fühlen wie der Mann, aus dessen Versen heraus, wie aus einem bösen Traum hervor, sich dieses Gesicht im zwanzigsten Jahrhundert nur für einen Augenblick zeigen konnte.

ERSTER WELTKRIEG
UND ZWISCHENKRIEGSZEIT
(1914-1929)

Zu gewöhnlichen Zeiten, aus denen wir durch das Geschick herausgehoben sind, ist es eher ein Zuviel als ein Zuwenig an Büchern, die in der Leute Hand und Mund sind, was das Hervorheben eines einzelnen Buches schwer macht. Eine innere Unlust: ein Wozu? und Wem auch? ist schwer zum Schweigen zu bringen. Die Veranstaltungen sind weitläufig, um beständig neu entstehende Bücher in Umlauf zu setzen oder ältere aus dem Bestand der eigenen und der anderen Literaturen herbeizuholen. Tausend Mühlen des Geistes sind aufgestellt, so müssen sie unablässig mahlen; die Aufmerksamkeit wird hin- und hergezerrt, aus dem Allgemeinen ins Einzelnste, aus dem Nüchtern-Platten ins Exotisch-Besondere. Das, was seiner Art nach selten bleiben müßte und von wenigen gekannt, wird gemein gemacht; jedem wird jegliches angeboten, ja nachgeworfen, wo doch für manche manches sich eignet, selten vieles für einen; was aber jeder aufnehmen sollte, das meint er längst ohnedies zu besitzen, streift daran vorbei und gedankenlos nach Neuem und wieder Neuem hin. Alles geht, der allgemeinen Rede nach, auf Bildung und Beseelung, sieht man aber zu, so geht alles auf Betäubung und Zerstreuung, ein ehrfurchtsloser Betrieb hält das Geistige feil, das seiner Natur nach freilich nie völlig entwürdigt, wohl aber um alle seine wahren Kräfte gebracht werden kann, und der einzelne verbraucht einen großen Teil seiner Kraft, sich dem verwirrenden Handel zu entziehen, der beständig anlockt und den Begierigen noch unruhiger, den Ungefestigten noch zerklüfteter entläßt.

Gerät aber aus diesem Chaos eine ganze Nation in einen Zustand wie den jetzigen, so zeigt sich mit eins, wie wenige von den vielen Büchern, die sonst von Hand zu Hand gehen, eigentlich für die Allgemeinheit eine wirkliche Existenz haben. Es offenbart sich, daß die vielen Geistesprodukte, die so auf den Wellen des Tages mitschwimmen, alles mögliche an sich haben, nur nicht das, was eigentlich selbstverständlich sein sollte; ja, daß es den meisten schwerfällt, sich dies Selbstverständliche klarzumachen. Doch umschreibt sich dieses mit einem einzigen Wort: Gehalt, was aber in dem Worte liegt, das vermag nur die gereifte und geschulte Erfahrung auszuschöpfen oder die eingeborne und unverdorbene Divination: so kommen die gehaltvollsten Bücher allmählich wie von selber an die Jugend, ja an die Kinder, und gehen als ein fester Bestand von Generation zu Generation in dieser Sphäre weiter, während die Erwachsenen, halb aufmerksame, dünkelhafte und zerstreute Leser, sich wie von einer bösen Circe ins Platte und ins Absurde oder Närrische locken lassen, Generation auf Generation, auf immer gleichen, aber immer neu scheinenden Zickzackpfaden. Werden sie aber alt, so greifen sie zu den Büchern ihrer Jugend, halb suchen sie sich selber in den Büchern, halb das Große, das ihnen damals vor die Seele trat, und so kann es das Zimmer eines Siebzigjährigen oder eines Fünfzehnjährigen sein, wo man Schillers Dramen oder einen Roman von Walter Scott auf dem Fensterbrett findet.

»Inter arma silent musae« heißt ein Wort, das in seinem oberflächlichen Bestande wahr ist, in einem tieferen bezweifelt werden kann, und aus Goethe stellt sich ihm ein anderes entgegen: »Noch im höchsten Glück und in der äußersten Not bedarf der Mensch des Künstlers.« Stanley, auf seinem viermonatigen Marsch durch den undurchdringlichen Urwald, saß nachts an seinem Lagerfeuer, um ihn das Gestöhn der Verhungernden und von Giftpfeilen Getroffenen, und las in Shakespeare. Man darf vermuten, daß in diesen vier Monaten seit August 1914 nicht weniger, sondern mehr,

das heißt eindringlicher und ernsthafter in deutschen Büchern gelesen wurde als in irgendwelchen vier Monaten
eines Friedensjahres. Nicht nur in Gebetbüchern, was selbstverständlich ist, und dort, wo Deutschland protestantisch
ist, in der Bibel und im Gesangbuch, sondern auch in weltlichen deutschen Büchern und vielleicht am meisten in denen, worin sonst die Kinder und die Halberwachsenen
lesen. Denn die Menschen sind gesammelter als in der be-
ständigen Zerrüttung des einzig auf hastigen oder mühsa-
men Erwerb gestellten Lebens, und fähiger, das Gehaltvolle
zu erkennen; sie sind in einem erhöhten Zustand und dem
Geistigen zugänglicher. Sie greifen nicht nach diesem oder
jenem angepriesenen Buch des Tages wie sonst, sondern
nach einem, das sie schon kennen oder zu kennen meinen.
Es geht mit ihnen wie den Kranken: das Neue ist ängstlich,
das Fremde unerwünscht. Es ist nicht Ablenkung, was man
sucht, sondern Sammlung, geistiger Trost. Man will nicht
von sich selber fort, sondern tief in sich selber hinein. Den,
der nach einem Buch langt, treibt die Ahnung, die Hoffnung, die Gewißheit: es gebe in Büchern, einigen, den kostbarsten, die ein Volk besitzt, ein Refugium, ein Gefeitsein
gegen alles, auch das Ungeheuerlichste der Gegenwart. Es
gebe eine Tiefe, wo der Einzelne wie die Gesamtheit hinab-
tauchen könne und wissen: Du bist unzerstörbar. Dir kann
nichts geschehen.

In welchen Büchern diese Tiefe zu suchen, entscheidet der
Instinkt, der in einem solchen Augenblick das vermeintliche
Verdikt der Bildung, die dürftige Übereinkunft der Mode
zurückdrängt. Wie auf Verabredung griffen im ersten Monat des Krieges Hunderttausende der Deutschen nach *Bis-
marcks »Gedanken und Erinnerungen«*. Dort war Aufklärung, Trost, Schutz, beinahe Geborgenheit. Nichts ist
befreiter vom Druck der Materie als eine Kriegszeit; dies er-

leben wir, wir konnten es nicht voraus wissen. Vor der Kraft des Erlebnisses haben die Bücher freilich einen schweren Stand: das Scheinhafte, das Anspruchsvolle, das innerlich Ungute, das herzlos Grelle, das seelenlos Weitläufige und Getiftelte zergeht wie Zunder. Das Unwahre ist unerträglich, aber das scheinbar Geringe wird gewichtiger, das einfach Menschenhafte, das Elementare besteht glorreich.

Es gibt alte, kleine Bücher, die zum Teil Kinderlektüre sind, da und dort bruchstückweise in den Schullesebüchern weitergetragen, zum Teil fast vergessen: Hebels »Schatzkästlein« oder Mösers »Patriotische Phantasien«. Wer ihrer eines aufschlägt, die eine oder andere Geschichte laut liest oder auch für sich, aber mit Sammlung, wird nicht betrogen sein, es sei denn, er sucht und erwartet anderes. Was er hier findet, ist nicht Spannung, nicht das Schildernde oder das Psychologische, aber menschlicher Gehalt, eine simple Wahrheit der wichtigsten Lebensbezüge, ein reiner, scharfer Kontur. Es ist eine altväterische deutsche Welt darin, die Motive des Hasses und der Zerklüftung fehlen, es wird einem wohl, wenn man in diese Welt des achtzehnten oder frühen neunzehnten Jahrhunderts hineinsieht, denn sie ist rein und kräftig angeschaut, nicht verzierlicht und versüßlicht, wie die falsch-biedermännischen Familiengemälde aus den zwanziger und dreißiger Jahren. Es ist das Unzerstörbare im deutschen Volks- und Bürgerwesen, was uns hier entgegenblickt. Noch stärker, geheimer und tiefer in den Hausmärchen der Brüder Grimm. Dies ist freilich sonst das Buch unserer Kinder, die Geschichten vom »Dornröschen« und »Schneewittchen«, von der »Frau Holle« und vom »Froschkönig« und viele andere gehören ihnen, aber daneben stehen in den vollständigen Ausgaben des Buches noch viele andere tiefe und schöne Geschichten, in denen das wahre Herz des Volkes darin ist, die wahre, scharfumgrenzte Wesenheit des deutschen Gemütes, das nichts Schwimmendes und nichts Schweifendes in sich hat, sondern etwas Verhaltenes, Maßvolles. Ich meine die Geschichten wie »Das Totenhemdchen« oder »Die klare Sonne bringts an den Tag« oder »Der arme Junge im Grab« oder der »Machandelboom« und andere, denen allen ich nichts im Bereich der deutschen Dichtung, die Gedichte Goethes eingeschlossen, an die Seite zu stellen wüßte.

Das Einfache, Wortkarge, in sich Geschlossene ist nicht jedermanns Sache. Es gehört ein bestimmter Sinn dazu, mancher will durch die kraftvolle Bewegung eines fremden Gemütes in die Höhe gehoben werden und sich des Druckes der schweren Zeit ledig fühlen: so rührt die große Seele *Schillers* heute an tausend Seelen, vieles an seinen *Dramen*, das abgeblichen schien, glüht heute von innerem Feuer, seine scharfgeprägten Sentenzen haben eine grandiose neue Wahrheit: er ist der Dichter der bewegten Zeiten, denn alles an ihm ist Bewegung, Aufschwung. Einer ging im Schwunge noch über Schiller hinaus, Goethe meinte, er ginge zu weit, schwinge sich in die Leere, doch war es nicht so, es war nur ein Hinüber, ein neuer unbefahrener Ozean, sein eigenes Gemüt. Ich rede von *Hölderlin* und seinem »*Hyperion*«, dem Buch der einsamen, mit dem Schicksal ringenden Seele. Es ist ganz Zartheit und Adel des Herzens, und doch ist eine Riesenkraft des deutschen Gemütes darin, die Adlerflügel ausspannt, und es wundert mich nicht, daß ich in Briefen gesehen habe, daß von deutschen Männern und Jünglingen aus den Schützengräben in Flandern nach diesem Buch verlangt wird. Wie könnte aber wirklich dem Volk irgendein böses Geschick nahekommen, dessen Söhne mitten im Tode und in dem Wirken des Todes nach dem Reinen, Hoheitsvollen als nach der Nahrung für ihre Seele verlangen? Der »Hyperion« ist ein leidenschaftliches Buch und doch strömt Beruhigung von ihm aus, es zerrüttet nichts, sondern sammelt und hebt das Gemüt, so geht es uns heute auch mit dem anderen großen Buch der Leidenschaft, dem »*Werther*«. Den Zeitgenossen war es ein gefährliches Buch, es soll mehr als ein Leben auf dem Gewissen haben, und Goethe hat sich gegen die Vorwürfe, die ein Engländer ihm hiefür machte, in großartiger Weise zur Wehr gesetzt; uns ist diese Seite des Buches ferner, die pathologische Wirkung gleitet von uns ab, das dargestellte Seelenleiden ist mit solcher Kunst mit dem Leben und Wandel der unzerstörbaren Natur verflochten, wie in keinem Buch der Weltliteratur, so wird es für uns ein die Seele hinaufstimmendes Buch, und wo die gleichzeitig Lebenden sich den Tod einsogen, trinken wir reine Freude und Lebensmut.

Die gleiche Kraft waltet in allen Selbstdarstellungen Goethes: wie der eine zum »Werther«, wird der andere zu »*Dichtung und Wahrheit*« greifen, hier ist die Darstellung statt jenes berauschenden Hinflutens eine ganz andere, eine solche Dichtigkeit des geistigen Gewebes, eine solche Fülle des Inhaltes wird nur den nicht beschweren, der schon vertraut ist. »Aus meinem Leben« wie den »Werther« wird keiner heute zum erstenmal lesen, aber aus beiden tritt dem beängstigten Gemüt entgegen, was weder zerstört werden noch verlorengehen kann.

Schriftliche Aufzeichnungen auch von gewöhnlichen Menschen haben eine eigene Gewalt; es enthüllt sich von jedem eine geheime Seite, zugleich berührt uns das Volksverwandte und wieder beruhigt uns das Gewahrwerden eines Wesenhaften, Bleibenden. So getraue ich mich, neben Goethes Aufzeichnung der eigenen Schicksale die eines gewöhnlichen Mannes aus der gleichen Zeit zu setzen, des Schweizer Bauern, der sich selbst der »*Arme Mann in Toggenburg*« nannte.

Solche Zeugnisse deutscher Menschen über ihr Erlebtes und Erlittenes, wobei das, was sie darzustellen nicht im Sinne hatten, die Tiefe und Lauterkeit ihres Gemütes, zuweilen herrlich hervortritt, hat Gustav Freytag in seinen »*Bildern aus der deutschen Vergangenheit*« zusammengestellt, Jahrhundert an Jahrhundert und den ganzen Kreis deutschen geschichtlichen Lebens, wozu im alten Sinne auch das österreichische gehört, umfassend. Damit hat er ein wahrhaftes Volkslesebuch geschaffen und, wenn ich so bestimmt urteilen darf, meines Erachtens das schönste deutsche Geschichtswerk, das es gibt; solche Zeiten wie die unseren sind es, die viele Werte bestimmen um der geistigen Gewalt, die ihnen innewohnt: so meine ich auch, daß Freytags schönes Buch in dieser Zeit an allgemeiner und tiefer Geltung wiederum gewinnen wird. Ihm zu bezeugen, daß er nicht nur im Zusammenstellen dieser Dokumente für viele Generationen etwas Großes und Glückliches geschaffen hat, sondern daß er auch ein Geschichtsschreiber im großen Sinne war, dazu würden – gäbe es nicht viele Stellen gleich hohen Wertes – allein die zehn oder zwölf Seiten der Einleitung zum dritten Bande (zur Darstellung des Dreißigjährigen Krieges) hinreichen.

Das bleibende Wesen eines großen Volkes – zu dessen Größe und Schickung es gehört, daß es ein schwer zu erkennendes Volk ist und Verkennung immer wird tragen müssen –, dies deutsche Gesamtwesen tritt nach seinen vielen Kräften, die doch ineinanderhängen wie Ringe einer magischen Kette, in den Gedichten rein und rührend hervor, wenn wir sie nebeneinanderstellen von Paul Fleming und Gerhardt bis zu Eichendorff und Lenau oder bis zu den Neueren, mit uns Lebenden, mit Goethe in der Mitte. So auch tritt es in der Kette seiner älteren Erzähler hervor, Goethe und Jean Paul, Kleist, Eichendorff, Brentano, Arnim,

Hauff, Gotthelf, Keller, unserer beiden: Grillparzer und Stifter, und der wenigen anderen, die sich diesen anreihen lassen. Was mir von diesen das Schönste dünkte, habe ich vor zwei Jahren in vier Bände zusammengetragen und ein deutscher Verlag hat das Buch auf den Markt gebracht. Es war in den letzten Jahren oft etwas Beklommenes in der Welt, und zu Stunden konnte man, ohne daß es sich mit Händen greifen ließ, das ahnen, was nun gekommen ist. In einer solchen Stunde war mir, als müßte ich diese schönen Dinge zusammentragen; ich dachte der Freunde so verschiedener Gemüts- und Geistesart, verstreut über das große Deutschland, alle in so verschiedene Geschäfte und Geschicke verstrickt, die Sehnsucht nach dem Einigenden war groß, mir war, es gäbe doch ein Haus, wo alle zusammenkommen könnten, mir war, als schmückte ich dieses Haus, wenn ich schöne, zum Teil so berühmte und doch halbvergessene deutsche Erzählungen zusammentrüge.

Die Aufnahme von seiten der großen Menge war verschiedenartig; der eine sagte: er habe das in den gesammelten Werken der Dichter im Schrank stehen, ich sage: darum, daß er es da hat, kennt er es nicht und wird es nie kennen; der andere sagte: er brauche es nicht, er habe das und jenes vor Jahren gelesen, ich sage: dann weiß er nicht, was es heißt, ein schönes dichterisches Gebilde besitzen – heute ist die andere Zeit gekommen, die damals nur bang geahnt werden konnte, das Unruhige und Wählerische tritt zurück, für den heutigen Tag scheint mir dies Buch gemeint und von irgendeiner Macht gewollt gewesen zu sein. Mit mir hat dies wenig zu tun, das deutsche Geisteswesen ist reich genug, daß es hätte hundert andere aufrufen können, statt daß ich zufällig zusammengebracht habe, was das Lieblingsgut vieler ist – auf einen oder zwei hinaus wäre ihre Wahl wohl die gleiche gewesen.

So setze ich den letzten Absatz der Einleitung zu diesen gesammelten deutschen Geschichten hieher, er bezeugt, daß nichts ins Geschehen tritt, ohne daß es sich angekündigt hätte, daß aber das Geistige als ein Tröstendes, Beschützendes allezeit uns umschwebt, nur daß wir in der Not ganz anders darauf achten als in gesicherten, selbstzufriedenen Zeiten.

»Alle diese Geschichten sind wie Gesichter, aus denen kein kalter, gottfremder Blick uns trifft. Es sind liebevolle Gesichter, die zu unserer großen Freundschaft gehören: mit diesem Wort nennt das Volk ja die Verwandtschaft, wie sie sich zu feierlicher Gelegenheit, Geburt und Tod, in einem Hause zusammenfindet. In den reifsten, bedeutendsten Gesichtern tritt der Familienzug am schärfsten heraus, und überfliegt man diese bedeutenden Deutschen, so sieht man, daß Verwandte einander gegenübersitzen. So kommen sie den heutigen Deutschen zur Weihnacht ins Haus, ein liebevoller Zug von Männern, eine Frau auch darunter, im weißen Kleid, mit tiefen dunklen Augen: die Zeiten sind ernst und beklommen, vielleicht stehen dunkle Jahre vor der Tür. Vor hundert Jahren waren auch die Jahre dunkel, und doch waren die Deutschen innerlich nie so reich wie im ersten Jahrzehnt des neunzehnten Jahrhunderts, und vielleicht sind für dies geheimnisvolle Volk die Jahre der Heimsuchung gesegnete Jahre.«

GRILLPARZERS POLITISCHES VERMÄCHTNIS

Feldmarschall Radetzky und sein Sänger
Gelten in der Not, allein nicht länger!
Grillparzer

In bedrängten Epochen wird der denkende Österreicher immer auf Grillparzer zurückkommen und dies aus zweifachem Grunde: einmal, weil es in Zeiten, wo alles wankt, ein Refugium ist, in Gedanken zu seinen Altvordern zurückzugehen und sich bei ihnen, die in der Ewigkeit geborgen sind, des nicht Zerstörbaren, das auch in uns ist, zu vergewissern; zum andern, weil in solchen Zeiten alles Angeflogene und Angenommene von uns abfällt und jeder auf sich selbst zurückkommen muß; in Grillparzer aber, der eine große Figur ist und bleibt – so wenig er eine heroische Figur ist – treffen wir von unserem reinen österreichischen Selbst eine solche Ausprägung, daß wir über die Feinheit und Schärfe der Züge fast erschrecken müssen. Nur unser Blick ist sonst zuweilen unscharf, ihn und uns in ihm zu erkennen. Die Not der Zeiten aber schärft den Blick.

Grillparzer war kein Politiker, aber neben Goethe und Kleist der politischeste Kopf unter den neueren Dichtern deutscher Sprache. Liest man eine seiner politischen Studien, etwa die über den Fürsten Metternich, so ergibt sich, mag man ihm recht geben oder nicht, das Gefühl seiner Kompetenz, ja dieses allenfalls schon aus dem berühmten Resümee dieser Charakteristik in sieben Worten: »Ein guter Diplomat, aber ein schlechter Politiker«. Neben einer solchen kompetenten Behandlung des Politischen erscheint das, was gelegentlich ein so bedeutender Zeitgenosse wie Hebbel politisch äußert, eher nur als die geistreiche Anknüpfung eines Außenstehenden, Ideologie; doch bleibt es wenigstens stets gedanklich wesenhaft; wogegen die meisten politischen Äußerungen gleichzeitiger Dichter in Vers und Prosa ins Gebiet des bloß Rednerischen, in höherem Sinn Gehaltlosen gehören und darum den Tag nicht überlebt haben. Eben darum aber galt Grillparzer den sukzessiven Schichten seiner Zeitgenossen kaum als politischer Kopf; wo die anderen Jungdeutsche, St. Simonisten, Liberale, Republikaner oder was immer Großartiges und Allgemein-europäisches waren, war er Österreicher und gewissermaßen Realpolitiker. Wo die andern ins Allgemeine gingen, sah er das Besondere; er erfaßte das Bleibende, auch im Unscheinbaren, seine politischen Erwägungen sind immer gehaltvoll. Seine Tadler, wie Goethes Tadler, wollten ihn zeitgerechter: er war auf das Wirkliche gerichtet. Die Gegenwart bringt immer einen Schwall von Scheingedanken auf, aber des Denkenswerten ist wenig: er dachte das Denkenswerte. Man wollte von ihm die allgemeine politische Deklamation, er sah vor sich eine politische Materie, die ihn anging, die einzig in ihrer Art war, dieses alte lebendige Staatsgebilde, sein Österreich.

Dieses liebte er und durchdrang es mit scharfem, politischem Denken; aber er liebte es nicht, sich unter die politische Kleie zu mengen, so war er den einen zu fortschrittlich, den andern zu reaktionär, den Ämtern schien er kühn und bedenklich, von der andern Seite gesehen kalt und an sich haltend; für die, welche allein politisch zu leben meinten, war er bei Lebzeiten ein toter Mann: nun ist freilich er lebendig, die anderen tot.

In den Studien, den Epigrammen und Gedichten ist ein reichliches politisches Vermächtnis, ein größeres in den Dramen. Seine großen durchgehenden Themata waren diese: Herrschen und Beherrschtwerden, und Gerechtigkeit. Diese abzuwandeln, schuf er eine Kette großer politischer Figuren:

den Bancban und seinen König, Ottokar und Rudolf von Habsburg, Rudolf II., Libussa. Man hat eine Gewohnheit angenommen, diese Seite seiner Welt über dem Zauber seiner Frauenfiguren zu übersehen, aber in einer schöpferischen Natur verschränkt sich vieles, und wer das Große einseitig betrachtet, verarmt nur selber.

Politik ist Menschenkunde, Kunst des Umganges, auf einer höheren Stufe. Ein irrationales Element spielt hier mit, wie beim Umgang mit Einzelnen: wer die verborgenen Kräfte anzureden weiß, dem gehorchen sie. So offenbart sich der große politische Mensch. Vom Dichter ist es genug, wenn er die Mächte ahnt und mit untrüglichem Gefühl auf sie hinweist.

Für Österreich kommen ihrer zwei in Betracht, die von den politischen Zeitideen nur leicht umspielt werden, wie Gebirg und Tal von wechselnden Nebelschwaden: der Herrscher und das Volk. Zu beiden von den Zeitpolitikern nicht immer klar als solche erkannten Hauptmächten stand Grillparzers Gemüt und Phantasie in unablässiger Beziehung. Ihn trieb ein tiefer Sinn, sich wechselweise in beide zu verwandeln: er war in seinem Wesen Volk und war in seinen Träumen Herrscher. In beiden Verwandlungen entwickelte er das Besondere, Starke, Ausharrende seiner österreichischen Natur.

Vielleicht darf man hier zwei Gestalten etwas überraschend zusammenstellen: Rudolf II. und die Frau aus dem Volke im »Armen Spielmann«, die Greislerstochter. Beide zusammen geben symbolisch Grillparzers Österreich. Sie sind beide von starker und tiefer Natur, geduldig, weise, gottergeben, unverkünstelt und ausharrend. Beide sind sie scheu und gehemmt; beide bedürfen sie des Mediums der Liebe, um von Menschen nicht verkannt zu werden, aber mit Gott und der Natur sind sie im reinen.

Man spricht nicht selten von einer gewissen Kunstgesinnung, wofür L'art pour l'art das Schlagwort ist und die man mit lebhaftem Unmut ablehnt, ohne sich immer ganz klar zu sein, was darunter zu verstehen ist; aber man darf nicht vergessen, daß eine ähnliche Gesinnung auf allen Lebensgebieten sich beobachten ließe, überall gleich unerfreulich: der Witz um des Witzes willen, das Geschäft um des Geschäftes willen, das Faktiöse um des Faktiösen willen, die Deklamation um der Deklamation willen. Es gibt ein gewisses L'art pour l'art der Politik, das viele Übel verschuldet hat; in die politische Rhetorik um der Rhetorik willen ist der Dichter, der als Politiker hervortreten will, zu verfallen in ernster Gefahr. Grillparzer war viel zu wesenhaft, um dies nicht scharf von sich abzulehnen; die Laufbahn Lamartines oder etwa die Aspirationen der Professoren und Dichter, die in der Frankfurter Paulskirche laut wurden, lockten ihn nicht. Eine einzige Anknüpfung an das praktische politische Leben wäre seiner Natur möglich gewesen: im persönlich-dienstlichen Verhältnis zu einem schöpferischen Staatsmann, zu Stadion. Wo nämlich am politischen Fachmann jene freundlich glänzende Seite hervortritt, wo er Weltmann und Philosoph wird wie Prinz Eugen und Friedrich II., wie Kaunitz und de Maistre, da ergibt sich die Möglichkeit, daß er auch andere produktive Kräfte ins Spiel setze als die rein politischen. So entsteht Kultur: als ein Bewußtwerden des Schönen in dem Praktischen, als eine vom Geist ausgehende Verklärung des durch Machtverhältnisse konstruktiv Begründeten. So hat Goethe Kultur definiert: »Was wäre sie anders als Vergeistigung des Politischen und Militärischen?«

Hier war für Grillparzer die Konstellation nicht glücklich: er war zu unreif, als eines solchen Mannes wie Stadions Blick auf ihn fiel; später, als die schwere Krise von 1848 ihn für einen Augenblick im reinsten Sinne zum Politiker machte und zu einer ephemeren geistig-politischen Macht erhob, war er überreif. In den dazwischenliegenden Jahrzehnten hatte man ihn nicht gerufen. Es fehlt in Österreich selten an geistigen Kräften, öfter an dem Willen, von ihnen Gebrauch zu machen.

Grillparzer geht aus dem alten Österreich hervor und ragt in das neue hinein; er steht mitten zwischen der Zeit Maria Theresiens und unsrer eigenen. Sein Charakter, der hierher und dorthin paßt, beiderseits als ein lebendig zugehörendes Element, gibt uns den Begriff eines unzerstörbaren österreichischen Wesens. Man hat die spezifisch österreichische Geistigkeit gegenüber der süddeutschen etwa oder der norddeutschen oder der schweizerischen öfter abzugrenzen gesucht. Der Anteil an Gemüt, an Herz wird eifersüchtig bestritten; dieser geheimnisvollsten höchsten aller Fibern, zu der alles sich hinaufbildet, vindiziert jedes Volk eben die Eigenschaften, welche ihm, seiner Natur nach, die kostbarsten scheinen. Es ist nicht die dunkle Tiefe, durch welche das österreichische Gemüt den Kranz erringt, sondern die Klarheit, die Gegenwart. Der Deutsche hat ein schwieriges, behindertes Gefühl zur Gegenwart. Sei es Epoche, sei es Augenblick, ihm fällt nicht leicht, in der Zeit zu leben. Er ist hier und nicht hier, er ist über der Zeit und nicht in ihr. Darum wohl ist bei keinem Volk so viel von der Zeit die Rede, als bei den Deutschen; sie ringen um den Sinn der Gegenwart, uns ist er gegeben. Dies Klare, Gegenwärtige ist am schönsten im österreichischen Volk realisiert, unter den oberen Ständen am schönsten in den Frauen. Dies ist der geheime Quell des Glücksgefühls, das von Haydns, Mozarts, Schuberts, Strauß' Musik ausströmt und sich durch die deutsche und die übrige Welt ergossen hat. Dies Schöne, Gesegnete würde ohne uns in Europa, in der Welt fehlen.

Dies ist auch der Seelenpunkt in Grillparzers dichteri-

schen Werken, wodurch sie sich als österreichische hervorheben. Aber alle anderen Seiten des österreichischen Wesens
sind an ihm nicht minder wahrnehmbar: zu diesen dürfen
wir die natürliche Klugheit rechnen, die naiv ist, den Mut-
terwitz ohne einen Zusatz des Witzelnden, welches als ein
von Natur Fremdes neuerdings hinzugetreten ist oder hinzutreten möchte; eine völlige Einfachheit, wovon der ober-
ste Stand sich den Begriff der Eleganz ausgeprägt hat – der
sich mit dem tieferen der Vornehmheit kaum berührt; dann
eine gewisse Kargheit und Behinderung des Ausdrucks, das
Gegenteil etwa der preußischen Gewandtheit und Rede-
sicherheit: jenes lieber zu wenig als zu viel zu sagen, war bei
Grillparzer bis zum Grillenhaften ausgebildet; in der Tat
sagt er meistens mehr, als es auf den ersten Blick scheinen
mochte. Im Ablehnen von Phrasen nicht nur, auch von neu
aufkommenden Wörtern und Bildungen war er unerbittlich; das Übertreiben in Worten war ihm das wahre Symbol
der um sich greifenden Schwäche und Liederlichkeit. Zum
Schlusse nenne ich den österreichischen Sinn für das Ge-
mäße, die schöne Mitgift unsrer mittelalterlichen, von zarte-
ster Kultur durchtränkten Jahrhunderte, wovon uns trotz
allem noch heute die Möglichkeit des Zusammenlebens ge-
mischter Völker in gemeinsamer Heimat geblieben ist, die
tolerante Vitalität, die uns durchträgt durch die schwierigen
Zeiten und die wir hinüberretten müssen in die Zukunft.
Von ihr war in Grillparzer die Fülle und ganz unbewußt, sein
Österreichertum hatte nichts Problematisches. Seinem innersten Gemüt, dem Leben seines Lebens, der Phantasie
standen die slawischen Böhmen und Mährer nahe, wie die
Steirer oder Tiroler; er polemisiert gegen Palacky, aber wie
formuliert er seinen Vorwurf: daß er allzu deutsch sei, allzu
weit von deutschen Zeitideen sich verlocken lasse. Daß
Böhmen zu uns gehört, die hohe, unzerstörbare Einheit:

Böhmen und die Erblande, dies war ihm gottgewollte Gegebenheit, nicht ihm bloß, auch dem Genius in ihm, der aus dieser Ländereinheit von allen auf Erden seine Heimat gemacht hatte. Schillers Dramen spielen noch in aller Herren Ländern, die Grillparzers eigentlich alle in Österreich. Die griechischen haben ihren Schauplatz nirgends, es geht in ihnen das Heimatliche im zeitlosen idealisierten Gewande, von den andern haben vier den Schauplatz auf böhmischem und erbländischem Boden, eines in Spanien, das in gewissem Sinne zur österreichischen Geschichte dazu gehört, eines auf ungarischem. Der Kontrast zwischen slawischem und deutschem Wesen, verkörpert in Ottokar und Rudolf von Habsburg, tut niemandem weh, denn es ist das glänzende, dämonisch kraftvolle, aber unsichere slawische Seelengebilde mit ebensolcher gestaltender Liebe gesehen wie das schlichte tüchtige des Deutschen, der auf Organisation und Dauerhaftigkeit ausgeht. Die dunkle Drahomira, die so lange in den Räumen seiner Seele wohnte, aber nie ans Licht trat, und die helle Libussa, das späteste Kind seiner Phantasie, sind beide mit slawischem Wesen liebevoll durchtränkt, und Hero, die Wienerin Hero, ist nicht ohne einen Tropfen jähen slawischen Blutes.

Er klagte und tadelte, aber er schuf und liebte; sein Österreich ist so groß, so reich, so natürlich und das »Austria erit« in seinem Munde eine Selbstverständlichkeit. Er war ein Spiegel des alten, des mittleren Österreich: wenn das neue in ihn hineinsieht, kann es gewahr werden, ob es nicht etwa ärmer geworden ist, ob wir nicht etwa an Gehalt verloren haben und an Seelenwärme. Ob, wenn schon sein Tadel auch uns zu treffen vermag – doch auch sein Lob noch immer gerechtfertigt ist – und für wen? Sein Stolz, sein Zutrauen noch immer begründet – und auf wen?

Es sind heute über hundert Jahre her, 1809, da war für Österreich ein großes Jahr, in dem es, wie heute, seine schlummernden, ihm selber verborgenen Kräfte sich regen fühlte und das Gefühl seiner großen Schickung wieder einmal in ihm aufwachte, da stand an mächtiger Stelle ein bedeutender Mann, dessen Angedenken heute auch bis auf den Namen verklungen ist, Philipp Graf Stadion, der mit einem großen und feurigen Blick die Dinge zu überschauen verstand: ihm war Österreich ein Lebendiges, eine Heimat nicht nur, reich an Schätzen und Kräften, sondern auch ein Vaterland, nur allzu wenig seiner selbst bewußt und nicht genug durchdrungen mit dem edlen Stolz und Glauben an sich selbst, der eine Kraft der Auserwählten ist; in seinem Herzen sprach er das Wort nach, das kurz vorher Schiller, der alles Große kannte und ehrte, in die Welt hinausgerufen hatte: »Der Österreicher hat ein Vaterland und liebts und hat auch Ursach, es zu lieben«; er wollte dem Wort eine größere Stärke geben, dem Lieben das Erkennen an die Seite setzen, und er begründete »Vaterländische Blätter«, eine periodische Zeitschrift aus Österreich und für Österreich, ein Unternehmen, das für den damaligen Zeitpunkt neu und groß gedacht war. Nicht so gedächtnislos sollte Österreich sein, daß es bei jeder Wendung des geschichtlichen Lebensweges die aus dem Auge verlor, die in früheren Geschlechtern in ihm Großes gewirkt und gewollt hatten, und nicht so dumpf und unbekannt mit sich selber. Es sollte durch solch eine periodische Zeitschrift »sowohl eine nähere humane Verbindung unter den Provinzen der Monarchie als auch ein Zusammenwirken vieler voneinander entfernter, an der öffentlichen Wohlfahrt teilnehmender Männer« gestiftet werden, und es war die Hoffnung ausgesprochen, daß selbst das Ausland, vor allem das deutsche, durch die Erscheinung eines solchen Blattes zu einem höheren und reineren Begriff von Österreich würde geführt werden können.

Der Herausgeber der »Österreichischen Bibliothek«, von welcher in diesem Augenblick die ersten sechs Bändchen in den Buchhandlungen ausliegen – denen eine zweite und dritte Serie schnell folgen wird –, war sich nicht bewußt, so völlig in die Fußstapfen eines bedeutenden und mit Unrecht vergessenen österreichischen Staatsmannes zu treten. Er war in den Vorarbeiten zu seiner bescheidenen, ihm aber im gegenwärtigen Zeitpunkt nötig erscheinenden Unternehmung begriffen und entwickelte den Plan und Grundriß da und dort einzelnen »an der öffentlichen Wohlfahrt teilnehmenden Männern«, als ihm durch die Güte eines Gelehrten die Ankündigung jener »Vaterländischen Blätter« durch die von Stadion beauftragten Herausgeber vor Augen kam und er innewerden mußte, daß er nur im Begriffe stand, nachzutun, was ein anderer mächtigerer Mann vor hundert Jahren geplant und unternommen hatte. Aber es muß ja im Bereich des Lebenden alles immer wieder aufs neue getan werden, Geschlechter gehen in Halbheit hin, und dann muß eines wieder seine ganze Kraft auf den gleichen Punkt richten wie die Urahnen.

Österreich hat in diesen Tagen seine Kraft gezeigt und vor der Welt wieder offenbar gemacht, daß es *ein Wesen* ist, denn nur von einem wesenhaften, unteilbaren Leben kann große Kraft ausgehen. Es ist, als ob dieses Wesen alle hundert Jahre einmal sein Gesicht zeigen dürfe, dann bleibt an dieses schöne Angesicht nur eine dumpfe Erinnerung, die sich mehr und mehr umschleiert. Freilich, es ist auch in den Zwischenzeiten ein Etwas da, das uns zusammenhält, es bleibt ein Verbindendes in der dumpferen Sphäre des Lebens, von Leib zu Leib, von Herz zu Herz, von Landschaft zu Landschaft, ein Ungreifbares und doch Starkes. Aber in der freien Sphäre des Geistigen soll nur das Trennende hervortreten. Es ist als wollte jeder Teil mit Gewalt vergessen, daß er gesendet ist, ein Teil zu sein, und daß in dieser Sendung seine Auserwählung liegt. Um so viel ärmer geht in diesen Zwischenzeiten unser Dasein dahin, um so viel mehr tritt der wahre Strom des Lebens zurück, um so viel weniger haben wir Anteil an den höchsten Gütern des Lebens, das ja nicht nur ein naturhaftes sein soll, sondern darüber hinaus ein wahrhaft menschliches, geselliges, ein politisches, das um sich selbst wissen soll und ebenso in die ahnungsvolle Vergangenheit die Wurzeln strecken als in der Gegenwart seinen Platz behaupten. Uns aber ist das wahre durchdringende Gefühl unserer Gegenwart und die mächtige Ahnung der Vergangenheit, und daß sie beide eins sind – ja das, was allein menschenwürdig ist: der Glaube an uns selber, alles das ist uns nur in schweren Schicksalsstunden gegeben, es muß wieder und wieder einem bösen, finsteren Geist, der uns niederhält, mit einer Schüssel Blutes abgekauft werden. Es ist, als ob ein Aderlaß immer wieder uns den Kopf freimachen müßte, daß wir erkennen und lieben können. Ein solcher ist über uns gekommen, nun ist Österreichs Antlitz für uns wieder hervorgetreten. So gut wirds den anderen Völkern! Den Schweizern strömt frei ihr Blut durch die Adern, und in Vergangenheit und Gegenwart gedenken sie des Gemeinsamen, obgleich sie verschiedene Sprachen reden, so aber auch in dem großen amerikanischen Staat denen, die aus vielen Völkern zu *einem* Volk gemischt sind und vielfältigen Blutes doch *eine* Erde lieben und unter ein kaum hundertjähriges Gesetz sich mit Freude schmiegen. Unser Schicksal aber ist härter, unsere Sendung besonderer: uralter europäischer Boden ist uns zum Erbe gegeben, zweier römischer Reiche Nachfolger sind wir auf diesem, das ist uns auferlegt, wir müssen es tragen, ob wir wollen oder nicht: heilig und schicksalsvoll ist der Heimatboden!

Nun ist er noch heiliger geworden, denn wir haben Tote ohne Zahl in ihm eingesenkt, die ihr Blut um Österreich vergossen haben; zugleich aber sind die Toten, die seit langem unter der Erde ruhten, uns lebendig geworden; nie waren die Geschlechter, verstreut über Jahrhunderte, einander so geisterhaft nahe, und was sonst ein bloßes Wort war, ein Lippenglaube: daß, wer wahrhaft gelebt hat, nicht völlig vergehen kann, daß es ein Unzerstörbares gibt der Taten und der Geister und eine stete Gegenwart der Toten, das ist nun als eine offenbare Wahrheit in die Herzen geflossen, und unsere großen Altvordern sind heute bei uns, Maria Theresiens Antlitz ist auf uns gerichtet, des Prinzen Eugen Falkenauge sieht uns an, Vater Haydn ist da und spielt mit halberstarrten Greisenfingern sein »Gott erhalte« – aber werden wir sie halten können über diese Geisterstunde hinaus?

Wer liebt, der begehrt immer mehr zu lieben, wer erkennt, den verlangt es immer tiefer zu erkennen, vor nichts graut ihm, als daß er verlieren könnte, was ihm so unentbehrlich ist: so soll die Liebe zum Vaterland sein, so unersättlich: keine herrliche Tat, kein edles österreichisches Gesicht dürfte ihr verlorengehen – was aber ist uns nicht alles verlorengegangen, wen haben wir nicht dahingleiten und zu einem bloßen Namen werden lassen und einem Schatten! Was tun dagegen die Preußen nicht für ihre Größten – ich rede nicht von einem Friedrich allein, den Buch auf Buch verherrlicht, dessen geringsten Ausspruch, dessen mindestes Zettelchen lebendige Ehrfurcht am Lichte erhält –, auch für ihre Blücher und Moltke, auch für andere, deren Taten minder volkstümlich, deren Bild minder scharf geprägt in der Seele der Nachfahren haften möchte: einen Yorck, einen Stein, Gneisenau, Boyen, die sie dennoch lebendig halten, ja die Namen nicht bloß, sondern das ganze geistige Bild. Bei uns aber – wo ist die wahrhaft volkstümliche Darstellung der großen Kaiserin? Wo auch nur der Versuch, die Ahnung ihrer rastlos wirkenden Geisteskraft den Lebenden zu vermitteln? Band neben Band stehen ihre Resolutionen im Staatsarchiv, ein ungeheures Konvolut, dem leiblichen Auge schon eindrucksvoll; schwindelnd aber, es auszudenken, daß dies gelebtes Denken ist, wesenhaftes Denken, Befehlen, Wollen, Aufbauen, Umbauen – nicht ein Entwurf, nicht eine Frage, nicht eine Mahnung, woran nicht das große Herz ebensoviel Anteil hätte als der gewaltige Verstand. Solch ein Phänomen des Geistes – auch dem kalten und fremden Beobachter müßte dies nicht minder merkwürdig sein als Friedrichs, als Goethes Korrespondenz, als der zweimannshohe Stoß geschriebener Noten, den Schubert hinter sich ließ – was aber muß es sein – was müßte es uns sein, die wir Österreicher sind! Aber es schlummert im Archiv wie in der Kapuzinergruft. Und Prinz Eugenius, als Staatsmann nicht minder groß wie als Feldherr – sein Haus steht unter unseren Häusern, sein ehernes Denkmal erhebt sich auf dem Burgplatz, ein Soldatenlied trägt seinen Namen dahin, aber wird auch er, wurde nicht in den letzten trüben Dezennien auch er immer mehr und mehr zum Schatten? Freilich, sein Geist war so stark, er hat da und dorthin die Spuren vorgegraben, die unbewußt alles beste Wollen und Denken bei uns immer wieder geht, sie führen über Triest aufs Meer hinaus und führen donauabwärts – ob wir wollen oder nicht, wir müssen, wofern wir uns nicht aufgeben, um die Vollstreckung seines Testaments ringen, er ist unser großer Lehrmeister, er und der gewaltige Strom, um den wir hausen, zwei große

unzerstörbare Kräfte. Er hat eine Einigung mit Ungarn geahnt, wie sie nun wirklich geworden ist, da Tiroler-, Kroa-
ten- und Ungarnblut vereint am Isonzo fließt wie am Bug,
ihm stand ein Deutsches Reich vor der Seele, stark durch
seine Volkskraft, jedem Frankreich und England gewach-
sen, dies alles hat er kühn und ganz ausgesprochen, aus
Hunderten seiner Briefe blitzt es auf und ergreift das Herz:
wundervolle Bewältigung der Gegenwart und Ahnen der
Zukunft; seine Falkenaugen trugen ein Licht in sich von der
Sonne, der er immer zugewendet war; sein Lebenslauf ging
nach Osten und Süden, seine Schlösser baute er gegen Osten
und Süden, den doppelköpfigen Adler trug er gegen Osten
und Süden – wo andere ahnen, sah er klar, wo er sah, da war
auch ein Weg, sein Erkennen war schon Wollen, sein Wollen schöpferisch auf Jahrhunderte hin. So groß war dieser
größte Österreicher, daß er auch als legendenhafter Schatten
noch stark ist, von seinem bloßen Namen strömt Glauben
und Zuversicht aus – aber wie ist seine leuchtende Spur
überwachsen von Vergessenheit, wie sollen unsere Kinder,
unsere Enkel eine Ahnung empfangen, wer er war, wenn
kaum die Lehrer viel von ihm wissen, alles sich verdröselt,
alles herab und herab sich stimmt zur matteren Überliefe-
rung, zum armen Lippenglauben an die gewesene Größe?
Das ist Maria Theresia, das ist Eugen. Und wie ungelohnt
erst stehen die anderen im Schatten, die vielen: Erzherzog
Karl, die reine schöne Fürstenseele, und Schwarzenberg und
Kaunitz und die beiden, Stadion und Radetzky selber – der
Greis Radetzky hat seine Legende, der Mann ist kaum gekannt; nur Andre Hofer ging ganz und gar in ein Gedicht
über und damit ins Blut des Volkes, und so ist er da und lebt
von Geschlecht zu Geschlecht und steht heute im Felsgeklüft
hinter seinen Standschützen und schaut ihnen über die
Schulter.

Die Gebildeten haben ihre Bibliotheken, und wer viel Zeit hat, kann den Arneth aufschlagen; solls aber immer beim Arneth bleiben, so sind wir arm; das Volk, das mehr ist als wir – und zu dem wir uns gehörig fühlen müssen, wenn wir nicht verlorengehen wollen –, das Volk will großer Männer und großer Taten Andenken lebendig dahintragen in seinen Legenden und Liedern, in seinen Anekdoten und Redensarten, dies sind ihm die goldenen Fäden im Gewebe des Daseins. Wo ihm große Männer nicht nahe sind nach Zeit und Ort, da behilft es sich mit guten: so lebt die Legende von Erzherzog Johann in der Steiermark fort.

Aber das Gewebe des Daseins hat zahllose Fäden und jeder hat eine tiefe und starke Farbe und in ihrem Miteinander vermögen sie aufzuglänzen wie ein Stück starken golddurchsponnenen alten Brokats. Es gibt ja nichts im Bereich des ganzen Menschenlebens, wovon nicht eine geistige Spur wäre und ein geistiges Licht. So ist von allem Reden, das die Leute verrichten bei der Arbeit und bei ihren alltäglichen Freuden und Bedrängnissen, nur die Hälfte ein zweckhaftes Reden, die andere, vielleicht größere Hälfte hat keinen nennbaren Nutzen. Sie will aus Leid und Lust eine Art von geistigem Schmuck bereiten, ein Spiegelndes, das über dem Wirklichen schwebt. An allem Tun und Leiden, auch am dumpfen Sichabmühen haftet der Geist, so reden die Holzknechte vom Holz und die Salzknechte vom Salz und die Bergleute vom Berg, und dieser an den Dingen und Mühen selber haftende Geist ist der wahre nahrhafte, wer ihn aufsammeln könnte, der hätte viel. Unzählige unbewußte Kräfte wirken im Halbdunkel in dem Reichtum unseres Lebens, es ließe sich über sie alle reden, aber schöner reden sie selber: so ist auch das Kostbarste zwischen den Menschen und den Österreichern insbesondere das Unausgesprochene, und das was ausgesprochen wird, ist nicht immer das Beste.

Die Stimme der Landschaft wird in den Liedern gehört, den schönen deutschen und slawischen, die das Volk singt, aber auch in den Märchen und den Sagen, die an den einzelnen Tälern und Ortschaften haften. Das Innere des Volkes wird redend in seinen Bräuchen und Sprüchen, seinen Redensarten für den Alltag und seinen ehrwürdigen Formeln für die Feierstunden und die Todesstunde. Aber auch die Bauweise ist ein Redendes für den, der ihre Sprache aufzufassen versteht, aus der die Stimme vieler aufeinanderfolgender Geschlechter ertönt. Von diesen allen gibt es Nachrichten, spärliche oder reichliche, so auch von den Gewerben und Künsten, wodurch der Geist, der scheinbar in lauter stummen Formen schweigend geworden ist, wieder die Augen aufschlägt und uns umschwebt, und in einer rechten »Österreichischen Bibliothek« müßte der Berg redend werden und das Wasser und der Wald, das steirische Erz wie das hallstättische Salz und das böhmische Glas, der Karpathenjäger müßte den Mund auftun wie der Adlerschütz im Tiroler Gebirg, die Pechhütte wie das Kohlenflöz. Nicht, was da und dort ein Gebildeter über ein Ding oder über die Zusammenhänge der Dinge gesagt hat, müßte den eigentlichen Kern dieser Bibliothek ausmachen, sondern es müßte in ihr zusammengetragen werden, was an tausend Stellen dem Leben selber entfließt, wie Harz den angeschnittenen Bäumen. So fließen die alten Sprüche und Handwerksbräuche aus dem Leben selber und die Volkslieder und die Soldatenlieder, aber Mozarts Musik gehört freilich nicht minder hierher und Lenaus Liebesbriefe ebensogut wie der großen Maria Theresia Handbillette an ihre Kinder und an die Erzieher ihrer Kinder, an ihre Generale und an die Staatsmänner. Die Stimme der alten Zeit muß hier hörbar werden aus den Stadtchroniken, wie wir ihrer haben von St. Pölten und von Steyr, oder aus der Chronik des Landes Böhmen vom alten Hagecius, und eine zarte einzelne Stimme wie jener Marianne Willemer darf nicht fehlen, die aus Linz gebürtig war und deren Lieder so schön waren, daß Goethe sie als Suleikas Lieder in sein herrlichstes Buch aufnahm. Hier gehört ein schlichtes Familien- oder Hausbuch hinein, wie die Hausväter oder Hausmütter in den vergangenen Jahrhunderten führten, gleich wie die Weisheit von halbvergessenen großen Männern: der Magiergeist eines Theophrastus Paracelsus muß hier wiederum aufglühen und die seelenhafte Weisheit eines Amos Comenius ihr mildes Licht werfen: Nachricht und Spuren vom früheren Wandel unserer Glaubensboten und heiligen Männer dürfen sich kreuzen mit blutigen Ruhmestaten unserer Heere; hier stehen nach Recht alte Nachrichten von Handel, Wandel und Gewerbe neben Auszügen glorreicher Regimentsgeschichten; der Raimund und der Nestroy neben dem Abraham a Santa Clara; das geistige Vermächtnis des Nikolaus Cusanus, Abtes zu Brixen, neben den Tagebüchern Feuchterslebens und den Briefen Billroths. Hier tönen die frommen reinen Stimmen der böhmischen und mährischen »Brüder«, und es gibt keinen Mißklang, wenn neben ihnen aus der Selbstbiographie des Erzherzogs Karl die reine strenge Seele eines habsburgischen Prinzen herausspricht.

Vermöchte man dies und noch viel mehr zusammenzutragen, so könnte eine Bibliothek entstehen, welche den Namen einer »österreichischen« verdiente. Was hier versucht wird, ist nur der Anstoß; bei einem Unternehmen dieser Art ist der Plan, der Gedanke, die Bemühung des Herausgebers nur wenig, die Aufnahme, die Anteilnahme der Zeitgenossen ist alles. Eine Bibliothek dieser Art wird hier entstehen oder sie wird nicht entstehen. Entstünde sie, sie würde auch dem Höchstgebildeten gehören, aber nicht nur dem Höchstgebildeten allein; sie würde allen gehören, die Österreich lieben.

Es ist etwas Stummes um Österreich, es ist vieles da und dort, worauf Worte nur selten hindeuten, etwas Wesenhaftes, Unverbrauchtes, wovon in großen Stunden große Kraft ausgeht. Manches davon ist zu Zeiten Musik geworden. Die Musik kommt immer an ihr Ziel, das Wort irrt leicht ab. Aber auch in Worten wird ein Inneres tönend, und aus jedem der Büchlein, von denen hier viele nebeneinander gestellt werden sollen, dringt ein Seelenton. Aus ihnen allen zusammen, wenn einer mit liebevollem Horchen sie in eins zu hören vermöchte, erklänge jene selten in der Welt gehörte Stimme: die Stimme Österreichs.

FERDINAND RAIMUND
Einleitung zu einer Sammlung seiner
Lebensdokumente

Dieses kleine Buch enthält ungefähr alles, was wir von Raimund wissen, und vermutlich alles, was wir jemals von ihm wissen werden; denn es ist darin Stück für Stück zusammengestellt, was im Lauf der Jahrzehnte ans Licht gekommen ist: das Bruchstück einer Selbstbiographie, die Briefe an die treue Freundin, die Aufzeichnungen der Zeitgenossen, die kleinen, da und dort verstreuten Anekdoten. Dem Volumen nach erscheint es nicht viel, mißt man es aber nach der Wirksamkeit, so ist es eines der seltenen, unvergleichlichen Denkmäler eines Menschen; denn alles daran ist Leben, alles Bild, es schließt sich vollkommen zusammen, wir fühlen, daß nichts Wesentliches fehlt, und die Erinnerung, die davon zurückbleibt, ist nicht wie an etwas Gelesenes, sondern an etwas, das wir selbst in einer halbvergessenen Zeit erlebt hätten.

Es sind Bilder, mit denselben einfachen Farben gemalt wie seine Dichtungen. Es sind lauter kleine Mythen, lauter solche kleine Szenen, in die ein Höheres hineinspielt, oft drohend und finster; sie könnten alle in seinen Stücken stehen, und wie sie an uns vorüberziehen, steht schließlich seine Figur so vollkommen und geschlossen da, daß man glaubt, sie mit Händen greifen zu können. Da ist die Zeit im Elternhaus und der Drang zum Theater; der Zuckerbäckerlehrling, der vor dem Spiegel steht und immer wieder, indem er den Mund gewaltsam verzieht, dem berühmten Intriganten Ochsenheimer ähnlich werden will; und der Vater, der das durch die halboffene Tür sieht, schon krank und sterbend, dem Sohn seinen Fluch gibt. Da ist die unglückliche, leichtfertig geschlossene Ehe, die echte Schauspielerehe, und die lange, treue, manchmal traurige Liebe zu der ewigen Braut; da sind die kleinen Liebesgeschichten: der Sprung in den Mühlbach wegen eines koketten Mädchens und die mißglückte Entführung, die kranke Bürgerstochter, die ihn liebt, von den Eltern abgeschlossen wird und dann stirbt; und die anderen kleinen Geschichten und Bildchen, in denen allen sich etwas Bedeutungsvolles, beinahe Märchenhaftes zusammendrängt in einen Augenblick, die Begegnung kontrastierender Gestalten wie auf der Bühne: der schwarzgesiegelte Brief mit der Nachricht vom Tod einer Geliebten, den man ihm aufs Theater bringt im Augenblick, da er in einer komischen Gestalt hinaustreten soll; die Praterfahrt und der Selbstmörder, der hinterm Gebüsch in seinem Blut liegt; der Bettler beim Schottentor, in Lumpen im kalten Nachtwind, und oben das rauschende Fest bei den Polen in taghell erleuchteten Sälen. Und das Ganze ergibt diese vollkommen einheitliche, mit nichts zu vergleichende Figur: Ferdinand Raimund. Was ist diese Figur? Er ist kein Literat, niemand je war es so wenig. Er ist ein Dichter; er glaubt, es zu sein, und weiß doch auch wieder nicht, wie sehr er es ist. Vor allem ist er dies: ein Kind des Volkes. Darum ist er ein Individuum und ist auch zugleich eine Welt. Die Grenzen zwischen ihm und allem andern, was zu dieser Welt gehört, sind ganz fließend. Er gehört einer Gemeinschaft an: Wien, und er teilt mit dieser Gemeinschaft alles, was er hat. Es ist sonderbar, sich Shakespeare als Gesellen bei einem Fleischhauer vorzustellen oder Molière als jungen Tapezierer, aber es ist natürlich, daß Raimund ein Zuckerbäckerlehrling auf der Wieden oder in Hernals und dann ein Schauspieler in der Leopoldstadt war. Die Einheit aller dieser Dinge ist vollkommen. Weder kann man in ihm den Dichter vom Menschen trennen, noch den Menschen vom Wiener. Von Zeit zu Zeit entstehen solche Individuen, in denen ein soziales Ganzes schicksalhaft und, man möchte sagen mühelos seine Blüte treibt: eine solche Figur war Goldoni; eine solche Figur war Ovid.

Raimund ist nicht der Verherrlicher von Wien; auch nicht einmal sein Schilderer, noch weniger – was später Nestroy werden sollte – sein Satiriker. Er ist das Wesen, in dem dieses Wien irgendwie Geist wurde. Er ist im Grund weder sozial noch antisozial – Nestroy war beides in hohem Grad; er reflektiert nicht; er sieht nicht zusammenfassend wie ein großer Dichter, nicht analytisch wie ein großer Romanschreiber, eher träumerisch. An seiner Produktion wie an seinem ganzen Dasein ist etwas Vegetatives. Das Soziale ist bei ihm weniger Bewußtheit – mit Molière, auch mit Goldoni verglichen, den er als Dichter weit überragt, ist er doch ein unmündiges Kind – als Ehrfurcht und Zutraulichkeit. Sich als einen Teil von Wien fühlen: das ist das Ganze. Alles, was seine schweifende und starkbeschwingte Phantasie erreichen kann, an Wien heranbringen, wie wir alles, wovon wir träumen, irgendwie an uns selbst heranbringen: das ist die einzige Tendenz, die man ihm unterschieben könnte; und noch diese ist völlig unbewußt; er war ein Träumer und Grübler, aber keiner von der Art, daß ihm das Selbstverständliche hätte kalt bewußt werden können. – Er ist Schauspieler, Theaterdirektor, Theaterdichter. Er will gefallen, will unterhalten und gibt sich dabei nicht preis. Er ist innerlich einsam, maßlos empfindlich, leicht verschreckt und geängstigt. Etwas Düsteres steht immer neben ihm. Bald ist es die Mißgunst der Menschen, ihre Gemeinheit, der hämische Neid; bald die Melancholie, die ihn von innen heraus verfinstert. Die Berge ängstigen ihn, vor dem Biß eines Hundes fürchtet er sich sein Leben lang. Am Schluß, einsam und traurig trotz der Freundin, entzückt und geplagt von Träumen, fühlt er, wie eine Hand aus dem Dunkel nach ihm greift; es ist kaum ein Widerstand in ihm – all dieses Dunkel strömt ja aus ihm selber; so ist er schnell dahin. Auch dieser Tod ist unendlich seltsam, so auf der Grenze zwischen furchtbarer und dabei grotesker Wirklichkeit und Märchen mit dem echt Raimundschen Einschlag von Phantasterei, Hypochondrie – ganz nahe dem Handeln und Leiden seiner Figuren. Die Einheit aller dieser Dinge ist vollkommen – und dies gibt ihnen dies eigentümlich Magische. Man möchte denken, daß eine aus lauter solchen Anekdoten bestehende Biographie wie diese unzerstörbar sein müßte – gleich der so viel dürftigeren des »lieben Augustin«; es sei denn, daß das Völkergedächtnis, daß die Einheit des Ganzen abrisse, von der, wie weit sie noch da sei, wir heute nichts Gewisses sagen können.

Es ist der wienerische Volksgeist, ein ungenauer und zutraulich-inniger Geist, an den Raimund alles heranbringt. In welcher Form kann diesem Geist die Welt faßlich gemacht werden? Es ist der Geist einer großstädtischen Bevölkerung im Anfang des neunzehnten Jahrhunderts. Wie weit läßt er sich Märchen erzählen? welche? und in welcher Sprache? Die Märchen, die er sich erzählen läßt, sind die alten ewigen, vom Orient herübergetragenen, die gleichen, die Galland den Franzosen und Gozzi den Venezianern erzählte, aber unendlich vermischt, unendlich durchflochten mit eigenen volkstümlichen Elementen, ganz übermalt mit lokalem Kolorit, ganz erfüllt von lokalem Aroma. Die Sprache, in der er sie sich erzählen läßt, ist eine barocke Sprache, eine Mischung aus dem Höheren und dem Niederen, halb großer Stil, halb die Sprache des wienerischen Hanswurst.

Diese Sprache ist das Element, an dem Raimund zum Dichter wurde; sie war sein Schicksal in jedem Sinn, der Flügel, der ihn emportrug, und die Fessel, die ihn hinabzog.

Im Gebrauch, den einer von der Sprache macht, enthüllt sich der ganze Mensch. Nicht nur die Bildungsstufe drückt sich darin aus, sondern viel zartere Schwebungen, solche, die noch subtiler sind als alles Gesellschaftliche. Wunderbar zeichnet sich die Wesenheit der großen Franzosen des achtzehnten Jahrhunderts in ihrer Sprache: ihre Kühnheit und Sicherheit bei so viel Grazie; die freie, männliche Kraft, mit der sie den Ich-Punkt im Universum fühlten, auf dem sie ruhten, von dem aus ihnen möglich schien, die Welt aus den Angeln zu heben; hierin steht Lessing ihnen nahe. Unendlich weit von diesem kühnen, selbstsicheren Element ist Raimunds Sprache. Noch seltsamer ist es, zu denken, daß dies die Sprache eines deutschen Dichters war, ungefähr im gleichen Zeitmoment mit der Sprache des »Westöstlichen Divans«. Der bezeichnende Zug von Raimunds Sprache überall dort, wo sie den Dialekt verläßt, ist Unmündigkeit. Ist es bei anderen Dichtern das schöpferische Selbstgefühl, der Stolz und der Schwung des Geistes, wovon vor allem der Gebrauch der Sprache bestimmt wird, so ist es hier das Gemüt und vor allem die Scheu und die Ehrfurcht. Die großen Begriffe: Einsamkeit, Liebe, Glück, sind ihm Ideale. Die hohe Sprache ist voll hoher Allegorien, zwischen denen sich sein Geist schüchtern bewegt. Die Sprache ist ihm der Tempel der höheren Mächte, die das Leben regieren, der wahre Dichter ein Priester in diesem Tempel. Dem Abstraktum gegenüber, diesem durchsichtigen Gefäß des Geistigen in der Sprache, ist sein Geist vollkommen frei von Skepsis, unberührt von jedem Hang zur Kritik. Dies ist unendlich seltsam im Augenblick, als die Lehre Kants und Fichtes, alles Geistige und Wesenhafte im Außer-ich auflösend, in der vollsten Kraftwirkung stand, eine ganze Jugend, Heinrich von Kleist ihr voran, aus diesem »Becher der Vernichtung« trank. Wunderbar ist es, zu denken, daß in Goethes stilles

Studierzimmer, wo keine geistige Regung ungehört blieb, im gleichen Zeitraum jener beständige Schrei der Selbstauflösung drang und die naive gläubige Stimme der Raimundschen Dichtung. Es war nicht nur ein Individuum, sondern eine ganze Stadt, die der Welt für einen Augenblick diesen verschönernden Zauberspiegel vorhielt. Herrliche Elemente waren beisammen, in einer Mischung, die sich vielleicht nur für kurze Zeit erhalten konnte. Das Liebenswürdige war auch noch wahr, das Naive noch nicht trivial; die Dürftigkeit des Lebens selber war Reichtum.

Raimunds Theater hat man oft analysiert. Das Lebengebende daran ist eine eigentümliche Mischung von Naturalismus und Allegorie, geordnet nach einem richtigen Taktgefühl. Die Allegorie kam mittelbar aus seiner Sprache, vielmehr hierin waren Sprache und Anschauung eines. »Nur eigentliche Schauszenen gehören aufs Theater«, hatte zwanzig Jahre früher Novalis in sein Notizbuch geschrieben, Novalis, der sehr wahrscheinlich nie ein eigentliches volksmäßiges Theater gesehen hatte, aber sich aus der Intuition des Genies die Welt aufbaute. Raimund hat vielleicht keine Szene geschrieben, die nicht aus einer wirklichen Vision hervorgegangen wäre; er ließ sich viel mehr vom inneren Auge leiten als vom Verstand. Das Wort ist bei ihm nie das dialektische Wort, das Um und Auf der Rationalisten und des Philisters; hierin ist er so weit als möglich entfernt von dem andern großen Schauspieler-Dichter, von Molière; so weit als möglich auch von Nestroy, der ein gewaltiger und gefährlicher Dialektiker war. Raimunds Wort ist immer nur ein Pinselstrich und wieder ein Pinselstrich, der die reinste, zarteste Farbe hinsetzt, mit einer kindlichen Scheu vor den zweideutigen Mischfarben der wirklichen Welt, in deren Gebrauch Nestroy stark war. Es liegt auf allen diesen Szenen ein zartes, nicht unwirkliches, aber überwirkliches, fast heiliges Licht wie vom Sonnenaufgang. Man begreift, daß fast alles davon im Freien erträumt ist; man sieht den Dichter, der, ein großes Tintenfaß an einer Schnur um den Hals gebunden, »auf den Bäumen sitzt und dichtet«. So entsteht eine Phantasmagorie, mit der verglichen die reizenden Märchen von Gozzi nur von Theaterlampen erleuchtet scheinen. Wo die Phantasmagorie sich stellenweise verdunkelte, half Raimund, der Schauspieler, nach. Es heißt, daß kein Stück fallen konnte, worin er spielte, wegen der Unerschöpflichkeit seiner Natur. Das dritte Element der wunderbaren Einheit war ein Publikum, so ungebildet als empfänglich, empfindlich, naiv, begierig, zu lachen, und fähig, sich rühren zu lassen. So entsteht ein Phänomen, einmalig, von kurzer Dauer und, wie alles lebendige Schöne, der Analyse spottend: die Blüte der Wiener Volksbühne. Das übrige Deutschland, das kein volkstümliches Theater mehr besitzt, es in seinen Träumen sucht, im sechzehnten Jahrhundert, im Mittelalter, überall und nirgends, wird mit den Augen der Romantik dieses Phänomens als Gegenwart gewahr und wirft einen entzückten und erstaunten Blick darauf: im Licht dieses vergoldenden, wehmütigen Blickes steht das Bild der Wiener Volksbühne im literarischen Gedächtnis der Deutschen, so wie eine Landschaft unter dem Zauberlichte eines letzten, für ewig festgehaltenen Sonnenstrahls.

DAS SCHRIFTTUM
ALS GEISTIGER RAUM DER NATION

Rede, gehalten im Auditorium Maximum
der Universität München
am 10. Januar 1927

Zugeeignet Karl Vossler, dem Rektor der Universität

Nicht durch unser Wohnen auf dem Heimatboden, nicht
durch unsere leibliche Berührung in Handel und Wandel,
sondern durch ein geistiges Anhangen vor allem sind wir zur
Gemeinschaft verbunden. Hierdurch unterscheiden sich unsere alten europäischen Nationen von jenem jungen, nach
außen mächtigen amerikanischen Staatswesen, in dem
wir eine Nation in diesem Sinne noch nicht zu erkennen
vermögen. In einer Sprache finden wir uns zueinander, die
völlig etwas anderes ist als das bloße natürliche Verständi-
gungsmittel; denn in ihr redet Vergangenes zu uns, Kräfte
wirken auf uns ein und werden unmittelbar gewaltig, denen
die politischen Einrichtungen weder Raum zu geben, noch
Schranken zu setzen mächtig sind, ein eigentümlicher Zusammenhang wird wirksam zwischen den Geschlechtern,
wir ahnen dahinter ein Etwas waltend, das wir den Geist
der Nation zu nennen uns getrauen. Alles Höhere, des Mer-
kens Würdige aber, seit vielen Jahrhunderten, wird durch
die Schrift überliefert; so reden wir vom Schrifttum und meinen damit nicht nur den Wust von Büchern, den heute kein
einzelner mehr bewältigt, sondern Aufzeichnungen aller
Art, wie sie zwischen den Menschen hin und her gehen, den
nur für einen oder wenige bestimmten Brief, die Denk-
schrift, desgleichen auch die Anekdote, das Schlagwort, das
politische oder geistige Glaubensbekenntnis, wie es das Zei-

tungsblatt bringt, lauter Formen, die ja zuzeiten sehr wirksam werden können.

Das Wort Literatur bezeichnet wohl annähernd das gleiche, aber es ist uns zweideutiger in seinem Klang: der unglückliche Riß in unserem Volk zwischen Gebildeten und Ungebildeten tritt uns gleich ins Gefühl, wenn wir dieses Wort brauchen, wir sind sogleich in seinem Bildungsbereich – der Abglanz aber von Goethes Geist, der vor hundert Jahren auf diesem Worte lag, ist verblaßt.

Nicht die gleiche Bewandtnis aber hat es mit dem gleichen Begriff, wenn wir uns anderen benachbarten Nationen zuwenden. Von den drei romanischen Nationen, welche seit dem sechzehnten Jahrhundert eine nach der anderen die kulturelle Führerschaft innehatten, ist uns die französische ihren Grenzen nach und durch Schicksalsverbundenheit die nächste. Sie nun besitzt eine Literatur im wahren Sinne des Wortes. Das Große, seit Beginn der neueren Ära, das ist seit etwa dreihundertfünfzig Jahren, Hervorgetretene erscheint fortwirkend. Das Mittlere, zu jenem Großen in klar abgestuftem Verhältnis, tritt nach gemessener Zeit ins Dunkel zurück und steigt in neuen geistreichen Formen wieder hervor. Selbst das Geringe, für den Tag Bestimmte, nimmt für die Spanne seiner Wirksamkeit teil an einer gewissen Würde durch die Sorgfalt, mit welcher es eine reine Sprache anstrebt und die Gedanken klar und wohlgeordnet und faßlich wiedergeben will. Mode belebt die Tradition, Tradition adelt die Mode. Innerhalb solchen beharrenden Wechsels ist der Ehrgeiz nicht darauf gerichtet, abzustechen, sondern: die traditionellen Forderungen zu erfüllen. Ein großer Beobachter hat es ausgesprochen, daß bei jenem Volk die Zucht des persönlichen Ausdruckes über das Hinreißende der Einmaligkeit gestellt wird, und dem Kunstwerke gegenüber richtet sich die Aufmerksamkeit nicht auf das biographische

Mysterium, sondern auf das aus der Leistung abnehmbare Gesetz. Die Blüte dieser Tendenz ist die Sprachnorm, welche die Nation zusammenhält und innerhalb ihrer dem Spiel widerstreitender Tendenzen – der aristokratischen wie der nivellierenden, der revolutionären wie der konservativen – Raum gewährt. In dieser geselligsten Nation entwickelt sich auch innerhalb der Literatur jenes vor allem gesellige Element, dessen Grundlage eine nie schlummernde wechselseitige Aufmerksamkeit und Rivalität ist. Bei einer ungeheuren geselligen Reizbarkeit, deren Quälendes nur durch eine fast unbegrenzte soziale Erfahrung erträglich wird, erscheint es mehr versprechend, seine Grenzen zu erkennen als sie zu überschreiten. Eben diese große Aufmerksamkeit sichert der unauffälligen Schönheit, dem glücklichen einzelnen Zug, der Eleganz ihren Triumph. Die Originalität gilt nur bedingt, jedenfalls gilt sie nur in bezug auf die anderen – der Deutsche statuiert eine Originalität an und für sich –, aber eine relative Überlegenheit, das Überragen um ein Geringes, wird hoch gewertet. Auch die Einsamkeit, bei uns der natürliche Spielraum des Geistigen, wird nur in der Spiegelung des Geselligen überhaupt wahrgenommen. Sei es Rousseau, sei es sein Vorläufer, jener Misanthrop des Molière, ihre Einsamkeit ist wie die Verbannung des Ovid nur das Widerspiel der Geselligkeit. Ihr Dortsein, wo die anderen nicht sind, ist der Quell ihres Stolzes und ihres Zürnens, und sein Objekt sind immer die, welche, obwohl abwesend, ihm als gegenwärtig stets vorschweben. Die Scheu vor dem unverstandenen Alleinsein ist größer als die vor dem Tode, und noch die Unsterblichkeit erscheint als die Vision eines geselligen Fortlebens. Das einzelne Talent wird streben, sich mit Grazie in seinen Grenzen zu bewegen, wissend, daß diese Bescheidung ihm am meisten einträgt. Nirgends hat die grobe geistige Scharlatanerie weniger Aussichten, dagegen ist das geistige Gewebe so dicht, die Aufmerksamkeit aller auf alles so groß, daß auch der bescheidenen Leistung ein Mittönen noch der höheren Regionen des Geistigen zuteil werden kann: denn in der Tat tönt dort alles überein mit allem. Was Selbstzucht allein nicht wirken könnte, wirkt die eherne Disziplin des Geschmacks und der Übereinkunft. Der Möglichkeiten, lächerlich zu sein, sind unzählige, die Resonanz jedes Fehlers fast unbegrenzt, der witzige Kommentar immer parat und bis zur Vernichtung scharf. In der Medisance wird die ganze Nation zum Autor und zum geistig Genießenden. »Geschlossen ist der Ring, nicht der Formen selber, sondern gerade durch die Weltlichkeit, die Soziabilität der Formen ist der Ring geschlossen zwischen Dichter und Nation, Schriftsteller und Leser, Sprecher und Hörer«, um mich der Worte des Mannes zu bedienen, der von diesen Dingen und ihren Zusammenhängen öfter und meisterhaft gehandelt hat und auch noch den zartesten Flaum um sie, den Lebenshauch, der die geistige Form umgibt, uns tausendfach zugemittelt hat – um mich der Worte Karl Vosslers zu bedienen.

In solchem Kontext, in welchem die Dinge nur im flüchtigen Umrisse erscheinen, kann auf die Übereinstimmung gerade nur hingedeutet werden, in welcher diese Seite des Lebens durchaus und auf jede Weise mit der politischen steht. Eng ist der Zusammenhang zwischen der skeptischen Geisteshaltung, als einer für diese Nation charakteristischen – wenngleich nicht ihrer einzigen –, mit jener politischen Möglichkeit, fruchtbare, die Nation aufrüttelnde, nicht sie zerrüttende Revolutionen zu entfesseln. Vollständig ist die Übereinstimmung einer gewissen Grundtendenz des sprachlichen Gehabens mit dem Schwung der Diesseitigkeit, dessen stärkste Entladung in der Französischen Revolution zu einem solchen, in seinen Folgen noch nicht erledigten materiellen und zugleich geistigen Einbruch in die deutsche Welt führte.

Genug: Die Literatur der Franzosen verbürgt ihnen ihre Wirklichkeit. Wo geglaubte Ganzheit des Daseins ist – nicht Zerrissenheit –, dort ist Wirklichkeit. Die Nation, durch ein unzerreißbares Gewebe des Sprachlich-Geistigen zusammengehalten, wird Glaubensgemeinschaft, in der das Ganze des natürlichen und kultürlichen Lebens einbeschlossen ist; ein Nationalstaat dieser Art erscheint als das innere Universum und von Epoche zu Epoche immer aufs neue als »das gedrungene Gegenstück zur deutschen Zerfahrenheit«.

Der Raumbegriff, der aus diesem geistigen Ganzen emaniert, ist identisch mit dem Geisterraum, den die Nation in ihrem eigenen Bewußtsein und in dem der Welt einnimmt. Nichts ist im politischen Leben der Nation Wirklichkeit, das nicht in ihrer Literatur als Geist vorhanden wäre, nichts enthält diese lebensvolle, traumlose Literatur, das sich nicht im Leben der Nation verwirklichte. Auf den Literaten in diesem »Paradies der Worte« strahlt eine Würde ohnegleichen. Der Journalist noch, und wäre er der kleinste, darf sich neben Bossuet und La Bruyère stellen, der Schullehrer ist der Gefährte Montaignes; Molière und Lafontaine, Voltaire und Montesquieu sprechen noch heute für alle, alle sprechen aus ihnen. Auch hier ist der Ring geschlossen.

Wenden wir uns der eigenen Nation zu, so tönt uns freilich geradezu das Gegenteil jener Einhelligkeit entgegen. Von einer Zusammenfassung aller produktiven Geisteskräfte der Nation im Gebiete der Literatur kann keine Rede sein; oder wir müßten uns darauf einlassen, unter dem Begriff Literatur hier etwas völlig anderes zu verstehen als dort. Jener Kreislauf zwischen dem Geistigen und dem Gesellschaftlichen, auf den dort alles hindrängt, in den schließlich alles einmündet, ihm wirkt hier der tiefste Instinkt entgegen. Statt daß dort noch in der Abweichung vom Allgemeinen der Hinweis auf das Allgemeine fühlbar wird, bedarf es hier keiner Abweichung, damit sich das Bezuglose enthülle. Kein Zusammenhang in der Ebene der Gleichzeitigkeit, kein Zusammenhang in der Tiefe der Geschlechterfolge. Jenes Fortwirken dort des einmal Geleisteten, wodurch eine gleichzeitige geistige Präsenz von zwölf Generationen erreicht wird, hier ist von ihr, strenggenommen, keine Spur. Der ganze Begriff geistiger Tradition erscheint nur höchst bedingungsweise anerkannt. Daß beispielsweise eine Nation ihre zwei größten Historiker, Geister von der Kraft Johannes von Müllers und Rankes, die wahren großen deutschen Epiker der neueren Zeit, bei einer Wendung ihres Weges völlig aus dem Auge verlieren könne, erscheint – wenn es zufällig ins Bewußtsein tritt – fast unbegreiflich. Und selbst in bezug auf ein solches Phänomen wie Goethe, fahndet man nach einem Konsensus, will man herab in eine tiefere Strömung als das oberflächliche Gerinnsel der Bildungstradition, sieht man ab von der nicht ganz angenehmen Goethevertraulichkeit der Philologen und der Goethe-pietät der Einzelnen, so kommt man zu der Einsicht: daß sein Wirken als ein schlechthin gegebenes, das durch alle Schichten hin fortwirke, als Besitz, als ein Haben, als eine Immanenz im geistigen Bestehen nicht gelten kann; höchstens könnte man in bezug auf ihn sich auf die Formel einigen, die Rudolf Pannwitz ausgesprochen hat: daß Goethe für den Deutschen in seinem Verhälmis zur Welt zwar nicht der Standpunkt sein könne, aber ein Punkt, auf den bezogen andere Punkte Figuren werden. Aber auch dies gilt doch nur für die Reifsten unter den Gebildeten, und über das Verhältnis der Nation zu ihrem größten Individuum ist damit nichts ausgesagt.

Die Grundhaltung drüben ist diese: teilhaben am nationalen Besitz, mitinbegriffen sein in die Repräsentanz der Nation, als welche sich vollendet in der vollkommenen und allen zugänglichen Sprachschönheit – Klarheit, schöne Nüchternheit, zuchtvolle Nachdenklichkeit –, welche ein Sichhaben ist, ein Selbstbesitz und Genießen dieses Selbstbesitzes, gleichweit vom »Barocken« und vom »Gotischen«. Hüben aber ist dies die Grundhaltung: das National-Gesellschaftliche ist nicht das Primäre, sondern die Widerlegung des Gesellschaftlichen ist das Primäre. Von einem Etwas im geistigen Bestande der Nation, dem eine verkappte, aber kaum bestrittene Macht zukommt, wird jene Ebene negiert, durch deren Setzung sich die Gesamtheit der geistigen Erzeugnisse erst zur Literatur zusammenfassen würde. Wir haben eine Literatur im uneigentlichen, konventionellen Sinne, die aufzählbar, aber nicht wahrhaft repräsentativ noch traditionbildend ist. Und wir haben neben ihr, außer ihr, unter ihr, über ihr eine geistige Regsamkeit, die in dem Begriff Literatur nicht einbegriffen sein will, aber alle Ansprüche, das geistige Leben der Nation zu bestimmen, in sich faßt, die sich weder an die Gegenwart als die verantwortliche Geselligkeit der Lebenden, noch an die Geschichte als die verantwortliche Geselligkeit der Nation zu binden, die überhaupt nichts zu verantworten begehrt und doch nach den tiefsten, ja nach kosmischen Bindungen und den schwersten, ja religiösen Verantwortungen für die Gesamtheit begierig, durchaus nur in der einzelnen Persönlichkeit wirksam sein will.

Wie nun bezeichne ich Ihnen diese Geistigen und doch nicht durch das Werk Gedeckten und im Werke Aufgehenden, diese Verantwortungsbeladenen und doch Verantwortungslosen, diese durchaus Vereinzelten, aber um die höchsten Bindungen Bemühten, diese fast Unbekannten und doch da und dort heimlich und hinterrücks Autoritativen – diese ungreifbaren Vielen oder Wenigen, ohnmächtig Mächtigen, geheim Wirksamen? Ich weiß kein treffenderes Wort, sie zu bezeichnen, als daß ich sie mit dem Worte nenne, mit dem Nietzsche in der ersten »Unzeitgemäßen Betrachtung« diese deutsche Geisteshaltung bezeichnet hat: daß ich sie Suchende nenne, unter welchem Begriffe er alles Hohe, Heldenhafte und auch ewig Problematische in der deutschen Geistigkeit zusammenfaßte und es gegenüberstellte allem Satten, Schlaffen, Matten, aber in der Schlaffheit Übermütigen und Selbstzufriedenen: dem deutschen Bildungsphilister.

Jener deutsche Bildungsphilister meinte damals nach einem siegreichen Ringen endgültig triumphieren zu dürfen. Er meinte, es sei an dem, daß man sich als die Nation der stärksten Kultur betrachte; es sei an dem, daß man das ewige Suchen und Wollen und Ringen in ein Sein und Haben verwandle, daß man sich behaglich niederlasse auf dem Fundament einer Bildung, die man besitze, geschaffen wie sie nun einmal sei durch die Leistung unserer Klassiker, die man ja habe, als einen festen Besitz, der nicht verlorengehen könne und der zusammen mit anderen irdischen Besitztümern eben die Wirklichkeit ausmache. Wie freilich eine solche übermütig satte Geisteshaltung im überwiegenden Teile der großen tragisch veranlagten Nation Platz greifen konnte, so daß nur ein Einzelner, eine so gespannte Seele wie Nietzsche, diesem Sichgebärden entgegenzutreten da war, das nimmt uns heute fast wunder. Wir müssen darüber staunen, daß es einen Moment geben konnte, in welchem jene verkappte, aber kaum bestrittene Macht sich so wenig Geltung zu verschaffen wußte, jene verkappte Macht, welche innerhalb der Nation die Spannungen und Beklemmungen hervorruft, an denen wir alle mitleiden, diesen Spannungen zeitweise durch Ausbrüche und Umstürze ein Ende macht,

Scheinautoritäten stürzt, herrschende Zeitgedanken ab-
wirft und unser schattenhaftes Dasein immer wieder ans
Ewige bindet, und die ich nicht anders benennen kann als
das geistige Gewissen der Nation. Wenn dieses Gewissen
nun, geweckt und geschärft durch allerdings furchtbare Erfahrungen, heute mit solcher Entschiedenheit die dem Bildungsphilister entgegengesetzte Partei nimmt, wenn es die
Autorität, die es zu vergeben hat, heute so entschieden und
unbedenklich hinüberwirft von den Behausten zu den Un-
behausten, von denen die haben zu denen die suchen, von
der Literatur zum außer der Literatur stehenden, ringenden
Sektierertum, von der geistigen Besitzordnung zur Anarchie – und wie sehr dies der Fall ist, das zu bezeugen rufe ich
Ihr eigenes Gefühl an, das untrügliche Gefühl der Zeitgenossen, Ihre tägliche Erfahrung, die Atmosphäre geistiger
Beunruhigung und Fragwürdigkeit, in der wir leben –, so
vermag ich darin nur eines zu erkennen: die Kraft und Gesundheit dieses Gewissens, seine deutsche Kühnheit, daß es
wieder einmal die Schiffe hinter sich verbrennt, wie jener
tollkühne Agathokles von Syrakus, als er in Afrika gelandet
war, um den Angriff auf Karthago aufzunehmen – die große
Art auch dieses Gewissens, daß es mit großen Zeiträumen
rechnet und des Gefährlichen, der Romantik und jener nicht
unverschuldeten Verödung und Entgötterung, die auf sie
folgte, nur als eines Intermezzos, eines leichten Zwischen-
wellenspieles gedenkt und darüber hinweggeht und mit
neuem Mut und Glauben die Anarchie legitimiert und dadurch zu erkennen gibt, sie halte diese für die gültige Er-
scheinungsform des Produktiven in unserem geistigen Handel und Wandel.

Die Träger nun dieser produktiven Anarchie – wenn anders als eine produktive diese Anarchie von uns begrüßt und
gläubig hingenommen werden soll –, diese Suchenden, da

wir sie mit dem einzigen Worte als eine Gemeinschaft begreifen können, – was sie denn suchen, um was sie denn ringen, vielleicht können wir dem späterhin auf Blickweite uns annähern. Aber zuvor wollen wir sie doch selber vor uns sehen, wir wollen diese Geister zitieren, daß sie uns für einen Augenblick hier Erscheinung werden. Wo, fragen wir da, in welchem Randbezirk unseres Lebens siedeln denn diese Suchenden, in welchem Geklüfte unserer vielzerklüfteten Kultur haben sie denn ihre Wohnstätten aufgeschlagen, wo begegnete denn, wer ihnen begegnen wollte, am schnellsten diesen schweifenden, verlorenen Söhnen, die doch den Fahnenwagen ihrer Nation in ihrer Mitte führen? – so wissen Sie darauf die Antwort so wohl als ich sie weiß. Auf Schritt und Tritt begegnen wir ihnen, niemals aber als einem dichten Haufen, sondern einzeln schweifend durchdringen sie diese Nation der Einzelnen. Ihre Nächsten, die Sie da vor mir sitzen, wo nicht Sie selber, Ihre Kinder, Ihre jüngeren Brüder und Schwestern, Ihre Freunde und die Freunde Ihrer Freunde sind in dies schweifende Treiben verstrickt. Ich versuche es und rede Ihnen zusammenfassend von dem, was im einzelnen in der täglichen Erfahrung ist, die unser Leben mit fragwürdigen Lichtern überspielt. Dies Suchen und Treiben und Drängen ist überall da, es manifestiert sich in jedem Wort höherer geistiger Rede, das zwischen uns hin und her geht. Es ist da als ein Schwindel unter unseren Füßen, es bringt dies Gefährliche und Abwegige, mit Überraschungen und Zweifeln Schwangere in jede Unterhaltung, es durchsetzt die Atmosphäre mit der Ahnung, daß beständig alles möglich ist – mit diesem Knistern wie vom Zerfall ganzer Welten, diesem hahlen Heranwehen eines ewig Morgigen …

Wem ist nicht, und mehr als einmal, die Gestalt begegnet, die diese Zeichen trug und von solcher Luft umweht war? Der schweifende, aus dem Chaos hervortretende Geistige, mit dem Anspruch auf Lehrerschaft und Führerschaft – mit noch verwegeneren Ansprüchen – mit dem Anhauch des Genius auf der hohen Stirn mit dem Stigma des Usurpators im scheulosen Auge oder im gefährlich geformten Ohr? Er, der darum revolutionär in der geistigen Welt ist, weil ihm, als einem wahren Deutschen und Absoluten, die Formen der gesellschaftlichen, der geschichtlichen Welt nicht des Zerbrechens wert erscheinen, so wenig nimmt er ihr Gewaltiges wahr, so wenig gilt ihm ihr Gewaltiges für wirklich, und der nun für seinen Kriegszug Gefährten wirbt, Adepten, solche die sich ihm unbedingt unterwerfen, denn so sehr alles in seinem titanischen Beginnen auf Alleinsein gestellt ist, die völlige, starrende Einsamkeit erträgt er doch auf die Dauer nicht. Er ist auch Dichter, dieser unser Ungenannter; dessen Umrisse ich Ihnen in die Luft hinzeichne, als eines für viele – vielleicht ist er mehr Prophet als Dichter, vielleicht ist er ein erotischer Träumer – er ist eine gefährliche hybride Natur, Liebender und Hassender und Lehrer und Verführer zugleich. Wenn er es zuzeiten nicht verschmäht, Dichter zu sein, so geschieht es nicht um des Werkes willen. Das Werk würde ihn in die Ordnung hineinbeziehen, um ihn aber in seiner empedokleischen Nacktheit schlägt unrealisierte Dichtung ihren Mantel, sein Hauptwerk ist ein nie geschriebenes, dem alles was er von sich gibt nur Prolegomena sind, als solche belanglos, bedeutsam nur in der von ihm und den Seinen erahnten Relation zum Hauptwerk, jenem, das einer Umschöpfung seines Ich und damit einer Umschöpfung der Welt gleichkommt. Um die Sprache ringt er zuzeiten wirklich – aber nicht mitzuwirken an der Schöpfung der Sprachnorm, in der die Nation zur wahren Einheit sich bindet, sondern als die magische Gewalt, die sie ist, will er sich sie dienstbar machen, seine geistige Leidenschaft ist so groß, in den höchsten Momenten wird er wirklich ein leidenschaft-

lich Erschautes bis in den Rhythmus seines Leibes in sich
nachzittern fühlen und dann wahrhaft Dichter sein. Zuzeiten
wieder wird er die Herablassung des Sprechens verschmähen,
wird er durch Krisen einer Sprachbezweiflung
durchgehen, die ihre furchtbaren Spuren bis in die flackernden
Züge seines Gesichtes zurücklassen wird, und wieder
zuzeiten sich emporschwingen zu einer Ahnung der heilenden
Funktion der Sprache, zur Erschauung verwirklichbarer
Maßgestalten. Er wird sich gelegentlich auch der literarischen
Formen bedienen: des Dramas, des Romans, der
Parabel, aber wo er sich ihrer bedient, wird es nur geschehen,
um sie zu transzendieren. Sein Drama wird ihm zum
Mythos des eigenen Ich aufschwellen, sein Roman wird kosmische
Geheimnisse umschließen, wird Märchen, Historie,
Theogonie und Bekenntnis zugleich sein wollen. Je großartiger,
fragmentarischer er sich gibt, um so großartiger wird er
verlangen, als ein Ganzes, als das einzige Ganze dieser zerrissenen
Welt genommen zu werden... Er wird viele kennen
und vielen sich verstricken, wird erschüttern und verwirren,
Entwicklungen mit sich reißen und verschütten: aber es wird
keiner ihm begegnet sein, der nicht von dieser Begegnung in
seinem inneren Leben Epoche datierte.

Denn er hat dieses Gesetz über sich gesetzt, daß alles mit
ihm, mit seiner Seelenwallung neu anfangen müsse – und so
meint jeder von seinen jungen Begegnenden; für ihn ist alles
überwunden und so wie es zu gelten scheint nicht gültig,
sondern muß zu neuer Gültigkeit aus ihm wiedergeboren
werden – und so meint es jeder; er schleppt sich aus der Ferne
der Zeiten die widerspenstigsten Blöcke herbei, seinen Tempel
zu bauen, Urworte von da und dort, sibyllinische Sprüche
der vorplatonischen Denker, Orpheus oder Hamann,
Lionardo oder Laotse – und so hält es jeder; er verschmäht
es, gemäß Ordnungen zu empfangen, und will gemäß Ord-

nungen, die von ihm gesetzt sind, austeilen – und so will es im Herzen jeder.

Ist Ihnen aber der Umriß dieser Gestalt zu scharf und zu unheimlich, so lassen Sie mich einen anderen Umriß hinzeichnen; völlig kontrastierend mit diesem in der Grundgebärde. Auch ihm sind wir im Gewühl der Suchenden begegnet, der so zuchtvoll war, als jener erste voll Überhebung, so gebunden bis zur Qual, als jener frei bis zur Zerrüttung. Waren die Ränder unserer Geisteswelt der Wohnbereich jenes Schweifenden, so suchen wir das Bild dieses an einer der hohen, strengen Stätten der Wissenschaft, inmitten des aufgehäuften Geisteserbes; und dieses Erbe selbst und die Berufung es zu wahren wird ihm zum dunkelsten Geschick. Ein schwermütiger Ernst umfließt diese Gestalt, aber geistige Leidenschaft ist auch in ihr der dunkelglühende Kern, etwas Heroisches ist in ihr, heroisch der nie entspannte Wille, dem Überschwellen geistiger Erkenntnis immer wieder die sittliche Norm, das absolute Maß zu entreißen, tragisch die höchste, letzte Einsicht, jene, die direkt zur Aufopferung führt, daß »die Dignität der sittlichen Norm uns erst im Vollzug zu erkennen gegeben sei«.

Eine Hybris ist auch hier: im Überspannen der Kräfte – als ein Einzelner – die hybrid gewordene Wissenschaft, dies Weggebrochene vom Leben, das nicht mehr da sein will, daß es dem Menschen diene, sondern daß der Mensch ihm diene, mit seinen, eines Individuums, Kräften zurückbiegen zu wollen und koste es das Leben – in dieses Klaffende sich mit seinem Individuum hereinzustürzen, damit die Kluft sich schließe. Wunderbar pathetisch vollzieht sich diese Hybris als die Gebärde eines kraftvollen, von Fesseln und Banden umschnürten raumlosen Gefangenen – wie dort als eines fast Rasenden, im allzu freien Raume Lechzenden, daß ihn etwas berühre und begrenze. War in jenem Tun die Hy-

bris des Herrschenwollens, fußend auf erträumten, vorweg-
genommenen Ordnungen, so ist in diesem eine Hybris des
Dienenwollens, überkommenen Ordnungen das Blutopfer
zu bringen; klingt hinter jenem Sichaufrecken ein Wildes,
Heidnisches wie Tubaklänge, so tönen hinter dieser helden-
haften Strenge mit eherner Schwermut die Töne des Zinzen-
dorfischen Kirchenliedes:

> Wir wollen nach Arbeit fragen,
> Wo welche ist,
> Nicht an dem Amt verzagen
> Und unsere Steine tragen
> Aufs Baugerüst.

Aber sie sind nur Schatten und Schemen, diese beiden, und
der wirklichen unserer Suchenden ist Legion und Legion
die Zahl unserer Begegnungen mit ihnen. Die Gestalt des
Suchenden ist an keine Altersstufe gebunden: wie wir jenem
zum frühen Tode bestimmten Jüngling begegnet sind und in
verwandelter Gestalt ihm wieder begegnen werden, dessen
Gespräche so hoch waren, daß es den Überlebenden bedün-
ken mochte, aus diesem früh verschlossenen Munde habe
der Genius der Nation zu ihm gesprochen, so führt uns ein
anderer Schicksalstag den Sechzigjährigen entgegen, der mit
fast Gleichalterigen sich zusammengefunden hat, daß sie
mit Jünglingseifer ihre Erfahrung aufeinanderlegen, die
Erfahrung ihrer Wissenschaft, ihres Arzttums, ihres geistlichen Amtes, ihrer Jugendbildnerschaft, ihres Künstlerstre-
bens, und daß sie aller dieser Dinge Wesenheit erkennen, als
die »verstreuten Glieder einer Idealität, die sich nicht zu
sehen, nur zu suchen gibt«, und ringen, aus ihnen die eine
Wissenschaft zu ziehen, die not tut.
    Dieser Gruppen gibt es viele im innerlich so weiten

Raume unseres großen Landes, vom Bodensee bis an die Kurische Nehrung, von der Weser bis ins steirische Gebirge, und ihr geheimer Konsensus – all dieser Abseitigen, Ungekannten, von Geistesnot sich selber berufen Habenden – ist die wahre und einzig mögliche deutsche Akademie.

Deuter sind sie in ihren höchsten Augenblicken, Seher – das witternde, ahnende deutsche Wesen tritt in ihnen wieder hervor, witternd nach Urnatur im Menschen und in der Welt, deutend die Seelen und die Leiber, die Gesichter und die Geschichte, deutend die Siedlung und die Sitte, die Landschaft und den Stamm; Schriftleser, Handleser, Sternleser – und die Wucht der Erfahrung oder die Not der Jugend löst ihnen das Wort vom Munde, der Wirbel der Vielheit oder die Ergriffenheit vor dem Einzelnen. Um sie ist ein Kreisen von Begegnenden und Mitgerissenen, von Sektierern aller Sorten – da spukt allerlei aus drei oder vier Jahrhunderten, nicht ganz Abgelebtes, da zuckt Paracelsus auf und Jacob Böhme, das zerrissene Gesicht von Reinhold Lenz, Lavaters physiognomisches Prophetenauge und die flackernde Miene jenes Christoph Kauffmann, den seine Zeitgenossen den Spürhund Gottes nannten – dies alles kreist mit – aber wo Wirbel sind, dort ist Kraft wirksam, Wirbel ziehen Wirbel an sich zu stärkerem Kreisen, und es gibt den Geist nicht, der sich der saugenden Kraft dieses Feldes von ringenden Wirbeln entzöge, er wäre denn ein Abgestorbener.

Worin liegt denn aber das Neue, daß diese unsere Suchenden bezeichnet als die Unsrigen, wodurch denn unterscheiden sie sich vom romantischen und von jenem Treiben um 1770? Denn wirklich Vieles ist ihnen mit diesen Vorfahren gemeinsam. Wer keinen sehr genauen Blick hinwürfe, nicht scharf hinhorchte, könnte glauben, es ginge doch abermals um dieses verwirrende Gemisch von Begriffsgespinsten, um diesen Kultus des Gemütes über alles, diese Suprematie des

Traumes über den Geist, um diese schwärmerisch-sehnsüchtige, diese träumerische Pietät gegen das Gewesene, um dieses fast wollüstige Sichverlieren in das Naturhafte, um diesen ganzen raffinierten Sensualismus, mit dem sich die romantischen Geister wie ein Insektenschwarm über alle Lebensblüten des Morgen- und des Abendlandes gestürzt haben, ihre trunkenmachende Süßigkeit abzuweiden, es ginge um das Genießen – das Genießen seines Selbst als Geist im Aufbau von Begriffen, seines Selbst als Gemüt im Sehnsüchtigen und Träumerischen, zuletzt in der Musik, es ginge um das Musikmachen aus allem und mit allem, das das letzte Wort der Romantik ist – dieses Weiche und Vage, alles in allem Auflösende, welches das Stigma ist, womit die Romanen diese Geistesart als die deutsche bezeichnen zu dürfen meinen und uns als Knaben, gleichsam schwärmende und schwelgende, unmündige, von ihrem Reich der Klarheit und männlichen Festigkeit absondern.

Uns aber, den Zeitgenossen nicht nur, sondern den Genossen schlechtweg dieser Geistesbedrängnis, den Mitleidenden unter diesen Zerklüftungen, Parteiungen, zeitweisen Verdunkelungen und Verfitzungen, uns, die wir in der Welt zu leben haben, die für das Auge der romanischen Nationen ein undurchdringliches Dickicht ist, uns sind noch unbetrüglichere Organe gegeben als das Auge und das Ohr, um zu erkennen und zu werten, was hier vorgeht. So dürfen wir es wohl aussprechen, daß es doch noch anders steht um unsere Suchenden als um ihre älteren Brüder, jene Generationen von 1780 und 1800, wenngleich sie diesen schicksalsverbunden sind, als Glieder schmerzvoller Entwicklung. An Stelle jenes damaligen verantwortungslosen Wesens – und es mag dahingestellt bleiben, ob es von Kraft oder von Schwäche trunken war, denn es war viel jäher Übergang darin von der überheblichen Selbstbehauptung zur fast wollüstigen Prostration –, an Stelle eines Rausch- und Schwärmerwesens ist bei unseren Suchenden ein strengeres, männlicheres Gehaben unverkennbar getreten, eine Bescheidung, in der Tapferkeit liegt, eine fast grimmige Festigkeit gegenüber der Verführung, sowohl ans Begriffliche als an das Schwärmerische sich zu verlieren – ein Mißtrauen gegen das unverantwortlich Spekulative und ein Mißtrauen auch gegen das unverantwortlich Musikantische, etwas Fanatisches und Asketisches, ein die Hast verschmähendes, ausdauernd resigniertes Wesen, wie es jene früheren Zeiten nicht gekannt haben. Denn nicht Freiheit ist es, was sie zu suchen aus sind, sondern Bindung. Dies besagt die bis zum Krampf energische große Gebärde, die wir an ihnen wahrnehmen, daß sie sich festbinden wollen an der Notwendigkeit, aber an der höchsten, an der, die über allen Satzungen und gleichsam der geometrische Ort aller denkbaren Satzungen ist. Nie war ein deutsches Ringen um Freiheit inbrünstiger und dabei zäher, als dieses in tausenden Seelen der Nation vor sich gehende Ringen um wahren Zwang und Sichversagen dem nicht genug zwingenden Zwang. Wenn Lichtenberg einmal schrieb: Dies sei das englische Wort, das sich jeder Deutsche auf den Fingernagel schreiben müsse: »Als ein Ganzes muß der Mann sich regen« – heute ist dieser Samen in den Besten der Nation aufgegangen; denn um die Ganzheit, auf die jenes Wort hindeutet, daß sich Seele und Geist, daß sich das ganze Gemüt auf eins rege, um das geht es heute, wenn es um etwas geht. Jenes »Gib mir wo ich stehe, und ich werde dir die Welt aus den Angeln heben« tönt aus ihren Sendschreiben, aus ihren Unterredungen und auch aus ihren einsamen Meditationen mit einem finster festen Klang, der, wenn ich meinem Ohre trauen darf, mehr von innerem Metall zeugt als die titanischen Ausbrüche und melodischen Romantismen jener früheren Epochen.

Wohl ist die Form, in der sich dieses neue Suchen und Ringen vollzieht, scheinbar die gleiche geblieben: der leidenschaftlich-einsame Dienst an der eigenen Seele als einziger Daseinsinhalt, einzige Pflicht, die alles aufzehrt – jener Geisteszustand des einsamen weltlosen Deutschen, seit ihn die Revolution zu Ende des achtzehnten Jahrhunderts von der Sitte, dem Herkommen, dem Väterglauben jäh losgerissen und ihm nur die schrankenlose Orgie des weltlosen Ich anheimgegeben hatte. Auch unseren Suchenden ist die Tiefe des Ich, die dunkle, eigene Seelenwallung das einzig Gegebene, und einzige Aufgabe dieses titanische Beginnen: jenes Ganze da außen mit den bloßen zwei Händen auszureißen aus seinem Stand, den es einnimmt in der Welt scheingeistiger Ordnungen, und es mit sich hinabzureißen in die tiefere Lebenswoge und von da es wieder emporzureißen zu neuer Wirklichkeit.

Aber auch diese titanische Grundhaltung, dieses furchtbar angespannte, tragische Sichübernehmen der einzelnen Seele – bleibe es die Grundform der schöpferischen Anspannung beim Deutschen – es ist an ihr viel und entscheidend Veränderndes geschehen, denn zwischen diesem suchenden Geschlecht und jenem früheren liegt das furchtbare Erlebnis des neunzehnten Jahrhunderts – oder es anders auszudrücken: der gleiche deutsche suchende, nach höchsten Verantwortungen und Bindungen dürstende Geist spricht aus ihnen wie aus jenen früheren, aber er ist indessen einen furchtbaren Weg gelaufen und als ein Veränderter wieder zutage getreten. Jenes mit Lust unmündige, knabenhafte titanische Wesen ist ihm auf immer abgestreift. Sehr strenge Zeichen der Männlichkeit sind seiner Miene eingezeichnet: sein intellektuelles Gewissen hat eine unbegrenzte Schärfung erfahren, es ist etwas von dem Verantwortlichkeitssinn der Wissenschaft über ihn gekommen, von den strengen Gelehrtenmethoden des neunzehnten Jahrhunderts, von diesem Nichtsauslassendürfen, alles mit allem konfrontieren zu müssen, diesem Zwang, eine maßlose Vielfältigkeit in sich ausgleichen zu müssen, auf keinem Resultat länger als eine Sekunde ausruhen zu dürfen, noch minder aber auf dem bequemen Bett der Skepsis, sondern immer wieder sich aufraffen und neuen Fragen und Schicksalsentscheidungen auf Leben und Tod ins Auge sehen zu müssen – gewitzigt zugleich und heroisch sein zu müssen und einmal für allemal alle unverantwortlichen Übertreibungen von sich abtun zu müssen, so die Selbstüberhebung wie die romantische Prostration vor diesem oder jenem geliebten Phantom mit ihrer Folge, der romantischen Ironie.

Welch ein Erlebnis aber auch, dieses neunzehnte Jahrhundert, so wie der deutsche Geist es durchzumachen hatte, mit diesen immer neuen Anspannungen und Entspannungen, immer schärferen Reaktionen und Zusammenbrüchen, welche die Seele verzehrenden Täuschungen, Trunkenheiten und furchtbaren Rückschläge, welche halben und Zwischenzustände unausdenklicher Art, bis endlich in diesem ganzen scheingeistigen Bereich die Luft unatembar wurde, bis endlich aus diesem Pandämonium von Ideen, die nach Lebenslenkung gierten – als ob es lebenlenkende Ideen geben könnte –, er sich losrang, unser suchender deutscher Geist, bewährt mit dieser einen Erleuchtung: daß ohne geglaubte Ganzheit zu leben unmöglich ist – daß im halben Glauben kein Leben ist, daß dem Leben entfliehen, wie die Romantik wähnte, unmöglich ist: daß das Leben lebbar nur wird durch gültige Bindungen.

Wie kein Menschengeschlecht vordem weiß sich dieses und das nächste, das wir schon zwischen uns aufsteigen sehen, der Ganzheit des Lebens gegenüberstehend, und dies in einem strengeren Sinne, als ihn romantische Generationen auch nur zu erahnen fähig waren. Alle Zweiteilungen, in die der Geist das Leben polarisiert hatte, sind im Geiste zu überwinden und in geistige Einheit überzuführen; alles im äußeren Zerklüftete muß hineingerissen werden ins eigene Innere und dort in eines gedichtet werden, damit außen Einheit werde, denn nur dem in sich Ganzen wird die Welt zur Einheit. Hier bricht dieses einsame, auf sich gestellte Ich des titanisch Suchenden durch zur höchsten Gemeinschaft, indem es in sich einigt, was mit tausend Klüften ein seit Jahrhunderten nicht mehr zur Kultur gebundenes Volkstum spaltet. Hier werden diese Einzelnen zu Verbundenen, diese verstreuten wertlosen Individuen zum Kern der Nation. Denn von Synthese aufsteigend zu Synthese, mit wahrhaft religiöser Verantwortung beladen, nichts auslassend, nirgend zur Seite schlüpfend, nichts überspringend – muß ein so angespanntes Trachten, woanders der Genius der Nation es nicht im Stiche läßt, zu diesem Höchsten gelangen: daß der Geist Leben wird und Leben Geist, mit anderen Worten: zu der politischen Erfassung des Geistigen und der geistigen des Politischen, zur Bildung einer wahren Nation.

In dieser Grundhaltung ist die Sicherung des geistigen Raumes antizipiert, wie in der romantischen Haltung die Vergeudung des Raumes, in der Haltung des Bildungsphilisters die Verengung des Raumes inbegriffen ist.

Was dieser synthesesuchende Geist erringt – wo immer hier, auch in der einzelnen Brust, von Errungenschaften die Rede sein kann –, das sind schon ins Chaos projizierte Punkte, deren Verbindungen den Grundriß jenes Geistraumes ergäben.

Ich spreche von einem Prozeß, in dem wir mitten inne stehen, einer Synthese, so langsam und großartig – wenn man sie von außen zu sehen vermöchte – als finster und prüfend, wenn man in ihr steht. Langsam und großartig dürfen wir den Vorgang wohl nennen, wenn wir bedenken, daß auch der lange Zeitraum der Entwicklung von den Zuckungen des Aufklärungszeitalters bis zu uns nur eine Spanne in ihm ist, daß er eigentlich anhebt als eine innere Gegenbewegung gegen jene Geistesumwälzung des sechzehnten Jahrhunderts, die wir in ihren zwei Aspekten Renaissance und Reformation zu nennen pflegen. Der Prozeß, von dem ich rede, ist nichts anderes als eine konservative Revolution von einem Umfange, wie die europäische Geschichte ihn nicht kennt. Ihr Ziel ist Form, eine neue deutsche Wirklichkeit, an der die ganze Nation teilnehmen könne.

HANSGEORG SCHMIDT-BERGMANN

DER GESTUS DES VERSTUMMENS
HUGO VON HOFMANNSTHALS
»CHANDOS-BRIEF«
UND SEINE KRITISCHE PROSA

Am 17. und 18. Oktober 1902 wurde in einer der größten deutschsprachigen Tageszeitungen, im Berliner »Der Tag«, Hugo von Hofmannsthals Erzählung »Ein Brief« veröffentlicht. Der vollständige Untertitel dieses fiktiven Schreibens lautet:

> Dies ist der Brief, den Philipp Lord Chandos, jüngster Sohn des Earl of Bath, an Francis Bacon, später Lord Verulam und Viscount St. Albans, schrieb, um sich bei diesem Freunde wegen des gänzlichen Verzichtes auf literarische Betätigung zu entschuldigen.

Der in dem Brief begründete Verzicht der Kunstfigur Lord Chandos auf literarische Betätigung wurde von Hofmannsthals Zeitgenossen ausschließlich biografisch gedeutet: als das öffentliche Bekenntnis einer eingestandenen künstlerischen Krise und als der Bruch mit den eigenen literarischen Anfängen, für die der Name »Loris«, Hofmannsthals Pseudonym in den frühen Jahren, als ein Synonym stand. Die Bedeutung des »Chandos-Briefs« erschöpft sich jedoch nicht in den einsichtigen biografischen Analogien. Denn anders als der fiktive Lord Chandos war Hofmannsthal keineswegs verstummt, sondern schrieb gleichzeitig an seinen Bearbeitungen von Calderóns »Das Leben ein Traum«, an der »Elektra« des Sophokles und an dem Trauerspiel »Das gerettete Venedig« nach einem Stoff von Thomas Otway. Die im »Brief« beschriebene Krise stellt sich so, aus der Perspektive Hofmannsthals, bereits als eine überwundene dar. Biografisch markiert das fiktive Schreiben, dessen Bedeutung Hofmannsthal selbst nicht sehr hoch eingeschätzt hat, so eine Zäsur in seinem Werk, übergreifend jedoch ist es die Diagnose eines modernen Bewusstseins, das den Riss zwischen Leben und Kunst nicht zu überwinden vermag. Rückblickend ist der »Chandos-Brief« das bedeutendste Dokument eines allgemeinen Zweifels an den Ausdrucksmöglichkeiten der literarischen Sprache, mehr noch, es ist ein Schlüsseltext für das Verständnis der Krise der Kunst um 1900. Dies macht den epochalen Rang dieser kurzen Erzählung aus, worauf unter vielen Walter Jens mit allem Nachdruck hingewiesen hat:

> Die Revolution der deutschen Literatur, eine radikale Veränderung in Thema und Stil, beginnt um 1900 und erreicht bereits 12 Jahre später ihren Höhepunkt. ...
> Ausgangspunkt jeder Analyse der neuen Revolution, man kann es nicht oft genug sagen, ist Hofmannsthals »Brief des Lord Chandos«.

Als Hugo von Hofmannsthal den »Chandos-Brief« veröffentlichte, war er achtundzwanzig Jahre alt und in Österreich und in Deutschland bereits ein bekannter und anerkannter Dichter des »jungen Wiens«. Als einziges Kind des Bankdirektors Dr. Hugo von Hofmannsthal und seiner Frau Anna, geb. Fohleutner, am 1. Februar 1874 geboren, verlebte Hugo von Hofmannsthal seine Jugend wohlbehütet. Schon mit sechzehn Jahren publizierte der Gymnasiast unter dem Pseudonym »Loris Melikow« im Juni 1890 in der literarischen Beilage der Wiener »Presse« sein erstes Gedicht: das Sonett »Frage«. 1891 veröffentlichte Hofmannsthal sein erstes lyrisches Drama »Gestern«, diesmal unter dem Pseudonym »Theophil Morren«. Mit diesem kleinen Werk wurde Hofmannsthal in Wien berühmt und schnell zum Mittelpunkt der literarischen Kreise. 1892 folgte der »Tod des Tizian«, 1893 »Der Tor und der Tod«. Diese lyrisch-dramatischen Versuche gelten als beispielhaft für die Stimmung des Wiener Fin de Siècle: Neuromantik und Ästhetizismus, Narzissmus und Décadence, Dilettantismus und Epigonalität, Todessehnsucht und die Lust am Untergang kann man verallgemeinernd als die herrschende Stimmung der literarischen Generation der zwischen 1860 und 1875 geborenen Schriftsteller der Wiener Moderne nennen, zu denen beispielsweise Arthur Schnitzler, Hermann Bahr, Richard Beer-Hofmann, Peter Altenberg und Leopold von Andrian zu zählen sind. Gemeinsam ist ihnen die Flucht aus der gesellschaftlichen Realität in die Sphäre der Kunst und in eine idealisierte und ästhetisierte Vergangenheit. Doch im Gegensatz dazu, beispielsweise Leopold von Andrians »Das Fest der Jugend«, reflektieren Hofmannsthals frühe dramatische Versuche fortschreitend die Fragwürdigkeit eines gelebten Ästhetizismus. Dies zeigen auch die ersten veröffentlichten größeren Rezensionen, die Hofmannsthal ab 1891 in den verschiedensten literarischen Periodika zu publizieren begann. Es ist die zeitgenössische europäische Moderne, die Hofmannsthal befragt: Walter Pater, Henrik Ibsen, Gabriele d'Annunzio, Algernon Charles Swinburne, Stefan George und Maurice Barrés sind die Autoren, die er zum Exempel einer Bestandsaufnahme nimmt, die nach den Lebensbedingungen der Moderne fragt. Die nervöse Spannung des Gegenwärtigen und die Möglichkeit ihrer Überwindung – Hofmannsthal steht zwischen dem Anspruch eines diagnostischen Psychogramms seiner Zeit und der Forderung nach einer »Selbsterziehung zum ganzen Menschen, zum Individuum« Nietzsches –, wie der Siebzehnjährige in der Rezension von Paul Bourgets »Physiologie de l'amour moderne«, erschienen in der Berliner Zeitschrift »Die Moderne« im Februar 1891, formuliert. Es sind die individuellen »Auflösungsgeschichten« und die modernen »Hamletseelen«, durch die Hofmannsthal die zeitgenössische europäische Literatur bevölkert sieht. Ihnen nähert er sich mit Distanz, so wie er Stefan Georges heftigem Werben widersteht, und entfernt sich schließlich endgültig von ihnen. Zu verfolgen ist dieser Prozess an den drei Aufsätzen über die ästhetizistische Übersteigerung in den Romanen Gabriele d'Annunzios, wo sich – im ersten, 1893 erschienenen – die Formulierung findet: »Man hat manchmal die Empfindung, als hätten uns unsere Väter... nur zwei Dinge hinterlassen: hübsche Möbel und überfeine Nerven.« Dieses Bewusstsein der »Spätgeborenen«, »ein paar tausend Menschen, in den großen europäischen Städten verstreut«, hat eine Handlungsarmut, die sich der Gestaltung der Realität entzieht, zur Konsequenz: »Heute scheinen zwei Dinge modern zu sein: die Analyse des Lebens und die Flucht aus dem Leben.« Zwei Jahre später, anlässlich der Rezension von d'Annunzios Roman »Le vergini delle Rocce«, formuliert Hofmannsthal jedoch einen Einwand, den er später fortschreibend thematisieren wird: wie es möglich sei, Kunst zu schaffen, wenn man »nicht im Leben« stehe? Daran anschließend fragt er auch nach der Lebenstüchtigkeit von Ibsens dramatischen Figuren:

> Wie verhält sich der Ibsensche Mensch, der künstlerische Egoist, der sensitive Dilettant mit überreichem Selbstbeobachtungsvermögen, mit wenig Willen und einem großen Heimweh nach Schönheit und Naivität, wie verhält sich dieser Mensch im Leben?

Eine weitere Zäsur bildet dann der 1896 gehaltene Vortrag »Poesie und Leben«. Dort wird zwar auch eine Spannung zwischen Kunst und Alltäglichkeit suggeriert, doch das »Gehen der Wege des Lebens«, dies auch unter einer moralischen und ethischen Perspektive, die sich nicht abseits von der Gesellschaft stellen will, wird bereits zur Voraussetzung einer »geistigen Kunst« erklärt. Zugleich zeigen die Ausführungen, dass Hofmannsthal sich aus den literarischen Anfängen seiner frühen Zeit zu entfernen versucht: »Der eigene Ton ist alles, wer den nicht hält, begibt sich der inneren Freiheit, die erst das Werk möglich machen kann.« An die Realisierung eines gelungenen ästhetischen Lebens vermochte Hofmannsthal somit bereits vor der Jahrhundertwende nicht mehr zu glauben: »Mit einer großen Bitterkeit starrte er in sein Leben zurück und verleugnete alles, was ihm lieb gewesen war«, heißt es in der Erzählung »Das Märchen der 672. Nacht« (1895). Auch dies ein Beleg für Hofmannsthals ästhetische Wandlung, die mit dem »Chandos-Brief« dann ausdrücklich vollzogen wird. Doch der fiktive Brief ist mehr als nur das Dokument für Hofmannsthals eigenen Bruch mit den literarischen und lebensphilosophischen eigenen Anfängen, er ist eine Chiffre für eine allgemeine Sprachskepsis, die am Beginn des 20. Jahrhunderts Literatur und Wissenschaft erfasst hat. In der Folge wird dieser Zweifel auch an Rainer Maria Rilkes »Malte Laurids Brigge«, im frühen Werk Kafkas, in der frühen Lyrik Gottfried Benns und anderer Expressionisten deutlich werden. Dass Hofmannsthal diese Skepsis in seinem »Chandos-Brief« literarisch reflektiert, und damit zugleich der skeptischen Sprachphilosophie Ludwig Wittgensteins vorgearbeitet hat, macht den epochalen Rang der Erzählung aus, die hier im Kontext von Hofmannsthals poetologischen Schriften dokumentiert wird. Denn in dem Brief erscheinen wie in einem Kaleidoskop die frühen ästhetischen Überlegungen ebenso wie die späteren, die sich als eine Konsequenz aus der Lebensferne der Kunst der Jahrhundertwende dem Leben und der sozialen Realität wieder zu nähern versuchten. Unmittelbar nach dem Erscheinen des »Chandos-Briefs«, in dem die wichtigsten Impulse seines gesamten Schaffens einen radikalen Ausdruck gefunden haben, beginnt Hofmannsthal sich somit der Tradition zu vergewissern. Dafür stehen nach der Jahrhundertwende in seinem kritischen und essayistischen Werk, das im Ganzen weit mehr als tausend Druckseiten umfasst und aus Rezensionen, Reden, Einleitungen und Nachworten zu den unterschiedlichsten Anlässen besteht, die Namen Shakespeare, Schiller, Raimund, Balzac und natürlich Goethe. Doch symptomatisch für Hofmannsthals spätere Position ist, dass er 1902 erstmals ein klassisches Werk der österreichischen Tradition aufgreift, Franz Grillparzers »Des Meeres und der Liebe Wellen«. Ein Jahr später notiert er über den bedeutenden österreichischen Dramatiker: »Er suchte die Form nicht im Leben, sondern durchs Leben hindurch, nicht wie die Romantiker in der Nacht, im Wandern, im Halbtraum, sondern in der süßen Harmonie des Daseins.« Und im zweiten Jahr des Ersten Weltkrieges sieht er als Grillparzers »politisches Vermächtnis«, dass in dessen Werk das »Bewusstwerden des Schönen in dem Praktischen« manifest werde – in »bedrängten Epochen« werden so die Traditionen neu befragt und konstruiert. Der Zerfall von Identität, auch kultureller, hatte sich im »Chandos-Brief« zuvor jedoch bereits radikal vollzogen:

> Es ist gütig von Ihnen, mein hochverehrter Freund, mein zweijähriges Stillschweigen zu übersehen und so an mich zu schreiben. Es ist mehr als gütig, Ihrer Besorgnis um mich, Ihrer Befremdung über die geistige Starrnis, in der ich Ihnen zu versinken scheine, den Ausdruck der Leichtigkeit und des Scherzes zu geben, den nur große Menschen, die von der Gefährdung des Lebens durchdrungen und dennoch nicht entmutigt sind, in ihrer Gewalt haben.

Mit diesen Sätzen beginnt der – fiktive – englische Gutsbesitzer Lord Chandos seinen am 22. August 1603 geschriebenen Brief an den Philosophen und Naturwissenschaftler Francis Bacon (1561-1626). Im literarischen Stil imitiert der »Brief« mimetisch den Tonfall der gelehrten humanistischen Briefwechsel des 16. und 17. Jahrhunderts. Doch der rhetorisch gekünstelte Stil verliert sich im Verlauf des Briefes und geht in eine schonungslose Selbstanalyse über, die den Adressaten zu vergessen scheint, denn der Zustand der »Trunkenheit«, mit der das Dasein gefeiert wurde, hat sich dem in jungen Jahren als Schriftsteller bereits erfolgreichen Lord Chandos zunehmend verflüchtigt und hat sich in sein Gegenteil verkehrt. Die Identität mit dem ganzen Dasein ist Lord Chandos zerbrochen, die »große Einheit« zerfiel ihm in »Teile, die Teile wieder in Teile«, und zunehmend wurden ihm die Sprache, die Rhetorik und Kunst fremd und unheimlich:

> Mein Fall ist, in Kürze, dieser: Es ist mir völlig die Fähigkeit abhanden gekommen, über irgend etwas zusammenhängend zu denken oder zu sprechen. ... Ich empfand ein unerklärliches Unbehagen, die Worte »Geist«, »Seele« oder »Körper« nur auszusprechen.

Damit ist die einstige Daseinsharmonie endgültig zerstört. Nur einzelne, überwältigende Augenblicke entreißen Lord Chandos noch der Apathie. Es sind unscheinbare Dinge, eine Gießkanne, eine Egge oder – wie später für Martin Heidegger – ein Feldweg, die ihm zum »Gefäß« einer »Offenbarung« werden können. Diese Augenblicke erlebt er als Epiphanien, die Gegenwart wird ihm vom Unendlichen erfüllt; das »Nichtige«, die »Kreatur« wird ihm zur »Chiffer« für eine mögliche Sinnhaftigkeit des Daseins. Es ist diese Hinwendung zum kreatürlichen Leben, die Lord Chandos in seinem Brief zu vermitteln versucht. Ihm selber, so gibt er vor, fehlen für die Darstellung seiner Gefühle die Begriffe, er ist sich selbst rätselhaft geworden. Am Schluss des Briefes erscheint er wie von einem Rausch erfasst. Er glaubt zu erfahren, dass die Sprache oder genauer die Materie der Sprache, gleichsam in sich selbst zurückkehrt, anstatt sich zu rhetorischen Figuren und in diskursive Logik zu gliedern. Mit den abstrakten Begriffen und Werten zerfallen zugleich endgültig die alten Bilder und die tradierte Rhetorik der Schönheit. Lord Chandos muss sich eingestehen, dass ihm die Sprache nicht gegeben ist, um diesem »fieberischen Denken« doch noch eine literarische Form zu geben, daher bleibt nach diesem »voraussichtlich letzten Brief« nur noch das Verstummen. Hofmannsthal hat seine Erzählung deutlich in zwei Teile gegliedert. Im ersten Teil beschreibt Lord Chandos, wie ihm die jugendliche, narzisstische und rauschhafte Harmonie des Ich mit der Welt zerbrochen ist. An ihre Stelle ist zunächst ein romantisches und sentimentales Verhältnis zur Realität getreten, das sich in sehnsüchtigen Bildern des Verschmelzens mit der Natur artikuliert. Leitmotivisch, fast beschwörend, tauchen immer wieder an zentraler Stelle im Text Begriffe wie Geist, Inneres, Seele, Denken, Hirn und Körper auf. Diese abstrakten Begriffe haben für Lord Chandos jedoch ihre selbstverständliche Geltung verloren; Identitätskrise und Sprachskepsis zeigt Hofmannsthal als einen Prozess: »Die abstrakten Worte, deren sich doch die Zunge naturgemäß bedienen muß, um irgendwelches Urteil an den Tag zu geben, zerfielen mir im Munde wie modrige Pilze.« Chandos leugnet schließlich nicht nur die Signifikationsgesetze der Sprache – mit den begrifflichen Konventionen und einem diskursiven Sprachvermögen löst sich das vertraute Ich selbst auf.

Hofmannsthal lässt damit seinen Lord Chandos eine Sprachskepsis formulieren, die am Beginn des 20. Jahrhunderts allgemein latent gewesen ist. Am einflussreichsten für die deutschsprachigen Schriftsteller war zunächst Fritz Mauthner mit seinen »Beiträgen zu einer Kritik der Sprache« (1901/02). Er stellte dort die These auf, dass die Sprachkritik, die Demaskierung der konventionellen Sprachschablonen, »das wichtigste Geschäft der denkenden Menschheit« sei. Auf der Grundlage eines erkenntnistheoretischen Sensualismus spricht Mauthner der Sprache die Möglichkeit der Erkenntnis von Realität ab. Im gleichen Kontext ist auch der Einfluss des Philosophen Ernst Mach, bei dem Hugo von Hofmannsthal studiert hat, zu sehen. In seinen »Beiträgen zur Analyse der Empfindungen« (1886) stellt das »Ich« keine unveränderliche, bestimmte, scharf begrenzte Einheit dar. »Das Ich ist unrettbar«, es ist fließend, ein Komplex von Erinnerungen, Stimmungen und Gefühlen. Stellt man den »Chandos-Brief« in diese philosophische Konstellation, und mit ihm Hofmannsthals frühe poetologische Versuche, dann wird plausibel, dass der »Chandos-Brief« den Ton seiner Zeit genau getroffen hat. Doch geht es Hofmannsthal wirklich nur um die Hypersensitivität und den Zerfall eines problematisch gewordenen Ich? Gibt es für Hofmannsthal als Dichter, während seiner Arbeit am »Chandos-Brief« und in seinen späteren literarischen und essayistischen Arbeiten, dessen ästhetisches Material die Worte sind, nicht noch Realitäten anderer Art als für die Erkenntnistheoretiker wie Mach, die von psychologischen Fakten wie den labilen Empfindungskomplexen ausgehen? Im ersten Teil des »Chandos-Briefs« ging es Hofmannsthal um die Kritik der konventionellen Vorstellungen und Begriffe, im zweiten Teil dagegen um die Explikation einer neuen Erfahrungsebene, die der Sprache sich zu entziehen scheint. Es sind die Bilder der von Angst gequälten Kreatur, die sich ihm eingeschrieben haben, »der süßlich scharfe Geruch des Giftes« und das »Gellen der Todesschreie« der von ihm vergifteten Ratten, »die sich an modrigen Mauern brachen«. Diese plötzliche existenzielle Erfahrung verändert sein Bewusstsein. Es ist ein melancholischer Blick auf das Gegenwärtige und die Geschichte, von dem sein Denken und Fühlen jetzt beherrscht erscheint, und da, wo im Text die melancholische Verfassung und die Exaltationen des Lord Chandos beschrieben werden, häufen sich Begriffe und Bilder mit religiösen Konnotationen. Es ist von »Kreatur«, »Offenbarung« und vom »Schauder« die Rede. Lord Chandos will nicht über die Dinge und die Natur reden, er sehnt sich nach einer Sprache, »in welcher die stummen Dinge zu mir sprechen«:

> nämlich weil die Sprache, in welcher nicht nur zu schreiben, sondern auch zu denken mir vielleicht gegeben wäre, weder die lateinische noch die italienische und spanische ist, sondern eine Sprache, von deren Worten mir auch nicht eines bekannt ist, eine Sprache, in welcher die stummen Dinge zu mir sprechen, und in welcher ich vielleicht einst im Grabe vor einem unbekannten Richter mich verantworten werde.

Welche Sprache ist das? Die Rede von der Offenbarung und den Kreaturen im »Chandos-Brief« weist auf die christliche Schöpfungslehre zurück, in der Mensch und Natur allein in der Abhängigkeit von ihrem Urheber, Gott, begriffen werden können. Soweit das Schöpfungsprinzip gilt – oder aktualisiert wird –, bleiben die menschlich-kreatürliche Welt und das begriffliche Schema des geschichtlichen Prozesses miteinander notwendig verwoben. Die mittelalterliche und auch die barocke Sprachspekulation, als deren später Erbe Hofmannsthal hier sich kenntlich macht, geht so vom Begriff der Kreatur aus. Gottes Wort hat die Welt erschaffen und die ganze Natur ist von einer namenlosen, stummen Sprache durchzogen. Die Dinge, tote wie lebendige, können sich mitteilen, aber sie können nicht sprechen. Der Mensch, dem von Gott das Vorrecht der Sprache und der Namensgebung zuteil wurde, vermag das Buch der Natur zu dechiffrieren und die Mitteilungen der Kreaturen in seine eigene Sprache zu übersetzen. Diese Fähigkeit ist ein Privileg, aber sie bedeutet zugleich auch eine Verantwortung vor der Schöpfung, denn diese ist erst vollendet, wenn der Mensch den Dingen ihren Namen gegeben hat: nur in der Meditation, der Trauer, der Tiefe der Kontemplation erschließt sich noch die Sprache der Kreatur. »Weil sie stumm ist, trauert die Natur«, heißt es in Walter Benjamins »Ursprung des deutschen Trauerspiels«, eine Schrift, die Hugo von Hofmannsthal dann auch überaus geschätzt hat und in der weiter zu lesen ist: »Es ist in aller Trauer der Hang zur Sprachlosigkeit und das ist unendlich viel mehr als Unfähigkeit oder Unlust zur Mitteilung.« Insofern Hofmannsthal für die Dinge, die leidende Kreatur Partei ergreift und das von der rationalistischen und humanistischen Bildung Ausgegrenzte und Verdrängte zur Sprache kommen lässt, kann man im »Chandos-Brief« fast schon ein frühes Modell der »Dialektik der Aufklärung« sehen. Dafür sprechen unter anderem zwei Indizien. Das Datum des Briefes, das Jahr 1603, ist das Todesjahr der Königin Elisabeth und kann als Chiffre für die Schwelle zwischen der Renaissance und dem rationalistischen Zeitalter begriffen werden. Nicht zufällig erscheint auch der Adressat des Briefes. Der Protestant Francis Bacon war einer der wichtigsten Wegbereiter der europäischen Aufklärung. In seinen Werken systematisierte er die neuen Erfahrungswissenschaften seiner Epoche. Gegen diesen Rationalismus exponiert Hofmannsthal in seinem »Chandos-Brief« eine abweichende historische Erfahrung. Lord Chandos vermag die Ausgrenzung des Natürlichen und Kreatürlichen, die der Rationalismus erzwingt, nicht weiter mit zu vollziehen. Er wird angesichts der entleerten und »entzauberten« Welt von einer unaufhebbaren Melancholie ergriffen. Ins Schweigen mündet so der »Chandos-Brief«. Hofmannsthal selbst bleibt da jedoch nicht stehen, denn er macht diese sprachliche Krise öffentlich und bekennt sich zu einer Verantwortung des Dichters, die ihr Medium weiter im Kunstwerk und in der Reflexion über Kunst suchen wird. Der »Chandos-Brief« exponiert so einen Kreaturbegriff, der in seinen späteren allegorischen literarischen Werken, wie »Das Salzburger Große Welttheater«, und in der aktualisierten Form des Trauerspiels am Beispiel des »Turms« in das Zentrum der poetischen und moralischen Argumentation gerückt und in seinem essayistischen Werk, von seinem Vortrag »Der Dichter und diese Zeit« (1906) bis zu seiner Münchener Rede »Das Schrifttum als geistiger Raum der Nation« (1927), die zugleich sein geistiges Vermächtnis darstellt, kritisch reflektiert werden wird. Das zunehmend jedoch unter einer politischen Fragestellung nach den Erfahrungen des Ersten Weltkrieges und des Zerfalls des Habsburgerreiches. Zwischen 1915 und 1918 erschien, rückblickend wie ein literarisches Menetekel des realen Untergangs des habsburgischen Österreichs, die von Hofmannsthal initiierte und herausgegebene »Österreichische Bibliothek« mit insgesamt 26 Bänden. Diese und die folgenden kritischen Beiträge der Zwischenkriegszeit haben schließlich Anteil an einer »konservativen Revolution«, die sich gegen den Zerfall der großen bürgerlichen Traditionen stemmt, die »Sicherung des geistigen Raumes« zu antizipieren sucht und zugleich an einer »Idee Österreich« festzuhalten gewillt ist. Zwar hatte Hofmannsthal bereits in der Komödie »Der Schwierige« den Untergang der alten Gesellschaft gestaltet, doch noch einmal versucht er in seiner Rede »Das Schrifttum als geistiger Raum der Nation« Kunst und Politik aufeinander zu beziehen – vergeblich, wie nur wenige Jahre später brutal deutlich werden sollte. Das Partikulare war nicht mehr aufzuheben, die »produktive Anarchie« der vielen vereinzelten »Suchenden« konnte dem »Geklüfte unserer vielzerklüfteten Kultur« und dem »Zerfall ganzer

Welten« keinen real wirkungsmächtigen Sinn mehr zuschreiben. So blieb seine letzte kulturpolitische Vision als ein Widerspruch gegen eine sich auflösende Moderne ohnmächtig, berief sich auf ein Erbe, das ausgeschlagen wurde und nur noch als Geste überlebt hat, wie Hugo von Hofmannsthal bereits in der Rede »Der Dichter und diese Zeit« ahnend eingestanden hatte:

> Gerade durch sein Fieberhaftes, durch seine Wahllosigkeit, durch das rastlose Wieder-aus-der-Hand-Legen der Bücher, durch das Wühlende, Suchende scheint mir das Lesen in unserer Epoche eine Lebenshandlung, eine des Beachtens werte Haltung, eine Geste. Ich sehe beinahe als die Geste unserer Zeit den Menschen mit dem Buch in der Hand, wie der kniende Mensch mit gefalteten Händen die Geste einer anderen Zeit war.

ZEITTAFEL

1874

Am 1. Februar wird Hugo Laurenz August Hofmann, Edler von Hofmannsthal als einziges Kind des Bankdirektors Dr. jur. Hugo von Hofmannsthal und seiner Frau Anna, geb. Fohleutner, in Wien geboren.

1884-1892

Besuch des Akademischen Gymnasiums in Wien.

1890

Im Juni erscheint in der Beilage der Wiener Zeitung »Presse« unter dem Pseudonym »Loris Melikow« als erste Publikation Hofmannsthals das Sonett »Frage«. Bekanntschaft mit dem Dichterkreis des »Jungen Wien« im Café Griensteidl, darunter Hermann Bahr (1863-1934), Arthur Schnitzler (1862-1931), Richard Beer-Hofmann (1866-1945), Felix Salten (eig. Siegmund Salzmann, 1869-1945), Peter Altenberg (eig. Richard Engländer, 1859-1919).

1891

Im April hatte Henrik Ibsens (1828-1906) Stück »Wildente« in Wien Premiere, Hugo von Hofmannsthal suchte den anwesenden einflussreichen norwegischen Dramatiker und Wegbereiter des Naturalismus in seinem Hotel auf. In den Aufzeichnungen heißt es: »Vormittag bei Ibsen. In der falschen Eleganz eines Hotelzimmers war mir die kleine, hilflose Gestalt mit den bezwingenden Augen und der Meisterstirn doppelt rührend«.

im Dezember trifft Hofmannsthal in Wien erstmals Stefan George (1868-1933), die abschließenden Verse in dem Gedicht »Der Prophet« beziehen sich auf die Begegnungen mit ihm: »Er macht die leere Luft beengend kreisen / Und er kann töten, ohne zu berühren«.

die »Dramatische Studie in einem Akt in Versen« »Gestern« erscheint. Sie spielt zur »Zeit der großen Maler«. Hofmannsthal verlegt die dramatische Handlung seiner Stücke in die Zeit der Renaissance. In der ersten Szenenanweisung von »Gestern« heißt es: »Reiche Architektur der sinkenden Renaissance«.

1892
Im Mai zweites Treffen mit Stefan George, Mitarbeit an der Zeitschrift »Blätter für die Kunst«, dort erscheint das lyrische Drama »Der Tod des Tizian« im 1. Heft, Bekanntschaft mit Josephine von Wertheimstein (1820-1894), deren Döblinger Villa in der zweiten Jahrhunderthälfte ein Mittelpunkt des literarischen Lebens gewesen war.

1892-1894
Jura-Studium an der Universität Wien; die erste Staatsprüfung hat Hofmannsthal im Juli 1894 – nach eigenen Worten – »mit mittelmäßigem Erfolg abgelegt«.

1893
Das lyrische Drama »Der Tor und der Tod« erscheint, Bekanntschaft mit Leopold von Andrian (eig. Leopold Freiherr von Andrian-Werburg, 1875-1951), dem Verfasser der Prosaskizze »Der Garten der Erkenntnis«, »Alkestis« erscheint, Frau von Wertheimstein stirbt, die Erschütterung über ihren Tod führen zu den »Terzinen über Vergänglichkeit«.

1894
Zwischen Oktober und September 1895 absolviert Hugo von Hofmannsthal das Freiwilligenjahr bei dem k. u. k. Dragonerregiment 6 in Göding.

1895
Erste Veröffentlichungen in der Jugendstilzeitschrift »Pan« (Terzinen II-IV), das »Märchen der 672. Nacht« entsteht.
Beginn des Studiums der Romanistik an der Universität Wien, Hofmannsthal hört unter anderem bei Ernst Mach (1838-1916) Vorlesungen, der mit seiner Abhandlung »Beiträge zur Analyse der

Empfindungen« (1886) auf die Literatur der Jahrhundertwende großen Einfluss hatte.

1897

Dissertation zum Thema: »Über den Sprachgebrauch bei den Dichtern der Plejade«.

»Das Kleine Welttheater« und »Die Frau im Fenster« (in Auszügen 1898) erscheinen im »Pan«, vertiefte Kontakte mit dem Mitherausgeber des »Pan« Eberhard von Bodenhausen (1868-1918), mit dem Hofmannsthal bis zu dessen Tode eine Freundschaft verband, »Der weiße Fächer«, »Die Hochzeit der Sobeide«, »Der Kaiser und die Hexe« entstehen.

1898

Am 15. Mai Uraufführung des Stückes »Die Frau im Fenster« in Berlin.

Aufenthalt in Venedig: »Der Abenteurer und die Sängerin«.

1899

In Berlin Uraufführung »Sobeide«, »Abenteurer«. Gespräche mit dem naturalistischen Dramatiker Gerhart Hauptmann (1862-1946) und dem Mitbegründer der Zeitschrift »Pan«, dem Kunstschriftsteller, Mäzen und Verleger Harry Graf Kessler (1868-1937).

»Das Bergwerk zu Falun« entsteht, das lyrische Drama »Der Tor und der Tod« wird veröffentlicht.

1900

Im Februar Gespräche in München mit den Schriftstellern Alfred Walter Heymel (1878-1914) und Rudolf Alexander Schröder (1878-1962), den Mitbegründern der Zeitschrift »Die Insel«, anschließend bis Mai in Paris, Bekanntschaft mit dem symbolistischen flämischen Schriftsteller und Essayisten Maurice Maeterlinck (1862-1942) und dem Bildhauer der sich bahnbrechenden künstlerischen Moderne Auguste Rodin (1840-1917); das Ballett »Der Triumph der Zeit«, »Vorspiel zur Antigone des Sophokles«, »Das

Erlebnis des Marschalls von Bassompierre«, »Der Kaiser und die Hexe« erscheinen.

Arbeit an der Habilitationsschrift »Studie über die Entwicklung des Dichters Victor Hugo«.

1901
Am 8. Juni Heirat mit Gertrud Schlesinger (1880-1959), der Tochter des Generalsekretärs der Anglo-Österreichischen Bank Emil Schlesinger, in der Wiener Schottenkirche, Umzug in das »Fuchsschlössel« nach Rodaun bei Wien, wo die Familie bis zu Hofmannsthals Tod lebt, Arbeit an dem unvollendet gebliebenen Trauerspiel »Pompilia oder Das Leben«.

1902
Rudolf Borchardt (1877-1945) besucht Hofmannsthal, Bearbeitung des Dramas »Das Leben ein Traum« von Pedro Calderón de la Barca (1600-1681), am 14. Mai Geburt der Tochter Christiane, im August Arbeit am »Chandos Brief«, ab September in Italien, zuerst in Rom, dann in Venedig, »Das gerettete Italien« entsteht.

1903
Erneute Begegnung mit Stefan George, »Das Gespräch über Gedichte« entsteht, am 29. Oktober Geburt des Sohnes Franz, am 30. Oktober in Berlin Uraufführung der »Elektra«, erstmals in Zusammenarbeit mit dem langjährigen Direktor des Deutschen Theaters und Mitbegründer der Salzburger Festspiele Max Reinhardt (eig. Max Goldmann, 1873-1943), die »Ausgewählten Gedichte« erscheinen im Verlag »Blätter für die Kunst«.

1904
Am 22. März Tod der Mutter.

1905
Am 21. Januar in Berlin Uraufführung »Das gerettete Venedig«, im Mai mit Harry Graf Kessler in Paris, Treffen mit dem französischen Schriftsteller André Gide (1869-1951), der anfänglich dem Symbo-

listenkreis um Stéphane Mallarmé (1842-1898) angehört hatte, Bearbeitung des »König Ödipus« von Sophokles, Hofmannsthal hält in Weimar den Festvortrag »Shakespeares Könige und grosse Herren«.

1906
Im Februar in Berlin Begegnung mit dem Komponisten Richard Strauss (1864-1949), der in den folgenden Jahren mehrere Stücke Hofmannsthals vertont (»Elektra«, »Ariadne auf Naxos«), für ihn schrieb Hofmannsthal in den folgenden Jahren erfolgreich Libretti, u. a. für »Der Rosenkavalier«, im März endgültiger Bruch mit Stefan George, am 26. Mai Geburt des zweiten Sohnes Raimund, im Dezember in München Vortrag »Der Dichter und diese Zeit«, die »Kleinen Dramen« erscheinen, »Unterhaltung über den ›Tasso‹ von Goethe«, »Unterhaltung über die Schriften von Gottfried Keller«.

1907
Reise nach Venedig, Arbeit an der ersten Fassung des »Andreas«-Romans und an den Komödien »Silvia im ›Stern‹« und »Christinas Heimreise«, im November ist Rainer Maria Rilke (1875-1926) in Rodaun, Hofmannsthal wird Mitherausgeber der Zeitschrift »Morgen«, Die »Gesammelten Gedichte«, die »Kleinen Dramen« und die »Prosaischen Schriften« erscheinen im Insel-Verlag.

1908
In Berlin Uraufführung von »Tor und Tod«, Reise nach Griechenland (»Augenblicke in Griechenland«), »Christinas Heimreise« entsteht.

1909
Am 25. Januar Uraufführung der Oper »Elektra« in Dresden, Arbeit am »Rosenkavalier«, Übertragung von Molières (1622-1673) »Die Heirat wider Willen«, zusammen mit Rudolf Alexander Schröder und Rudolf Borchardt Herausgeber des Jahrbuchs »Hesperus«.

1910

Am 11. Februar Uraufführung von »Christinas Heimreise« in Budapest und Wien, die Erzählung »Lucidor« entsteht.

1911

Am 26. Uraufführung des »Rosenkavalier« in Dresden, am 1. Dezember »Jedermann« in Berlin.

1912

Der Text für die »Josephslegende« für das von Sergej Diaghilew (1872-1929) geleitete avantgardistische Ballets Russes entsteht (Musik Richard Strauss, uraufgeführt in der Pariser Oper am 14. Mai 1914), von dem legendären Tänzer und Choreographen des Ensembles Vaclav Nijinsky (1889-1950) angeregt, hatte Hofmannsthal bereits ein Jahr zuvor den Essay »Über die Pantomime« geschrieben (siehe auch »Nijinskys ›Nachmittag eines Fauns‹«, 1912), das erste Kapitel des Andreas-Romans entsteht, am 25. Oktober Uraufführung von »Ariadne auf Naxos« in Stuttgart, Herausgeber der Sammlung »Deutsche Erzähler«.

1913

»Die Frau ohne Schatten« entsteht, als erster Druck der bibliophilen »Bremer Presse« erscheint in 200 Exemplaren Hofmannsthals »Die Wege und die Begegnungen«.

1914

Kriegsausbruch, am 26. Juli Einberufung als Landsturmoffizier nach Pisino in Istrien, durch Einflussnahmen des befreundeten Politikers Josef Redlich (1869-1936) beurlaubt und dem Kriegsfürsorgeamt im Kriegsministerium unterstellt, politische Aufsätze in der »Wiener Neuen Presse« (darunter: »Appell an die oberen Stände«, »Die Bejahung Österreichs«).

1915

Die »Österreichische Bibliothek« beginnt zu erscheinen, am 10. Dezember Tod des Vaters, es erscheinen »Prinz Eugen der edle

Ritter«, sowie der »Österreichische Almanach auf das Jahr 1916«, Dienstreisen in die von Österreich besetzten Gebiete nach Südpolen, Brüssel und Berlin. Weitere politische Aufsätze: »Wir Österreicher und Deutschland«, »Grillparzers politisches Vermächtnis«.

1916
Biographische Notizen unter dem Titel »Ad me ipsum« entstehen, im Juli hält Hofmannsthal in Warschau den Vortrag »Österreich im Spiegel seiner Dichtung«.

1917
Hofmannsthal hält in Bern den für sein politisches Verständnis zentralen Vortrag »Die Idee Europa«, »Der Bürger als Edelmann«, »Der Schwierige« entstehen, Bd. 3 der »Prosaischen Schriften« erscheint, Beginn des Briefwechsels mit dem Schriftsteller und Kulturtheoretiker Rudolf Pannwitz (1881-1969).

1918
Intensive Arbeit an mehreren Werken: »Die Frau ohne Schatten«, »Andreas«-Roman, »Silvia im ›Stern‹«, ausgiebige Lektüre Calderóns, Begegnung mit dem Politiker, Diplomaten und Essayisten Carl Jacob Burckhardt (1891-1974), mit dem Hofmannsthal bis zu seinem Tode freundschaftlich verbunden blieb.

1919
Die Erzählung »Die Frau ohne Schatten« und »Der Schwierige« werden abgeschlossen.

1920
Die Salzburger Festspiele werden erstmals eröffnet, auf dem Domplatz wird am 22. August Hofmannsthals »Jedermann« uraufgeführt.

1921
Am 8. November Uraufführung von »Der Schwierige« in München, »Das Salzburger Große Welttheater« entsteht.

1922
Im Mai »Rede auf Grillparzer«, am 12. August Uraufführung »Das Salzburger Große Welttheater« in der Kollegienkirche in Salzburg, Herausgeber des Periodikums »Neue deutsche Beiträge« (bis 1927) im Verlag der »Bremer Presse«, in der beispielsweise Walter Benjamins (1892-1940) Aufsatz über Goethes »Wahlverwandtschaften« und ein Teil seiner Untersuchung »Ursprung des deutschen Trauerspiels« erschienen sind.

1923
Am 16. März Uraufführung »Der Unbestechliche« in Wien, das Filmbuch zum »Rosenkavalier« entsteht (Uraufführung des Films am 10. 1. 1926 in Dresden).

1924
anläßlich des 50. Geburtstages von Hugo von Hofmannsthal erscheint eine Festgabe, Vollendung der ersten Fassung des Trauerspiels »Der Turm«, die »Gesammelten Werke« erscheinen in sechs Bänden, Italienreise.

1925
Reise nach Marokko (»Reise im nördlichen Afrika«).

1926
Ein Vorspiel zu Bertolt Brechts (1898-1956) »Baal« entsteht, Fertigstellung der überarbeiteten Fassung des »Turm«.

1927
Am 10. Januar hält Hofmannsthal an der Universität München den Vortrag »Das Schrifttum als geistiger Raum der Nation«, im Februar Reise nach Sizilien, die lyrische Oper »Arabella« entsteht (Uraufführung am 1. Juli 1933 in Dresden), die zweite Fassung des »Turm« wird veröffentlicht.

1928
Am 4. Februar Uraufführung von »Der Turm« im Münchner Resi-

denztheater, am 6. Juni »Uraufführung« von »Die ägyptische Helena« in Dresden.

1929
Reisen nach Basel, München und Heidelberg, im Mai Italienreise,
Neufassung des ersten Aktes der »Arabella«, mehrere Pläne für his-
torische Romane (»Philipp II«, »Don Juan d'Austria«), am 13. Juli
Selbstmord des Sohnes Franz im elterlichen Haus in Rodaun, am
15. Juli, kurz vor der Beerdigung des Sohnes, ereilt Hugo von Hof-
mannsthal ein Schlaganfall, dem er einige Stunden später erliegt.
Seine Grabstätte befindet sich auf dem Kalksburger Friedhof bei
Wien.

Hugo von Hofmannsthal

Buch der Freunde. Herausgegeben von Ernst Zinn.
BS 626. 164 Seiten

Die Erzählungen. Herausgegeben von Hansgeorg Schmidt-
Bergmann. it 2622. 400 Seiten

Gedichte. IB 461. 79 Seiten

Gedichte und kleine Dramen. BS 174. 232 Seiten

Die Gedichte. Herausgegeben von Hansgeorg Schmidt-
Bergmann. it 2623. 250 Seiten

Der Kaiser und die Hexe. Mit Zeichnungen von Heinrich
Vogeler. Mit einem Nachwort von Rudolf Hirsch.
IB 996. 59 Seiten

Der Tor und der Tod. IB 28. 31 Seiten

Briefwechsel

Hugo von Hofmannsthal/Rainer Maria Rilke. Briefwechsel
1899-1925. Herausgegeben von Rudolf Hirsch und Ingeborg
Schnack. 280 Seiten. Leinen

Über Hugo von Hofmannsthal

Frank Schirrmacher. Fünf Dichter – ein Jahrhundert. Frank
Schirrmacher über George, Hofmannsthal, Rilke, Trakl und
Benn. it 2549. 192 Seiten

Literatur der Moderne
im insel taschenbuch
Eine Auswahl

Marie Luise Kaschnitz

Wolfgang Koeppen

Rainer Maria Rilke

NF 25/4/8.00

Rilke für Gestreßte. Ausgewählt von Vera Hauschild.
it 2191. 100 Seiten

Hertha König. ›Erinnerungen an Rainer Maria Rilke‹ und
›Rilkes Mutter‹. Mit Abbildungen von Joachim W. Storck.
it 2607. 140 Seiten